세상을 바꾼 다섯 가지

상품 이야기

Salt

JEWEL

FUR

OIL

SPICE

세상을 | 바꾼 | 다섯 가지

상품 | 이야기

소금, 모피, 보석, 향신료 그리고 석유

홍익희 지음

행성B잎새

현생 인류가 네안데르탈인을 누르고 현 인류의 조상이 될 수 있던 가장 큰 힘이 분업과 교환이었다. 이후 물물교환은 문명사에 큰 획을 그었다. 수렵채취 시절과 농경문화가 갓 시작될 무렵에는 교환이 그리 중요치 않았다. 하지만 인구가 불어나고 서로 모여 살면서 교환은 인류 생존의 중요한 수단이 되었다.

그중에서도 세계사를 움직인 대표적 상품들은 역시나 의식주와 연관된 것들이 많다. 그 상품들이 역사를 움직인 힘은 대단했다. 하지만 그동안 우리는 이를 잘 알지 못했다. 그 첫째가 소금이다. 인간은 소금 없이는 살 수 없다. 모든 문명 발상지에서는 소금을 구하기 쉬웠다는 공통점이 있다. 인류에게 꼭 필요한 소금이었지만, 지금과 달리 무척 귀했던 소금은 세계사 곳곳에서 우리가 상상할 수 없을 정도로 큰일을 담당해냈다.

모피 역시 세계사를 움직인 대표적 상품이다. 인류 최초의 옷이 동물 가죽이었다. 고대로부터 이를 구하기 위해 먼 길도 마다하지 않았다. 가장 오래된 교역품의 하나인 모피는 한국 고대사에서도 중요했다. 세계사적으로 모피 획득이 지역 개발의 추진 동력이 된 사례도 많다. 시베리아 개발과 북아메리카 서부 개척이 그 대표적 예다.

세 번째로 보석이 있다. 중세까지만 해도 가치를 제대로 인정받지 못했던 보석은 근대로 넘어오면서 그 가치가 빛을 발휘한다. 벨기에와 네덜란드가 다이아몬드 수출국으로 자리 잡게 된 것이 근대 초다. 그 뒤 남아프리카공화국에서 발견된 보석과 금광은 제국주의 침략의 도화선이 되었다. 당시 종군기자로 활약했던 존 홉슨John Atkinson Hobson이 쓴《제국주의론Imperialism: A Study》(1902)은 공산주의 혁명을 유도했고《실업의 경제학The Economics of Unemployment》(1922)에 등장한 '과소소비설'로부터 케인스John Maynard Keynes의 유효수요 이론이 도출되었다. 이렇듯 공산주의와 자본주의 핵심이론이 모두 보석을 둘러싼 전쟁에서 나왔다.

네 번째로 다룬 상품은 향신료다. 우리가 잘 알다시피 콜럼버스Christopher Columbus는 유럽인들의 육식 위주 식탁에 필요한 후추를 찾아 대항해를 하다가 신대륙을 발견했다. 그만큼 향신료에 대한 서구의 열망은 대단했다. 당시 후추는 같은 무게의 금과 가격이 같았다. 이후 해상을 통한 동서양 교역에 열을 올린 서양이 동양을 추월했다. 근대는 향신료를 찾기 위한 신대륙 발견에서부터 시작되었으니, 향신료의 중요성을 간과할 수 없다.

마지막으로 중요한 역사적 상품은 석유다. 석유에 대해 다른 말이 필요할까? 석유 쟁탈을 위한 다툼 속에 근현대사의 명암이 드리워져 있다. 사실 이외에도 많은 중요한 상품들이 있다. 하지만 지면의 제한으로 이번 책은 다섯 상품에 국한해 다루고자 한다. 다른 상품들 이야기는 후일을 기약한다.

차례

세상을 바꾼 상품 **1**

Salt

소금

인류의 문명은 소금과 함께

인간이 살아가는 데 꼭 필요한 요소로 물, 식량과 불 이외에도 두 가지가 더 있다. 소금과 땔감이 그것이다. 그러다 보니 인류는 물가 근처, 식량과 소금을 구할 수 있는 범위 내에서 모여 살게 되었다. 인류 문명의 4대 발상지가 모두 농사가 가능하며 주변에 소금이 나는 강 하류에서 발원했다. 인류 최초의 문명인 수메르문명도 밀농사가 가능하고 주변 지하수에서 소금물이 올라오는 유프라테스와 티그리스 강 하류에서 시작되었다.

사실 소금은 수렵 위주의 원시적 생활을 하던 시대에는 중요한 자원이 아니었다. 동물 고기에는 기본적인 염분이 포함되어 있어 육식을 하던 시대에는 따로 소금을 섭취할 필요가 없었다. 그러나 인간이 수렵 대신 농사를 짓는 농경생활을 하게 되면서 생리적으로 소금이 필요하게 되었다.

인류 역사상 가장 오래된 도시로 알려진 예리코는 비록 광야이긴 하나 오아시스가 있어 농사가 가능했고, 소금을 쉽게 구할 수 있는 사해 근처에서 탄생했다. 약 1만 년 전의 일이다.

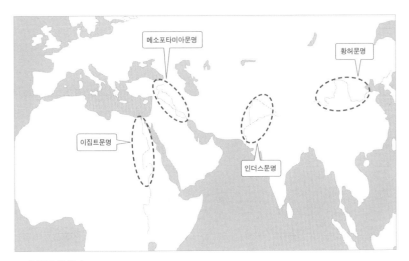

| 4대 문명 발상지.

　페니키아가 해상무역을 석권할 수 있었던 원동력도 소금이었다. 황허문명보다도 훨씬 앞섰다는 홍산문명도 그 주변에 염수가 있어 가능했다. 이렇듯 문명의 탄생은 물론 도시와 국가의 탄생은 대개 소금과 관계가 깊다.

수메르, 야생 밀과 소금을
바탕으로 문명을 이루다

수메르문명이 발생할 수 있던 것은 야생 밀과 소금이 있었기 때문이다. 강 상류 지역은 야생 밀이 많이 자라던 곳이다. 상류 지역 사람들이 하류로 이동해 이 야생 밀을 가지고 농사를 지었다. 하류에는 비옥

| 메소포타미아문명의 고대도시들.

한 퇴적층이 쌓여 농사짓기가 좋았고 주변에 소금물 지하수가 올라와 소금 구하기가 수월했기 때문이다. 어느 문명이나 강 하류를 근거지로 발달했다. 하류로 온 이들은 밀농사를 지으며 정착했다. 유프라테스 강과 티그리스 강 하류의 수메르인들은 강줄기를 따라 농사지으며 여러 개의 마을들을 이루었다.

그 뒤 잉여 생산물이 발생하면서 사유제가 발생하고 계급이 생겨나기 시작했다. 수메르에서는 밀 생산량에 따라 계급이 달라졌다. 계급의 분화를 바탕으로 공동체가 커지면서 관개시설 건설 등에 필요한 여러 가지 통치 수단이 필연적으로 발생할 수밖에 없었다. 관개시설과 농기구의 발달은 농업 생산량을 더욱 늘렸다. 그리고 이는 주변 지역과의 교역에 필요한 자본이 되었다. 이후 메소포타미아 강 하류에 수메르문명이 꽃피면서 기원전 5300년경부터 에리두를 필두로 도시국가들이 생겨나기 시작했다. 그리고 주택, 성벽, 지구라트 등 도시 건축과 설형문자가 탄생했다. 에리두, 키시, 우르크, 우르, 라가시 등 십여 개의 도시국가들이 경쟁하고 있었다. 《성경》에 등장하는 아브라함이 살았던 우르는 수메르 최대 도시로 교역 중심지이자 운하로 연결된 국제 항구였다. 당시 수메르인들은 배를 이용해 홍해 주변과 인도양까지 진출해 인더스문명과 교류를 활발히 했다.

하지만 이 지역은 심한 더위 때문에 토지의 수분이 증발하면서 염분 농도가 올라가 토지 생산력이 현저하게 떨어졌다. 때문에 사람들은 새로운 농경지를 찾아 북부로 이동했고, 메소포타미아의 중심도 자연히 그쪽으로 옮겨갔다. 기원전 1830년 무렵 아무르인이 '바빌론'을 중심으로 패권을 장악했다. 바빌로니아의 탄생이었다.

페니키아의 소금교역

가나안 사람들, 해상교역을 주도하다

기원전 3000년경부터 가나안 땅 해안 지역에 페니키아인들이 살았다. 페니키아인들은 스스로를 '가나안 사람들'이라고 불렀다. 페니키아라는 말은 후대에 그리스인들이 명명한 것으로 '자주색 옷을 입은 사람'이라는 뜻이다. 그들이 바다고둥으로부터 채취한 자주색 염료로 만든 자주색 옷을 입고 다녔기 때문이었다. 그들은 이스라엘인과 함께 가나

| 레바논 삼나무. 일명 백향목이라 불린다.

안계에 속하며 오래전에 이들 민족 간에 혼혈이 이루어졌다. 또한 페니키아는 지중해 동쪽 해안을 일컫는 고대 지명이다. 따라서 페니키아인이라 하면 민족을 지칭하는 것이 아니라 이 지역에서 주로 활동하던 사람들을 일컫는다. 따라서 페니키아인에는 이들 민족과 함께 그 지역에 살았던 이스라엘인들도 포함된다.

페니키아인들은 주로 해안가에 살았다. 뒤로는 바닷가에 치솟은 해발 3천 미터 높이의 산이 가로막고 있었기 때문에 평야가 아주 협소했다. 그들은 바다로 나가지 않을 수 없었다. 이렇게 페니키아 민족은 레바논 산맥 때문에 내륙과는 고립되어 일찍부터 바다로 진출했다. 바다가 그들의 주 무대였다.

페니키아의 특산품은 재질이 단단하고 좋은 향기를 내뿜는 소나뭇과의 '레바논 삼나무'였다. 그들은 삼나무 목재로 뗏목을 만들어 인근 지역에 내다 팔았다. 해발 2천 미터의 높은 산맥에서 벌채한 삼나무 목재와 함께 올리브와 포도주, 바다에서 잡은 생선을 말려 인근 지역들과의 해상교역을 시작했다. 또한 교역국인 이집트의 소금호수 조염^{粗鹽}을 수입해 이를 정제해 내다 팔았다. 그 뒤 삼나무로 큰 배를 만들었다. 그때부터 비로소 먼 거리 항해가 가능해졌다.

소금과 올리브, 포도는 기후와 토양을 가린다. 그래서 소금이나 올리브, 포도의 생산지와 아닌 지역이 있어서 자연스럽게 이들 사이에 무역이 이루어졌다.

교통이 발달하지 못한 고대에는 주로 수로를 통해 교역이 이루어질 수밖에 없었다. 페니키아인들은 키프로스에서 구리와 토기, 이집트에서 곡물과 파피루스, 크레타에서 토기, 멜로스 섬에서 흑요석 무기와 도구들을 수입해 인근 지역에 되팔았다. 이들은 해적질도 일삼아 가끔 주변 이스라엘인들을 납치해 그리스에 노예로 팔기도 했다. 당시 교역은 약탈과 혼재되어 있었다. 경제사에서 인류가 재화를 얻는 방법은 '생산'과 '거래'와 '약탈'과 '정복'이 있었다. 요즘처럼 생산과 거래에만 초점이 맞추어진 경제 체제는 실상 그리 오래되지 않았다.

고대의 무역은 뛰어난 과학기술을 필요로 했다. 바다를 통한 무역을 하자면 많은 과학기술의 바탕이 있어야 했다. 배를 건조할 수 있는 조선술, 배를 운항하는 항해술, 게다가 바다에 대한 이해와 더불어 천체를 살필 수 있어야 아무런 지표가 없는 바다에서 살아남고 항해할 수 있다. 페니키아 상인들은 이 삼박자를 갖추었기 때문에 엄청난 부를 축적할 수 있었다.

페니키아 먼 거리 무역, 소금에서 유래되다

페니키아인들은 이집트 소금호수에서 조염을 가져와 물에 녹여 정제염을 만든 최초의 민족이다. 지중해 연안은 대부분 깎아지른 것 같은 절벽이 대부분이어서 소금 생산지가 많지 않았다. 다른 지역은 대체적으로 흐리고 비가 오는 날이 많기 때문에 더더욱 소금 생산이 어려웠다. 그만큼 소금은 희귀할 수밖에 없었고, 아주 비싼 값에 팔렸다.

그 무렵 중국은 바닷물을 토기에 넣고 불을 지펴 소금을 생산할 때였다. 인근 이스라엘인들은 사해와 사해 밑 소금계곡에서 소금을 거저 줍다시피 했는데 질이 그리 좋지는 않았다. 그런데도 소금이 귀해 값은 비쌌다. 페니키아 정제염은 순도가 높고 품질이 좋아 더 비싼 값에 팔수 있었다.

소금은 인류가 재화를 얻는 중요한 방법 하나를 더 만들어냈다. 바로 거래였다. 거래는 시장을 형성했고, 시장이 발달한 곳에서는 경제가 더 빨리 발전해 도시를 낳았다. 역사적으로 소금이 생산되는 곳이 경제적 번영을 누렸던 이유가 여기에 있었다.

페니키아인들은 소금을 다른 민족들에게 더 비싸게 팔았다. 소금은 올리브유, 포도주, 마른 생선과 더불어 페니키아 최초의 국제 무역 상품이었다. 페니키아 무역의 근원은 소금인 셈이었다. 소금은 변질되지 않으므로 장거리 교역이 가능했다. 지중해는 가장 값싼 운반수단인 해운을 제공했다. 페니키아인들은 소금을 갈리아 지방이나 잉글랜드처럼 먼 곳까지 나가 더 비싸게 팔았다. 소금은 생산지로부터 멀리 떨어질수록 더 비쌌다. 이에 따라 원양항해가 발달했다.

주변에서 소금을 사러 사람들이 페니키아로 모이기 시작했다. 고대

| 고대로부터 중요한 교역품이었던 소금.

유럽에서 소금 생산이 가능한 지중해 연안은 오랫동안 경제적 중심지
역할을 했다. 당시는 암염 광산의 개발이 본격적으로 이루어지기 전이
라서 소금 생산이 가능한 곳이 지중해 해안 중에서도 일부 지역에 한정
되어 있었다. 소금 산지가 있다 하더라도 그 지역 주변 수요를 충당할
뿐이었다. 그만큼 소금은 희귀할 수밖에 없었다.

고대 그리스의 지리학자이자 역사가였던 스트라본Strabon에 의하면
페니키아인들은 영국 콘월의 주석을 사기 위해 소금을 배에 싣고 가서
이를 주석과 바꾸었다고 한다. 이로써 기원전 2000년대부터 청동기가
본격적으로 제작되었다.

페니키아인들은 먼 거리 항해를 위해 중간중간에 식민도시를 건설했
다. 기원전 11세기경 지브롤터 해협 인근 이베리아 반도에 서구 최초의
항구 도시 카디스를 세우고 생선을 소금에 절이는 방법과 알파벳을 원

| 고대 그리스 지리학자이자 역사학자 스트라본, 16세기 판화.

주민들에게 전했다. 이를 거점으로 한 북대서양과 아프리카 해안 등으로 항해가 가능해진 것이다. 이때 개발된 길이 '해안 길'과 '왕의 대로'였다. 이렇게 소금을 이용해 지중해 문명을 만든 최초의 민족이 바로 페니키아인들이었다.

태양과 바람의 축복, 천일염

소금은 바닷가에서 쉽게 만들 수 있을 것으로 생각되나 그렇지 않다. 바닷물에는 소금이 약 2.5%, 그 밖의 광물이 약 1% 정도 들어 있다. 바닷물에서 천일염天日鹽을 얻기 위해서는 먼저 염전을 꾸밀 수 있는 갯벌이 있어야 한다. 게다가 갯벌이 넓고 적당한 조수 간만의 차가 있어야 계단식 염전을 만들기에 알맞다. 계단식 염전에서는 잇달아 있는 염전에 바닷물을 옮겨 담아가며 증발시켜서 소금을 얻는다. 바닷물에 있는 여러 가지 광물이 가라앉는 속도는 각각 다른데, 대부분의 광물은 소금보다 먼저 가라앉기 때문에 바닷물을 한 못에서 다른 못으로 옮길 때마다 다른 광물들은 바닥에 남게 된다. 전 세계에 이러한 갯벌은 그리 많지 않다.

또한 염전이 가능하려면 물을 빨리 증발시킬 수 있을 정도로 덥고 건조해야 한다. 한마디로 햇볕과 기온이 좋아야 한다. 한 해 동안 연평균 기온이 25도 안팎이어서 물의 증발량이 일정 기준 이상이어야 하고 건기와 우기가 뚜렷해야 한다. 그리고 비가 적고 주변에 큰 산지가 없어

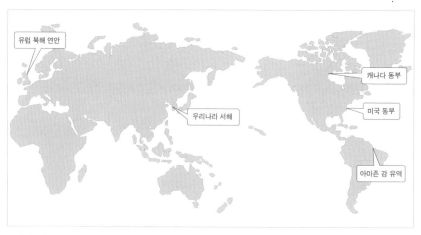

| 세계 5대 갯벌.

적당한 바람이 있어야 한다. 이렇게 해서 얻은 소금은 순도가 95~98% 정도 된다.

이와 같은 조건의 지역은 생각보다 그리 많지 않다. 지중해 연안 일부, 인도 서부, 오스트레일리아 서부 및 한국 등 극히 제한되어 있다. 우리나라 서해안은 세계 5대 갯벌의 하나이자 아시아 대륙의 유일한 대형 갯벌이다. 이 방식으로 제조된 소금을 천일염이라 한다. 게다가 옛날에는 지하에 묻혀 있는 암염층에서 소금을 파내는 방법도 몰랐다. 그래서 옛날에 질 좋은 소금이 그리 귀했던 것이다. 이렇듯 해안염전에서 소금을 만들 수 있는 나라는 축복받은 기후와 제반 여건을 갖고 있는 것이다.

오늘날에도 바닷가 염전에서 얻는 소금은 전체 소금 생산량의 37%에 불과하다. 전 세계에서 생산하는 소금 가운데 61% 정도는 땅속에서 얻는다. 지하의 암염층은 독일, 러시아, 미국 등에 많이 있는데 옛날에 바다였던 곳이다. 그래서 암염층 밑에서 종종 석유가 발견되는 경우가 많다. 이런 이유로 석유는 플랑크톤 등 태곳적 바다 생물이 퇴적되어서 이루어졌다는 학설이 우세하다. 우리나라 기업 SK가 브라질에서 발견한 원유도 암염층 밑에서 발견되었다.

히브리 왕국의 소금교역

소금바다 옆에 생긴 인류 최초의 도시 '예리코'

1만 년 전 생긴 인류 최초의 도시, 예리코는 사해 근처 오아시스에 자리 잡고 있다. 오아시스 덕분에 예리코에는 일찍부터 사람들이 정착해 살았던 것으로 보인다. 오아시스 부근에서 돌을 쌓아 만든 원시적인 제단과 뼈로 만든 용기가 발견되었는데, 탄소연대 측정법을 통해 이들의 제작 연대를 조사한 결과 기원전 1만 년 전 것으로 밝혀졌다. 물과 식량과 소금이 있는 예리코 주변으로 몰려들어 도시가 형성되었다는 의미는 이미 그 시절에 상업과 교역이 있었음을 뜻한다. 특히 소금 거래가 활발히 이루어졌을 것이다.

사해는 신기하게도 요르단 강물이 들어오는 곳은 있는데 나가는 곳이 없다. 또한 1년 내내 엄청난 양의 물이 증발하면서 주변을 소금기 있는 땅으로 만든다. 사해에서 증발되는 수량은 사해로 유입되는 수량보다 많기 때문에 사해 수면이 점점 낮아지고 있다. 생명체가 살 수 없어서 죽음의 바다 곧 사해死海라는 이름이 붙었다. 일반적인 바다의 염분 농도는 3.5%인데 사해는 자그마치 25%의 농도를 갖고 있다. 사람이 물

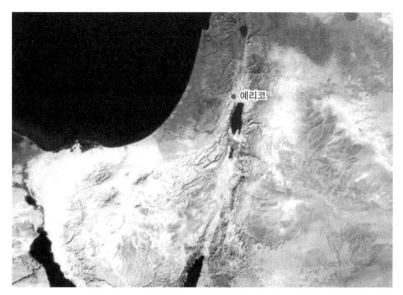

| 요르단 강 서안에 위치한 인류 최초의 도시 예리코.

에 떠서 책을 읽을 수 있는 정도다.

분지 내에서 가장 낮은 곳에 위치한 사해의 서쪽으로는 유대산맥, 동쪽으로는 높이 1,200미터의 모하드 산맥으로 둘러싸여 있다. 호수 수면은 해면보다 약 400미터 낮아 지구상에서 가장 낮은 지역으로 사막 한가운데 있다. 사막 고지대와의 높이차가 700~800미터에 이른다. 사해는 남북 방향으로 67킬로미터, 동서로 18킬로미터에 걸쳐 있는 완전히 폐쇄된 호수다.

예리코는 강물이 뱀처럼 똬리를 틀며 사해로 들어가는 낮은 들판에 있다. 예루살렘 북동쪽 36킬로미터, 사해에서 북서쪽 11킬로미터, 해발이 바다 밑 250미터인 예리코는 지상에서 가장 낮은 도시다.

《성경》에서는 이 도시를 '종려나무의 도시'라 부른다. 지금도 예리코

| 종려나무의 열매 대추야자.

오아시스 근처에는 종려나무가 많다. 일명 대추야자나무로 불리는 종려나무는 광야에 사는 사람들의 귀중한 식량이었다.

수메르인들이 세운 도시보다 4천 년 이상 앞선 도시인 예리코의 언덕 위에 성벽의 흔적이 있다. 1952~1958년 영국의 고고학자인 캐슬린 케넌^{Kathleen Kenyon} 박사가 이끄는 발굴단은 4미터 높이의 이 성벽이 기원전 7000년에 건설되었다는 판정을 내렸다. 예리코에 남아 있는 성벽과 탑은 당시 그 정도의 건축물을 건설할 수 있을 만큼 발전된 사회 조직이 존재했다는 사실을 보여준다.

하지만 예리코는 그리 큰 도시가 아니었다. 성의 길이가 대략 300미터에 너비가 약 160미터에 불과했다. 4만 제곱미터 정도의 작은 면적이며 인구는 2~3천여 명이었다고 추정되었다. 문명이 이루어지지 않

| 다윗 왕이 정복한 사해 근처 염곡.

앉다고 생각되는 시대에 고대 예리코의 성벽 흔적이 발견된 것은 고고
학적으로 대단한 성과였다. 인류는 소금바다 옆에 세계 최초로 도시를
건설했던 것이다.

히브리 왕국의 소금 길

다윗 왕 시대의 히브리 왕국은 현 이스라엘 영토의 다섯 배에 이를 정
도로 크고 막강했다. 북쪽은 메소포타미아의 유프라테스 강까지, 남쪽
은 이집트 국경까지 이르렀다. 히브리 왕국이 막강했던 이유 중 하나
가 소금교역이었다.

유대 광야를 통과해 사해 북쪽에서 예루살렘으로 연결된 도로가 두
개 있었다. 첫 번째 도로는 예리코와 예루살렘을 연결한 《신약성경》 시

대의 '로마 도로'이고, 두 번째 길은 〈룻기〉에서 읽을 수 있는 '소금 길'이다. 이 길을 소금 길이라 부른 이유는 사해에서 생산되는 소금을 운반했기 때문이다. 그만큼 사해로 소금을 사러 오는 상인들이 많았다는 이야기다.

다윗, 에돔 왕국 병합으로 소금과 철의 대량생산

다윗 왕이 전성기 때 남쪽의 에돔^{Edom} 왕국을 복속시킨 것은 군사적 측면뿐 아니라 경제적 면에서도 큰 이익이 있었기 때문이다. 《성경》에서 '이두메'라고도 불리는 에돔은 현 이스라엘 남쪽 지방 사해 주변과 현 요르단의 산악 지방을 아우르는 곳에 있었다. 야곱의 형 에서^{Esau}의 후손들이 세운 나라였다. 에돔인들이 살던 사해 아래쪽에는 염곡^{the} $^{Valley\ of\ Salt}$, 곧 소금 골짜기가 있었다. 남쪽으로 내려갈수록 소금의 염도가 더 높아져 목화 같은 소금 결정이 뭉쳐져 있다. '염곡'은 사해의 남쪽 끝에 위치한, 사방 약 16킬로미터 정도 넓이의 소금평원이 있는 세계에서 가장 긴 협곡지대를 말한다. 염곡에는 비록 정제되지 않은 상태이지만 소금이 무진장 있었다.

염곡을 뺏기지 않으려고 격렬히 저항한 에돔군 8천 명은 염곡 전투에서 전사했다. 염곡을 차지하기 위한 대규모 전투가 벌어질 만큼 소금은 중요한 재원이었다. 게다가 에돔에는 구리와 철광산도 있었다.

다윗이 에돔을 정복한 것은 곧 내륙의 소금 생산을 독점했다는 의미다. 그는 지체 없이 염곡과 사해 염전, 구리와 철광산을 개발해 대량의 소금과 구리 그리고 철을 생산해냈다. 유대인들은 사해와 염곡에서 얻은 조염을 물에 녹여 증발시키고 정제해 소금을 얻었다. 이를 위해 많은 땔감이 필요했다. 사해 소금이 지금은 저렴하지만 옛날에는 금값에 버금가는 값비싼 귀한 물건이었다. 이로써 다윗 왕은 소금의 전매로 큰 부를 이룰 수 있었다.

당시 소금은 워낙 귀해 미처 내다 팔 사이도 없이 사방에서 장사꾼들이 몰려들어 부르는 게 값이었다. 소금 한번 무사히 잘 운반하면 큰돈을 벌 수 있었다. 소금 자체의 값도 비쌌지만 내륙과 사막 길 운반비와 통행료는 더 비싸 보통 소금 값의 3~10배 정도 들었다.

이제 소금은 히브리 왕국의 주요 수출품이 되었고, 소금의 대량생산으로 히브리 왕국은 기틀을 튼튼히 할 수 있었다. 사해를 통해 풍부하게 소금을 얻을 수 있었던 이스라엘인들은 토지를 비옥하게 하려고 소금을 비료로도 사용했다. 또 그들은 상수원의 수질 관리에도 소금을 사용했다. 또 이스라엘인들은 철광산 개발로 좀 더 강력한 철제무기를 확보하고 건축에 필요한 못을 풍부하게 갖게 되었다. 이로써 선박 건조도 활성화되었다. 철광석과 철제품 역시 주요 수출품이 되었다.

로마의 소금 길, 모든 길은 로마로

작은 도시국가로 시작한 로마는 남부 이탈리아 반도의 조그만 어촌에서 소금 거래를 하던 몇몇 상인들이 모여 만든 나라였다. 로마가 발전한 이유 중 하나도 소금이었다. 특히 인근 염전과 관계가 깊다. 페니키아시대에 이미 로마 근교 테베레 강 하구에 건설된 인공 염전에서 소금이 만들어졌다. 이것이 유럽 최초의 인공 해안염전이다.

당시 북유럽 내륙 염호나 암염 갱에서 불로 구워 만든 소금은 생산비도 높았지만 운송비가 특히 비쌌다. 낙타 네 마리가 싣고 온 소금 운송비로 세 마리 낙타가 싣고 온 소금을 주어야 했다. 게다가 오는 동안에 통행세 격인 수입세와 관세 등을 많이 물어야 했다. 따라서 그 무렵 소금은 생필품이면서 동시에 대단히 비싼 귀중품이었다. 이렇듯 큰 이문이 남는 소금무역에서 큰 문제는 장기간의 내륙운송이었다. 그런데 테베레 강 하구의 소금은 하천을 통해 바로 로마 시내로 운반되었다. 이 소금이 로마 건국의 일등 공신이었다.

기원전 640년에 로마인들은 로마 인근 항구도시 오스티아에 대규모 제염소를 건설했다. 해안염전에서 증발시킨 소금물을 항아리에 넣고 끓여 소금을 채취했다. 하천을 통해 배로 운반된 소금은 품질도 좋았고 가격도 저렴했다. 하천이 물류혁명을 가능케 한 것이다. 이로써 로마는 소금 유통의 중심지가 되어 소금을 대륙으로 수출했다. 이 수출 길이 로마 발전의 원동력이 된 그 유명한 '소금 길'이다.

소금 생산에는 많은 땔감이 필요했다. 로마인들은 오스티아 제염소에 땔감을 공급하기 위해 삼림을 남벌했다. 비가 오자 남벌로 인한 토양 침식으로 테베레 강의 퇴적물이 쌓여 강어귀 삼각주의 확장이 가속화되었다. 이렇게 수 세기가 흐르자 오스티아 제염소는 해안에서 점점 멀어지게 되어 제염소를 해안에 다시 지어야 했다.

경쟁적인 소금 길 개척과
가혹한 통행세

무거운 소금을 나르는 상인들은 두 가지 골칫거리가 있었다. 통행이 불편할 정도로 울퉁불퉁한 길과 도적들의 공격이었다. 다행히도 영주들이 자기 영토를 지나갈 때 이런 문제들을 해결해 주었다. 우선 길을 평평하게 잘 닦아 마차가 불편 없이 왕래하게 해 주었다. 또 그곳 기사들이 안전을 책임져 주었다. 물론 공짜가 아니었다. 통행세를 내야 했다. 이것이 바로 악명 높은 '소금 길 세금'이다.

이들 덕택에 영주와 도시들이 앉아서 많은 돈을 벌어들였다. 영주들은 소금 길을 경쟁적으로 만들어 통행세를 거두었다. 얼마 후 소금 길이 유럽 대륙 전역에 퍼져나가기 시작했다. 그 무렵 소금장수들이 소금으로 막대한 부를 축적해가자 너도나도 이 돈벌이에 뛰어들었다. 이를 눈여겨본 귀족들이 동참했고 나중엔 수도원까지 대열에 끼어들었다. 그 뒤 소금 길만 가지고 장사하던 도시들이 소금무역에 직접 참가하면서 도시의 재정은 점점 불어났다. 이것이 전매제도로 자리 잡게 된다.

소금이 모든 길을
로마로 통하게 하다

로마인들이 해안에서 대량으로 소금을 생산해내기 시작하자 소금교역이 꽃피웠다. 소금은 북유럽의 호박, 모피, 노예와 교환되었다. 또 사용가치가 높은 귀중한 교역품이었던 만큼 적에게 소금을 판매할 경우에는 사형을 당하기도 했다. 일부 황제들은 인기 유지를 위해 로마 시민들에게 소금을 무상으로 배급하기도 했다. 국가의 전매사업인 소금 수출이 늘어나면서 로마는 자연스럽게 부강해졌다. 나라가 잘살게 되자 인구가 로마로 몰려들었다. 결국 "모든 길은 로마로 통한다"는 말도 따지고 보면 소금 길에서 유래한 것이다. 이곳에서 만든 소금은 로마를 경유한 뒤 내륙 각지로 운반되었다.

소금의 수요는 미지의 대륙은 물론 대양을 가로지르고 사막 길을 개척해 무역로를 닦았다. 소금 때문에 전쟁이 벌어지기도 했다. 이미 기원전 4세기 전반에 소금 운반을 위해 로마로 통하는 길이 다 닦여졌다. 특히 북유럽의 호박, 모피, 노예와 교환되던 소금이 운반되던 길을 '비아 살라리아via salaraia'라고 불렀다. 나중에는 이 길들이 로마 군사들의 원거리 교통로로 이용되어 로마제국 부흥의 기반이 되었다. 훗날 로마 인구가 200만 명에 다다르자 이 소금 길로 운송된 소금 유통량만도 연간 1만 톤이 넘었다. 지금도 로마 근교에 가면 소금 길이란 이름의 도로가 남아 있다.

그 뒤 켈트족과의 전쟁에서 승리한 로마는 켈트족의 농업, 소금, 철, 승마술 같은 것들을 바탕으로 쉽사리 부를 이루고 문명을 발전시킬 수 있었다. 이들은 소금의 경제적 가치에 일찍부터 눈을 떴기 때문에 켈트족의 소금광산뿐만 아니라 영토 확장과 더불어 다른 나라의 소금 산지도 손에 넣었다. 2세기 로마의 트라야누스Traianus 황제는 소금과 금을 얻기 위해 다치아인이 살고 있던 땅을 정벌해, 유럽에서 가장 큰 암염광산을 획득했다. 이후 이 땅은 '로마인의 땅'이라는 의미의 루마니아로 불렸다. 또 해안과 습지, 소금연못 부근에 수많은 제염소를 건설했다. 얕은 연못에 바닷물을 가두거나, 항아리에 바닷물을 넣고 끓여서 소금을 생산하기도 했다.

로마 초기에는 소금이 화폐의 역할을 했다. 관리나 군인에게 주는 급료를 소금으로 지불했다. 이를 '살라리움salarium, 라틴어로 소금이라는 뜻'이라 했다. 그 뒤 로마 제정시대 때부터 급료를 돈으로 지급했지만, 이를 여전히 살라리움이라 불렀다. 봉급을 뜻하는 샐러리, 봉급생활자를 일컫는 샐러리맨은 바로 여기서 유래한 말이다. 참고로 'soldier'(병사), 'salad'(샐러드) 등도 모두 라틴어 'sal'(소금)에 어원을 두고 있다. 채소를 소금에 절인다는 뜻에서 샐러드는 'salada salted, 소금에 절인'에서 나왔다. 심지어 사랑에 빠진 사람을 'salax'라 불렀다. 채소를 소금에 절인 것처럼 사랑에 취해 흐물흐물해졌기 때문이다.

이렇게 로마제국의 부흥은 소금과 관계가 깊다. 그러나 1세기경 해수면이 높아지면서 염전을 상실한 로마는 흑해에서 소금을 수입해야 했다. 이후 중요한 부의 근원을 상실한 로마의 경제력은 급격히 쇠퇴하기 시작한다.

세계사를 뒤흔든 소금

고대에는 멀리 떨어진 곳에서 나는 소금을 얻는 것은 위험하고 어려운 일이었다. 따라서 소금을 가진 자는 돈과 권력을 손에 쥘 수 있었다. 고대 동서양 제국들의 역사도 소금과 관계가 많다. 로마가 소금으로 일어났고 중국 진시황秦始皇의 천하통일 사업도 소금 덕에 가능할 수 있었다. 바닷물에서 소금을 얻는 생산이 최초의 제조업이었다. 당시는 소금이 귀해 이윤이 높아 대부분 권력자의 전매품이었다.

소금이 흔해진 것은 최근세에 들어와서다. 우리나라의 경우, 현재의 천일염 제조방식이 도입된 것은 1907년으로 인천 주안 염전에서 최초의 천일염이 선을 보였다. 그 뒤 소금의 자급자족이 이루어진 것은 1955년이고 소금의 전매제도가 해제된 것은 1962년이었다. 1997년 7월부터 수입자유화가 되면서 다른 나라의 소금도 수입하기 시작했다.

사람은 소금물에서
태어난다

아기가 자라는 엄마 뱃속의 양수는 바닷물과 같다. 소금물이 아니라면 아기는 안전하게 자랄 수 없다. 사람은 소금물에서 태어나는 것이다. 태어나서도 소금이 중요하다. 사람의 혈액이 0.9%의 염분으로 되어 있다는 사실 하나만으로도 소금이 얼마나 중요한지 알 수 있다. 인간은 하루 평균 10~15그램 정도의 소금을 매일 섭취해야 한다. 그렇지 않으면 탈수증으로 죽을 수도 있다. 별의별 암이 다 있지만 '심장암'은 없다. 심장에는 암이 생기지 않는다. 심장은 소금 덩어리이기 때문이다. 옛날에는 심장을 '염통鹽桶'이라고 불렀다. 소금 통이라는 뜻이다.

때문에 소금을 얻기 위한 노력은 태초부터 치열했다. 이미 선사시대에 소금이 산출되는 소금호수(염호) 그리고 소금바위(암염)가 있는 장소는 교역의 중심지가 되었다. 산간에 사는 수렵민이나 내륙의 농경민들은 그들이 잡은 짐승이나 농산물을 소금과 교환하기 위해 소금 산지에 모이게 되었다. 그 결과 소금을 얻기 위한 시장과 교역로가 발달했다.

소금은 옛날부터 육류의 부패를 방지하고 인간의 건강과 정력을 유지하는 식품으로 여겨졌다. 또한 신비한 의미가 부여되어 청정과 신성의 상징으로 받아들여졌다. 고대 근동에서는 산모가 아기를 낳으면 신생아의 몸을 소금으로 문질러 피부를 단단히 하도록 하고 병균으로부터 보호했다. 또 고대 이집트에서는 미라를 만들 때 시체를 일주일 동안 소금물에 담갔다.

소금, 변함없는 신뢰와
계약의 상징

유대인들은 예배 때 소금을 신에게 바쳤다. 그리고 신에게 바치는 짐승의 고기는 소금으로 짜게 했다. 이런 풍습은 그리스나 로마에도 있었다. 또한 소금이 물건의 부패를 방지하고 변하지 않게 하는 힘이 있다 해서 고대인은 소금을 변함없는 우정·성실·맹세의 상징으로 여겼다. 《성경》의 '소금의 맹세'는 여기서 유래한 것이다. 아랍인은 함께 소금을 먹은 사람을 친구로 여기는 풍속이 있다. 이들은 소금을 더불어 먹음으로써 약속이나 계약의 신성을 보증했다.

아랍뿐 아니라 중세 유럽에서도 귀한 손님이 오면 소금으로 조리한 음식을 대접하며 그 앞에 소금 그릇을 놓았다. 레오나르도 다 빈치의

| 레오나르도 다 빈치Leonardo da Vinci의 〈최후의 만찬〉(1495~1497) 중 넘어진 소금 그릇(점선)이 보인다.

명화 〈최후의 만찬〉에서 배신자 유다가 돈주머니를 움켜쥐고 있고 그 앞에 소금 그릇이 엎어진 채 있는 것을 볼 수 있다. 유다가 예수와의 약속을 어기고 배신하리라는 것을 엎어져 있는 소금으로 상징한 것이다.

소금은 기독교에서 신과 인간, 인간과 인간과의 불변의 약속을 상징해 세례 때 소금을 썼던 때도 있었다. 《구약성경》의 〈민수기〉에는 신과 사람의 영원히 변하지 않는 거룩한 인연을 '소금의 계약'이라고 표현했다.

소금이 귀할 수밖에 없었던 이유

아프리카 내륙에서는 고대부터 오늘날까지 소금무역이 계속되고 있다. 말리의 유명한 타우데니 광산에서 채굴된 암염판은 사하라 사막 너머 팀북투를 거쳐 700킬로미터에 걸친 3주간의 대장정을 통해 남쪽으로 내려갔다. 이 길에는 늘 죽음의 위험이 도사리고 있다. 타우데니로 돌아오던 낙타대상이 사고를 당해 2천 명의 인부와 1,800마리의 낙타가 갈증에 시달리다 죽은 1805년의 사건이 대표적이다.

이렇게 힘들고 위험한 장거리 여행 끝에 전해지는 소금은 '흰색의 금'이라 불리며 같은 양의 황금과 맞교환될 정도로 비쌌다. 고대 그리스인은 소금으로 노예를 샀다. 옛날에는 소금을 얻기 위해 가난한 사람들이 자기 딸을 판 예도 적지 않았다. 이렇게 해서 점차 소금이 화폐 노릇도 했다. 소금은 물에 녹더라도 증발을 통해 다시 소금이 된다. 이슬람과 유대교에서는 그런 불변성 때문에 소금으로 거래를 보장했다.

그 무렵 사하라 사막을 가로지르는 대상들의 3대 교역품목은 '소금, 황금, 노예'였다. 실제 12세기에는 소금이 가나에서 금값으로 교환되기도 했으며 노예 한 명이 그의 발 크기만 한 소금 판과 맞교환되기도 했다. 중세에는 4만 마리의 낙타로 구성된 대규모 대상들이 무려 한 달 동안 806킬로미터를 걸어 소금을 수송하기도 했다.

12세기 이후부터 대서양 염전의 소금은 브루게와 앤트워프에서 거래되어 이 도시들이 북해 상권의 중심지가 되었다. 14세기 초 프랑스 왕실은 소금 전매를 통해 수익의 삼분의 이를 왕실 소유로 삼았고 이 소금을 제네바까지 공급했다. 제네바와 베네치아는 중세 소금교역을 놓고 전쟁까지 불사했다. 그만큼 수익이 컸던 장사였다. 당시의 해적들이 주로 노렸던 것도 소금 배였다. 암염광이 발견되어 동유럽 소금의 유통지가 된 잘츠부르크^{Salzburg}는 이름 자체가 '소금 성'이라는 뜻이다. 이곳의 영주인 주교와 독일 황제 사이에 소금 독점을 위한 전쟁이 일어나기도 했다.

소금을 만드는 집을 뜻하는 독일어의 할레^{Halle}, 유럽의 도시 중 Halle, Hallerin, La Salle 등은 모두 소금 생산과 관련된 이름으로 소금 생산이 도시 형성에도 중요한 역할을 했음을 알 수 있다. 미국 솔트레이크시티도 소금과 관련된 지명이고, 터키의 투즐라도 소금 생산에서 유래했다. 볼리비아의 살라 데 우유니에는 세계에서 가장 큰 염전이 있었으며, 관광객이 머물 수 있는 소금 호텔이 있다. 콜롬비아에는 커다란 소금 동굴 속에 지어진 소금 성당이 유명하다. 폴란드 크라쿠프 근처 비엘리치카 지하에 있는 소금 중앙 홀, 성당, 지하 호수 등은 수많은 관광객을 끌고 있다.

마르코 폴로Marco Polo는 《동방견문록》에 중국에서 본 소금에 대한 이야기를 곳곳에 담아냈다. 소금언덕으로 며칠간 여행을 떠나는 중국인들, 중국 황제가 소금으로 세수를 거두는 방법, 중국의 제염법 등은 소금 매매를 좋은 돈벌이로 여기고 있던 베네치아 상인 마르코 폴로에게 관심의 대상이었을 게 분명하다.

신대륙 아메리카의 역사는 소금 전쟁의 역사이기도 하다. 스페인과 영국 사람들은 식민지 지배의 토대를 마련하기 위해 소금 각축전을 벌였고, 인디언·잉카·아즈텍·마야문명의 통치권은 곧 소금의 지배권을 의미했다. 식민지의 반란, 즉 미국의 독립전쟁에 영국은 소금 봉쇄로 맞섰다. 북미에서 소금 투쟁의 역사는 남북전쟁(1861~1865)이 끝날 때까지 계속됐다. 미국 남북전쟁 당시 북군의 대표는 남부의 소금 공장을 조준했다. 남부군은 소금 제조업자들의 병역을 면제해야 했고, 소금 공장은 탈영병들로 넘쳐났다. 남부 연맹은 소금에서 무너지기 시작했다.

베네치아와 소금 전쟁

훈족의 침입으로 생겨난
해상도시, 베네치아

베네치아는 훈족의 왕 아틸라^{Attila}의 침공으로 생겨났다. 워낙 기세가 맹렬해 그 누구도 저지할 수 없었다. 아시아 흉노의 후예로 유목민족인 그들은 초원의 먹거리가 모자라면 약탈과 정복전쟁으로 먹고 살았다. 이는 중세의 전형적인 부의 획득 수단이었다.

452년 훈족은 이탈리아를 침입해 동북부에 위치한 아퀼레이아를 3개월간 포위한 끝에 함락시켜 이를 철저히 파괴했다. 아틸라는 이어서 포 강 유역으로 진출해 겁에 질린 밀라노, 파비아 등에 무혈 입성했다. 그 뒤 이들은 파죽지세로 파도바·베로나·브레시아·베르가모 등 일곱 개 도시를 휩쓸었다.

그 무렵 베네치아 주변 베네토 지방에 살고 있던 사람들은 훈족의 공격에 스스로를 지킬 능력이 없었다. 그들은 항복하더라도 학살당할 것 같은 공포에 떨었다. 그 일대는 바다로 흘러들어 가는 몇 개의 하천에

ㅣ 맹렬한 기세를 떨치며 유럽을 손에 넣은 훈족.

의해 생긴 평야 지대로 멀리 있는 산으로 달아나려고 해도 그곳에 당도
하기 전에 붙잡힐 것 같았다. 앞은 바다였다. 그런 그들이 선택한 것은
갈대가 전면에 우거져 있는 갯벌이었다. 갯벌로 도망가 섬에 숨는 길만
이 유일한 마지막 방법이었다. 사람들은 그 갯벌을 지나 섬으로 피난
갔다.

　훈족은 유목민족인 흉노족의 일파로 바다하고는 거리가 먼 민족이었
다. 말을 타고 바다를 건너오지는 않을 것으로 보았다. 예상대로 섬은
건드리지 않았다. 훈족의 기마대들은 말이 늪지대에 빠져 더 이상 난
민들을 추격하지 못했던 것이다. 당시 로마인들은 무사히 섬에 도착해
'베니 에티암Veni Etiam!, 나도 여기에 왔다!'이라고 외쳤는데 베네치아라는 도
시 이름은 여기서 유래했다.

| 파죽지세로 이동하는 훈족의 경로.

해수면 하강으로
소금이 생산되다

원래 베네치아는 석호에서 나는 숭어와 장어, 소금 이외에는 별 생산물이 없었다. 그러다 소금이 큰 효자 노릇을 하게 된다. 6세기까지만 해도 어촌이었던 베네치아는 7세기 이후 해수면이 내려가 소금 생산에 좋은 조건이 마련되었다. 당시 해수면은 지금보다 1미터 이상 낮았다. 7세기와 9세기 사이에 베네치아에서 오늘날과 같은 천일염 제조기술이 발명되었다. 여러 개의 염전을 만들고 펌프와 수문을 이용해서 바닷물의 염도가 점점 높아지면 다음 단계의 염전으로 보내는 방식이었다. 당시로서는 획기적인 기술이었다.

그 무렵 중국은 바닷물을 토기에 넣고 불을 지펴 소금을 생산할 때였다. 우리나라는 어느 정도 개흙에서 바닷물을 증발시키고 써레질로 염도를 높인 후 마지막에 가마솥에 넣고 끓여 자염을 만들었다. 중국보다는 앞선 기술이었다. 문제는 바닷물을 끓이는 소금가마에 쓰는 연료였다. 조선시대 내내 목재 말고는 마땅한 연료를 구하지 못했다. 때문에 염전 주위는 민둥산이 되어버렸다. 우리나라에 천일염 제조기술이 들어온 것은 불과 한 세기 전의 일이다. 일제는 1907년 인천 주안에 처음으로 천일염 염전 시험장을 설치했다. 베네치아 천일염 제조방식이 오늘날 우리나라 염전에서 쓰는 방법이다.

소금, 본격적인
동방무역의 시작을 만들다

베네치아는 귀한 소금 독점을 기반으로 배를 만들어 바다로 나갔다. 베네치아의 유일한 희망은 바다를 통한 대외 교역이었다. 게다가 베네치아는 대단한 지리적 장점을 갖고 있었다. 아드리아 해 안쪽에 위치한 베네치아는 해적들로부터 비교적 쉽게 방어할 수 있으면서도 바다를 통해서 레반트 지역에 쉽게 접근할 수 있었다. 가져간 소금은 고가에 동방 물건들과 교환되었다. 당시 가장 큰 교역 물품인 목재와 노예를 갖고 중개무역도 했다.

　게다가 내륙과 연결되는 해안 가까운 곳에 위치한 강의 지류들이 베네치아를 물류 중심지로 만들었다. 해상교역으로 가져온 물자들을 베로나로 흐르는 아디제 강, 롬바르디아 지방을 가로지르는 포 강을 이용한 수상교통을 이용해 이탈리아 내륙과 교역을 했다. 해상교역의 성황으로 베네치아는 이탈리아와 비잔틴의 통치자들에게 없어서는 안 되는 동맹 상대자가 되었다. 베네치아는 당시의 세계 도시이자 수공업의 본거지인 비잔틴, 발칸 반도의 슬라브 세계, 그리고 서방 세계 사이를 연결하는 지정학적으로 기막힌 위치에 있었다.

베네치아,
소금으로 일어나다

베네치아는 자체 생산물품인 소금, 절임생선과 함께 동방과 북아프리카에서 수입한 향료와 직물도 중계 수출했다. 그 외에도 금속제품과 노예, 목재 등을 동방으로 수출했다.

베네치아는 알프스의 여러 협로와 연결된 오스트리아, 독일과도 가까워 중계무역에 유리한 위치를 점하고 있었다. 이로써 7세기 중엽 이슬람의 지중해 장악으로 침체되었던 중세 유럽의 경제가 베네치아를 중심으로 활성화되기 시작했다.

10세기경부터 베네치아는 아드리아 해안가 염전에서 대량으로 만든 천일염을 알프스 지역에 공급함으로써 막대한 부를 거머쥐었다. 그리고 베네치아 공화국 시민들에게는 절반 가격에 파는 가격 차별화 정책을 실시했다. 이는 로마가 썼던 수법이었다.

당시 소금을 팔아 유대인들이 중국에서 들여온 비단은 한 필당 금 한 덩어리에 거래되기도 했다. 이렇게 동방무역이 번성하자 해상무역에 종사하던 유대인들은 유럽 대륙에 있는 그들의 친척들을 불러들였다. 유대인들이 베네치아에 몰려들면서 무역업 이외에도 모직물, 유리제품, 가죽제품 등이 만들어지기 시작했다. 또한 독일 광산의 은이 유입되었고 이 길을 따라 동방 물건이 북유럽으로 전해졌다.

소금 독점 전쟁

이렇게 소금의 중요성을 일찍 깨달은 베네치아인들은 소금 채취 경쟁 상대들을 제거하기 위해 여러 차례 전쟁을 일으켰다. 전쟁 후에는 이탈리아 여러 도시국가들에게 독점적 계약을 강요하는가 하면 13세기에는 소금세를 거두었다.

염전이 있는 곳에서는 소금의 독점권을 둘러싼 전쟁이 끊이질 않았다. 베네치아와 제노바는 소금 확보를 위해 120년 동안 으르렁거렸다. 강력한 해상무역의 맞수인 제노바 공화국과 베네치아 공화국은 1250년부터 약 120년간에 걸쳐 네 차례의 전쟁을 치렀으나 승패가 나지 않았다. 결국 1380년 베네치아와 제노바는 지중해 소금의 독점권을 두고 다시 맞붙었고, 승리한 베네치아는 이후 100년간 경제적으로 우월한 지위를 누렸다.

14~15세기에는 베네치아 해안의 해수면이 올라와 자체적으로는 소금 생산이 거의 안 되었다. 그러자 베네치아는 주변 아드리아 연안과 키프로스 및 북부 아프리카의 소금을 독점해 이를 유럽 대륙과 동방에 내다 팔았다. 이를 통해 동방무역도 독점해 중세 유럽 최강국 중 하나

가 되었다. 제노바와 피사의 기독교 상인들은 영리를 위해서라면 어떤 일도 꺼리지 않는 유대인들과는 달리 종교적 적대자인 이슬람교도들과 상거래를 거부했다. 이 틈에 유대인들은 어부지리를 얻어 동방무역을 독점적으로 확대할 수 있었다.

역사에 나타난 소금 전쟁들

역사에 기록된 소금 전쟁은 여럿이다. 독일과 오스트리아 사이에서 일어났던 1611년의 '소금 전쟁'도 빠질 수 없다. 잘츠부르크는 오스트리아 영토가 된 1816년 전까지는 대주교들이 통치하던 독립 주권을 가진 도시국가였다. 8세기에 주교청이 설치된 후 교회령이 되어 가톨릭 주교가 통치했다. 이후 바바리아를 관장하는 대교구가 되었다. 최초의 주교인 루퍼트 주교St. Rupert는 7세기 후반에 고대 켈트족 소금광산들을 부활시켜 염세수입으로 이름 그대로 '소금 성'인 잘츠부르크를 건설했다. 건국 초기에는 독일 제후의 침략을 분쇄하며 소금 산지를 잘 지켜냈다. 11세기에 게브하르트Erzbischof Gebhard 대주교는 독일 제후의 침략을 대비해 산 위에 큰 성을 지었다.

17세기 볼프 디트리히Wolf Dietrich 대주교는 소금광산들, 특히 뉘른베르크 소금의 판매가를 대폭 낮춤으로써 소금 시장을 지배하려 했다. 한동안 디트리히 대주교는 엄청난 이익을 거두었고 그 일부로 잘츠부르크의 웅장한 바로크식 건물을 건설했다. 바이에른은 보복 차원에서 잘츠부르크와의 거래를 금했으며 이것은 결국 '소금 전쟁'으로 이어졌다.

| 잘츠부르크 성 전경.

디트리히 대주교와 독일 바이에른 막시밀리안 1세^{Maximilian I} 사이에서 일어난 이 전쟁은 막시밀리안 1세가 2만 명의 병사들을 이끌고 잘츠부르크로 쳐들어가면서 시작했다. 이렇게 빠르게 쳐들어오리라고는 상상도 못했던 볼프 디트리히 주교는 놀라 도망쳤다. 싸워보지도 못했던 대주교는 1611년 10월 붙잡히고 말았다. 그는 대주교직에서 해직되어 죽을 때까지 성에 감금당했다.

그 외에도 소금 쟁탈 전쟁은 많았다. 기원전 58~51년 로마의 카이사르^{Caesar}가 갈리아 정복 전쟁 시 이베리아(스페인)와 소금 분쟁이 있었다. 우리 삼국시대에도 소금 분쟁이 있었다. 680년 신라와 당나라 간에도 서해안 염전을 둘러싼 관할권 분쟁이 있었다. 17세기 초 네덜란드의 신교도 전쟁 역시, 이베리아 반도의 주요 소금 생산지를 봉쇄한 것이 이유가 됐다. 미국 독립혁명 기간의 소금 부족은 유럽과 서인도에서 미국으로 들어오는 소금을 영국이 막은 데서 비롯되었다. 영국이 식민지 주민을 강하게 통제하고자 뉴저지 해안 제염소를 폐쇄하고 수입되는 소금에 높은 가격을 매겼던 것이다. 미국 남북전쟁 기간 중이던 1864년, 북군이 버지니아 주 소금 산지인 솔트빌을 점령한 사건은 남군을 물리칠 수 있었던 중요한 계기가 되었다. 1890년대 칠레와 페루 간 태평양 전쟁은 안데스 산맥의 암염(노천 염)산 쟁탈전이었으며 1893년 미국 기병대와 인디언 수Sioux족 사이의 로키 산맥 암염(소금 산) 쟁탈 전쟁이 있었다.

네덜란드, 염장 청어로 부를 쌓다

15세기 말 이베리아 반도에서 쫓겨나 지금의 벨기에와 네덜란드 암스테르담으로 이주한 유대인들은 가지고 온 보석으로 보석 사업을 시작했다. 이어 두 번째로는 자기들이 살던 이베리아 반도의 소금을 사들여 청어절임 생산을 기업화해 수출하기 시작했다. 이것을 계기로 암스테르담은 유럽의 소금 중계무역 기지가 되고 경쟁자였던 북유럽의 한자동맹은 경쟁에서 밀려 와해된다.

유대인의 승부수,
염장 청어

유대인들에게 벨기에 저지대와 네덜란드는 종교의 자유를 제외하고는 그리 풍요로운 곳은 아니었다. 농수산업과 염료 산업을 제외하고는 전반적으로 지하자원이나 특별한 생산물이 없었다. 이러한 척박한 환경 속에서 유대인들이 상업을 키워 나가는 데는 한계가 있었다. 네덜란드의 생태 환경적 한계를 극복하고자 유대인들은 중계무역에 주목했다.

바스크인과 바이킹은 중세 유럽의 바다를 누빈 두 주역이었다. 그들을 움직이게 한 동기는 소금과 대구였다. 맛있는 대구는 소금과 만나면서 단백질에 굶주린 중세인들에게 선풍적인 인기를 모았다. 그리고 유럽의 조선술을 비약적으로 발전시켰다. 중세 유럽의 바다에는 대구뿐 아니라 청어가 있었다. 스칸디나비아 근처 발트 해에서 잡히던 청어가 14세기부터는 해류의 변화로 네덜란드 연안 북해로까지 밀려드는 이변이 일어났다. 그러다 1425년경부터는 어장의 중심이 아예 발트 해에서 북해로 이동했다. 네덜란드인들은 너도나도 청어잡이에 나섰다. 그 결과 당시 매년 여름이면 약 1만 톤의 청어가 잡혔다. 이때 네덜란드 총인구가 약 100만 명 정도였는데 고기잡이와 관련된 인구만 30만 명이었다. 거의 전 세대가 청어잡이와 연관되어 있었다. 한마디로 청어잡이는 전 국민의 목숨 줄이었다. 청어 어장 때문에 네덜란드와 스코틀랜드는 세 번이나 전쟁을 치렀다.

중세 유럽인들에게는 오래도록 간직할 수 있는 소금에 절인 생선과 돼지고기가 선망의 대상이었다. 소금이 귀해 때로는 와인에 담가 저장하기도 했고, 말렸다가 훈제도 했다. 그들은 겨우살이 준비로 가을에 겨울 음식을 준비했다. 주로 11~12세기에 시작된 생선 염장은 청어, 고등어, 연어, 농어, 뱀장어, 대구 등으로 만들어졌다. 그중에서도 청어와 고등어가 단백질 공급원으로 최고였다.

네덜란드의 운명을 바꾼
빌렘 벤켈소어의 칼

바다에서 갓 잡은 생선은 빨리 저장하지 않으면 쉽게 상한다. 그래서 먼 바다를 나가기도 힘들었고 바다에서 오랫동안 머물며 조업하지 못했다. 14세기 중엽 네덜란드 한 어민 빌렘 벤켈소어Willem Beukelszoon는 갓 잡은 청어의 머리를 제외한 내장을 단칼에 베어낼 수 있는 작은 칼을 개발했다. 이 칼이 네덜란드의 운명을 바꾸었다. 그는 배 위에서 작은 칼로 단번에 청어의 배를 갈라 이리를 제외한 내장을 꺼내고 머리를 없앤 다음 바로 소금에 절여 통에 보관하는 염장법을 고안해냈다. 바다에서 잡은 청어를 잡는 즉시 소금에 한 번 절이고 육지에 돌아와서 한 번 더 절이는 거였다. 이렇게 하면 1년 넘게 보관할 수 있었다. 그 뒤 이 칼 덕분에 생선 내장을 발라내는 어부들은 1시간에 청어 2천 마리를 손질했다고 한다.

이것은 당시로서는 획기적인 개선이었다. 보통 잡은 생선을 육지로 가지고 와서 내장을 따고 소금에 절이는 것과는 큰 차이가 났다. 특히 신선도와 보관기간에서 많은 차이가 났다. 이 방법 덕분에 갓 잡은 생선을 신선하게 보존할 수 있게 되면서 어선들은 훨씬 더 먼 바다까지 조업을 나갈 수 있게 되었다. 기존보다 조업기간이 길어지면서 생선 포획량도 엄청나게 늘어났다.

가뜩이나 식량이 부족했던 당시 소금에 절인 청어는 전 유럽에 불티나게 팔려나갔다. 이때 유럽 각지에서 온 상인 수백 명이 매일 아침 소금에 절인 청어를 유럽 전역으로 보내며 돈을 벌었다. 이렇게 청어를 저장하고 수출하는 데 소금이 필수품이었다. 당시 필요한 소금의 일부는 브루게나 앤트워프를 통해 수입하기도 했지만, 대부분은 독일이나 폴란드 암염광산에서 한자동맹 무역망을 통해 공급받았다.

1425년경 플랑드르 앞 북해에서 직접 청어가 잡히기 시작하자 네덜란드인들은 열광했다. 그 뒤 15세기 말 스페인에서 추방당한 유대인들이 저지대 해안가에 대거 모여들면서 브루게와 앤트워프의 유대인들이 가장 먼저 주목한 것은 대량의

Ⅰ 새로운 염장법에 알맞은 칼을 개발한 빌렘 벤켈소어를 기리는 동상.

청어를 절이는 데 필요한 많은 양의 '소금'이었다. 그들이 살았던 스페인 북쪽의 바스크 지역에서는 대구를 그곳에서 생산하는 소금에 절여 먹는 풍습이 있었다. 그들은 먼저 한자동맹으로부터 공급받는 암염 대신 이베리아 반도 바스크 지역의 바다소금을 수입했다. 바다소금이란 염전에서 증발시킨 소금물을 용기에 넣고 끓여 만든 정제염을 뜻한다. 바다소금은 암염보다 값이 싼데다 질이 훨씬 좋았다. 이로써 유대인들은 청어절임용 소금을 암염에서 바스크 지역 소금으로 서서히 대체하면서 소금 시장의 주도권을 쥐게 되었다.

유대인, 바다소금을 한 번 더 정제해 고객을 사로잡다

16세기 초 유대인들은 바다소금을 다시 한 번 '정제'할 생각을 한다. 그렇게 하지 않아도 바다소금은 암염보다 순도도 높고 깨끗했다. 그런데도 이를 한 번 더 정제해 더욱 고운 소금으로 재탄생시킨 것이다. 소비자들은 소금의 순도, 모양, 색깔 등 소금의 질에 민감했는데 유대인들이 이러한 고객의 요구에 맞춘 소금을 개발한 것이다. 역사상 처음으로 거친 소금을 소비자가 원하는 대로 만드는 소금 정제 산업이 유대인에 의해 발달했다. 유대인들은 대서양 연안 정제염으로 결정이 더 작고 염도가 높은 소금을 만들기 위해 이를 다시 끓여 불순물을 제거하고 증발시켜 순도 높고 고운 결정을 만들었다. 이렇게 유대인은 고대부터 고객을 만족시켜 돈 버는 법을 알고 있었다.

16세기 중엽에는 총 400개의 대서양 연안 소금정제소에서 4만 톤의 소금을 생산했다. 이는 당시 베네룩스 삼국 소금 필요량의 절반에 해당하는 양이었다. 그런데도 이 정제소금이 오스트리아나 독일에서 육로로 오는 암염보다 쌌다. 한마디로 이베리아 반도의 정제 천일염은 가격 경쟁력과 품질 경쟁력 모두를 갖춘 셈이었다. 이로써 발트 해 지역이 북해를 제치고 소금 중계무역의 중심지로 부상했다.

한자동맹이
역사 속으로 사라지다

경쟁에서 밀린 한자동맹 도시들의 북해 주도권은 여기서 끝나고 역사 속으로 사라졌다. 이는 그만큼 소금이 교역에서 차지하는 비중이 높았음을 보여주는 증거다. 채굴도 어렵고 운반도 힘든 암염 대신 유대인들은 양질의 바다소금을 정제해 대량으로 들여와 한자동맹과의 무역 전쟁에서 이긴 것이다. 소금이 경제권역 간의 주도권을 바꾸었다.

당시 한자동맹이 망한 이유는 또 있었다. 그들은 유대 상인들이 발행하는 환어음을 거부했다. 현지 화폐로만 상품을 거래했다. 그러니 당시 북부 이탈리아와 플랑드르 상권을 쥐고 있었던 유대 상인과 교류할 수가 없었다. 그러던 차에 소금의 독점적 공급이 깨지고 판매가 줄면서 돈줄이 꽉 막힌 그들의 현금 유동성이 줄어들자 동맹이 급격히 쇠퇴한 것이다.

또한 유대인들은 청어를 절이고 남는 천일염과 정제소금은 인근 국가들에 싼값에 팔아 소금 유통을 완전히 장악했다. 이로써 유대인은 소금의 품질은 높이고 가격은 낮추어 생산 – 유통 – 소비 일체를 지배하는 독과점 체제를 이루었다. 유대인들은 유통시킬 국내 자원이 부족하자 이렇게 경쟁력 있는 원자재나 상품의 부가가치를 높여 재수출하는 중계무역을 키우는 능력이 뛰어났다. 네덜란드의 척박한 환경이 오히려 유대인들에게 전화위복이 되었다.

네덜란드의 부,
청어로부터 시작되다

염장 대구가 영국과 프랑스 해군과 상선의 필수품이 된 것처럼 유대인들은 네덜란드 해군과 상선에 염장 청어를 공급했다. 이로써 안정적인 공급처를 확보했다. 그리고 규모의 경제를 살려 청어절임을 경쟁력 있는 상품으로 만들어 전 유럽에 판매했다. 유대인들은 청어 처리에도 일대 혁신을 가져왔다. 바로 '분업화'를 도입한 것이다. 고기 잡는 사람, 내장 발라내는 사람, 소금에 절여 통에 넣는 사람 등으로 나누어 작업을 진행했다. 숙련공들은 1시간에 약 2천 마리의 청어내장을 발라냈다. 이로써 청어절임의 생산량이 획기적으로 증가했다. 청어의 포획부터 처리와 가공, 수출의 공정이 기업화되기 시작했다. 청어절임이 본격적인 산업으로 자리 잡은 것이다.

　이후 유대인들은 네덜란드에서 오늘날의 수협 격인 '어업위원회'를 만들었다. 위원회는 의회로부터 법적인 권리를 부여받아 체계적인 청어 산업을 관리 감독했다. 위원회는 품질관리를 위해 저장용 통의 재질과 소금의 종류, 그물코의 크기를 정했다. 또 가공 상품의 중량, 포장 규격 등 엄격한 품질기준을 만들어 네덜란드산 청어가 뛰어난 품질을 지속적으로 지킬 수 있도록 관리했다. 그리고 어획시기를 한정해 청어 산업의 장기적인 포석과 더불어 공급을 조절해 청어 산업의 고부가가치화를 이끌었다. 이로써 유럽시장에서 다른 나라에 견주어 우수한 경쟁력을 확보할 수 있었다. 이러한 공정체계의 완성과 유통의 장악 및 공급의 조절은 유대인들의 장기였다.

| 18세기 북극해에서 네덜란드인들이 고래를 잡고 있다. 작자미상.

청어잡이뿐 아니라, 네덜란드인들은 1596년 빌럼 바런츠^{Willem Barents}가 북극해의 스발바르 제도를 발견함으로써 북극해 인근의 고래잡이까지 장악했다. 네덜란드는 고래잡이 분야에서도 독점적 지위를 차지해 대량의 고래 기름과 고래수염을 얻을 수 있었다. 이후 고래 기름은 오랫동안 밤거리 가로등에 유용하게 쓰였다. 고래 고기는 찬 음식으로 분류되어 육식이 금지된 금식일에도 먹을 수 있는 몇 안 되는 생선으로 오랜 기간 서구인의 사랑을 받았다. 그 뒤 네덜란드와 영국의 포경선단은 1610~1840년 북극해 일대의 고래 무리를 거의 멸종 단계까지 몰아넣었다.

1620년에 이르러 네덜란드의 선박은 2천 척이 넘었다. 대부분 70톤에서 100톤에 이르는 청어잡이 어선이었다. 선원들이 한 척당 약 15명 정도 승선했다. 단순 계산으로도 약 3만 명 이상의 어부가 조업했음을 알 수 있다. 1630년대에서 1640년대에는 연간 약 3만 2천 5백 톤의 청어를 처리해 당시 유럽 전체에서 포획된 청어 6만 톤의 절반을 넘겼다. 이렇게 네덜란드의 부는 청어에서 시작되었다.

1669년에는 청어잡이와 청어의 가공처리, 통 제작, 망, 어선건조 등 관련 사업에 종사하는 사람을 합하면 그 수가 약 45만 명에 달했다고 한다. 당시 노동인구의 태반이 청어와 관련된 산업에 종사하고 있는 셈이었다. 이렇게 수산업에서 촉발된 활황은 조선업의 발전으로 이어졌다. 이는 또 목재업·무역업·금융업의 발전을 낳았다. 이렇게 해서 청어잡이는 네덜란드 경제와 해운 발전에 지대한 공헌을 했다.

소금을 통제하고 지배하다

16세기 말 스페인과 네덜란드 사이의 독립전쟁이 발생하자 네덜란드계 유대인들은 이베리아 반도의 주요 소금 생산지를 봉쇄했다. 펠리페 2세Felipe II 통치하의 스페인은 파산 지경에 이르렀다. '해가 지지 않는 나라'라는 명성도 역사 속으로 사라지고 있었다.

한편 네덜란드는 막강한 경제력을 축적할 수 있는 소금 채취에 열을 올려 멀리 서인도제도에서도 소금을 공수했다. 17세기 초 베네수엘라의 아라야 갯벌 주변에 쌓인 엄청난 소금 퇴적물 채굴을 시작해 베네수엘라와 네덜란드 사이에 매년 100여 척의 배들이 오고 갔으며 이로 인해 네덜란드는 강력한 해상 무역국으로 부상했다.

시대를 막론하고 권력을 가진 이들은 고가품과 필수품을 통제하고 지배함으로써 권력과 부를 누렸다. 16세기 말 네덜란드에서 일어난 신교도 전쟁은 소금과 식민지 노예 등의 문제가 원인이었다. 프랑스에서는 왕권을 유지하기 위해 소금세를 올렸다. 만인이 소비하는 것이었기에 소금에는 세금을 부과하기가 편했다. 이러한 간접세는 차차 담배 등의 다른 생필품에도 번져 서민들의 살림살이를 옥죄어 갔다.

농민봉기와 폭동의 원인, 소금

황소의 난

9세기 당나라 말기 황소의 난黃巢-亂이 농민들의 지지를 받았던 것은 황소를 비롯한 난의 지도자들이 백성들에게 소금을 싸게 밀매하던 소금 상인들이었기 때문이다. 전매제도를 악용해 왕이 소금 값을 과도하게 올리려 할 때 소금 밀매업자들이 들끓는 것은 당연한 일이다. 밀매업자들은 관염官鹽, 정부가 공식적으로 판매하는 소금보다 질 좋은 소금을 반값에 판매했다. 정부는 이런 자들을 잡아 한 섬 이상 거래한 자는 사형, 한 말 이상 거래한 자에게는 태형을 가했지만 결코 이를 없애지 못했다.

중국에서는 소금 산지가 일정 지역에 편중되어 있었기 때문에, 이를 독점할 수만 있다면 엄청난 부가 보장되었다. 소금을 쟁탈하기 위해 전쟁도 빈번하게 일어났다. 특히 한 무제武帝 이후 정부에서는 소금을 전매하여 부족한 재정을 메우고 있었다. 당시 사염私鹽을 엄격하게 금지했다. 소금을 밀매하는 자는 왼쪽 발가락을 자르는 형벌을 받았다.

당나라도 안사의 난安史-亂 이후 소금 전매에 의존해 극심한 재정난을 타개하고자 했다. 실제 소금 전매수입은 총 재정수입의 절반 이상을 차지했다. 전매 이전에는 한 말에 10전 하던 소금 값이 110전으로 오르더니, 급기야 300전에 달했다. 소금이 생존의 필수품인 이상, 가장 큰 피해자는 농민들이었다. 안사의 난 이후 기울어질 대로 기울어진 당의 궁중에서는 독버섯처럼 환관들의 세력이 자라나 허약한 황실을 쥐고 흔들었다. 황제는 이들에 의해 세워지고 폐해졌다. 그 속에서 농민들은 거의 목불인견의 참상을 보였다. 살 길이 막힌 농민들은 포악한 관리들을 습격해 울분을 표시하거나, 부유층의 물산을 약탈하는 등 산발적인 저항을 끊임없이 되풀이했다. 이를 전국적 봉기로 이끌어내는 데 소금 밀매 조직이 커다란 역할을 했다.

언제나 그렇듯이, 관에서 주도하는 전매제의 소금 값이 급등하게 되면 자연히 암거래가 생겨난다. 정부는 이들을 추적해 사형 등 중형으로 가혹하게 처리한다. 이렇게 되면, 소금 밀매조직들은 좀 더 적극적인 자위책을 찾아 무장봉기의 길에 나서게 된다.

황소는 과거에 합격해 관리가 되고자 했으나 여러 차례 과거에 낙방하자 소금 장사를 시작했다. 그 뒤 875년 소금 밀매상 왕선지王仙芝가 일으킨 반란에 호응해 군사를 일으켰다. 가는 곳마다 관군을 무찔러 강남 일대를 장악했다. 880년에는 양쯔 강과 뤄양을 점령했다. 빈농과 유민들을 끌어들여 힘을 키운 이들은 당시 수도 장안을 일시에 점령하고 스스로 황제의 자리에 올랐다. 이로써 귀족과 관료들에게 큰 타격을 줌으로써 당나라가 무너지는 계기가 되었다.

이후 명나라 때는 만리장성 변방 창고에 군량을 대주는 거상들에게 관염판매허가증을 내주었다. 허가증 발급만으로도 만리장성 수비에 필요한 막대한 군비를 조달할 수 있었던 셈이다.

소금세 '가벨'에서 비롯된
프랑스혁명

12~13세기 프로방스에서 소금의 원가는 에민^{45킬로그램}당 네 푼도 채 가지 않았다. 하지만 소금세의 증가와 염장 청어의 대량생산으로 1630년에는 소금 가격이 생산비의 14배로 뛰었다. 특히 프랑스의 염세인 '가벨gabelle'은 앙시앵레짐의 대표적인 '봉건적 악제'로 손꼽히며 흔히 프랑스혁명의 한 원인으로 거론된다. 국가가 한번 '돈맛'을 알게 되자 소금 값이 급격히 오르기 시작했다. 물론 그 가격 구성의 대부분은 국가가 거둬들이는 세금이 차지했다. 1710년에는 소금 가격이 생산비의 140배까지 치솟았다.

자연히 농민들이 비싼 염세에 항의하며 암거래에 가담하고, 국가가 이를 잔인하게 억압하는 일이 벌어졌다. 불공정 세금 → 암거래 → 억압의 악순환은 농민봉기를 자초하기에 이른다.

1789년의 프랑스혁명의 발발도 귀족에게는 염세를 면제해주고 일반 백성에게는 이를 과도하게 부과한 것이 한 원인이었다. 프랑스의 가벨은 단순한 염세가 아니었다. 왕이 정한 가격대로 모든 남성, 여성, 8세 이상의 어린이들이 일주일에 한 번씩 의무적으로 소금을 사야 하는 제도였다. 왕은 자기 마음대로 가벨의 세율과 할당량을 올릴 수 있었다. 가벨이 가장 심했을 때는 소금 원가의 스무 배가 넘는 금액이 책정되었다.

소금 암거래를 하다 잡히면 200리브르의 벌금형을 받았다. 200리브르는 일반 노동자의 1년 수입이었다. 이 벌금을 낼 수 없는 대부분의 범죄자들은 체형을 면치 못했다. "형리는 죄인을 넘겨받아 옷을 허리까지 벗겨 대로를 따라 끌고 다니다 매질한 다음 광장에서 그의 오른쪽 어깨에 달군 쇠로 대문자 G의 낙인을 찍을 것을 명한다"는 것이 최종 판결 내용이었다. 여기에서 G는 갤리선을 가리킨다. 다음에 걸리면 갤리선에서 죽을 때까지 노를 저어야 한다는 의미다. 당시 갤리선 노수櫓手의 삼분의 일이 가벨 위반자들이었다.

소금세 가벨은 프랑스혁명 중인 1790년 폐지됐다. 하지만 얼마 안가 1805년 나폴레옹Napoléon I이 군비 마련을 위해 다시 부활했다. 프랑스에서 최종적으로 가벨이 폐지된 것은 1946년이다. 그만큼 소금은 권력자의 중요한 세금원이자 마찰의 쟁점이었다.

간디의 무저항주의,
'소금 행진'

1825년, 영국은 염세를 폐지한 최초의 국가다. 수 세기 동안 징수한 염세에 노동자 계급이 분노했기 때문이 아니라 소금의 역할이 바뀌었다는 걸 영국 정부가 인식했기 때문이었다. 일반적으로 산업혁명은 기계혁명으로 알려졌지만 한편으론 화학혁명이기도 했다. 섬유산업, 염색, 비누제조, 유리제조, 요업, 철강 산업, 무두질, 제지업, 양조 산업 등에 대한 수요 때문에 화학물질을 대량생산할 필요성이 생겼다. 소금은 방부제나 조미료로서의 중요성보다 화학물질 제조공정에 필요한 물질로서의 중요성이 엄청나게 커졌다. 때문에 각종 제조업자들과 공장 소유주들은 염세를 철회하라는 압력을 정부에 가했다. 소금이 영국 산업 번영의 핵심 원료라는 인식을 정부가 하자 비로소 가난한 사람들이 수 세기 동안 그토록 원했던 염세 폐지가 실현되었다.

영국은 본토의 염세는 폐지했지만 식민지의 염세는 폐지하지 않았다. 인도의 독립운동가 마하트마 간디Mohandas Karamchand Gandhi, 마하트마 Mahatma는 대성人聖을 의미한다가 영국이 부과한 염세에 반대하기 시작하면서 염세는 인도에서 식민지 압제의 상징이 되었다. 인도의 염세는 세금 이상의 것이었다. 이미 지난 수 세기 동안 많은 정복자들이 터득한 바와 같이 소금 공급의 통제는 정치적·경제적 통제를 의미했다. 정부의 인허가 없는 소금 생산이나 판매는 범법 행위로 규정되었다. 석호 주변에 자연 증발로 생성된 소금을 채취하는 것조차 불법이었다. 소금은 영국이 정한 가격으로 영국 정부가 지정한 중개상을 통해서만 구입해야 했다. 인도인의 식단은 주로 채식으로 이루어져 있고 연중 날씨가 무더워 땀으로 인한 체내 염분 손실이 많기 때문에, 인도인에게 소금 섭취는 매우 중요했다. 식민통치를 받게 되면서 인도인들은 거의 공짜로 채취하거나 생산할 수 있었던 소금을 돈 주고 사먹을 수밖에 없는 처지가 되었다.

1856년 인도에서 영국이 소금 전매제도를 시행하면서 무거운 세금을 물리자 이에 반발해 폭동이 일어나기도 했다. 영국이 자국 시민들에게 염세를 폐지한 지 거의 한 세기가 지난 1923년, 인도의 염세는 오히려 두 배나 올라 있었다. 그 뒤 1930년에 일어난 간디의 무저항 운동은

| 소금 행진을 하는 간디와 그의 지지자들.

소금 때문에 시작되었다. 영국 정부에서 인도의 소금에 대한 세금을 두 배로 올리자 간디는 염세가 가난한 사람에게 많은 부담을 준다는 것을 알고 이른바 '소금 행진'을 시작했다. 간디는 자발적으로 지원한 사람들과 함께 천천히 나라를 가로질러 행진하자 그가 지나간 자리에는 반란의 불씨가 터졌다. 소금의 위대한 변신이었다.

1930년 4월 6일, 간디는 수천 명의 지지자들과 함께 3주 동안 400킬로미터를 걸어 바닷가에 도착한 후 거친 소금을 한 줌 집어 들었다. 머나먼 길을 걸어 바닷가에서 소금 한 줌을 줍기 위해 몸을 숙이는 간디의 소금 행진은 조국독립을 상징했다. 이는 수많은 인도인들의 동참을 끌어내기에 충분했다. 비폭력 무저항주의의 승리였다. 소금은 이렇게 인도의 역사를 바꾸는 데 중요한 촉매역할을 했다.

소금으로 본 중국사

중국에서는 기원전 6000년 북방 샹시湘西 지방의 윈청 호에서 소금 채취를 시작한 것으로 보인다. 기원전 3000년경부터는 소금을 생산했는데 가장 오래된 소금 생산지는 쓰촨四川 지방이었다. 이 지역 사람들은 이때부터 벌써 채소를 소금에 절여 먹었다. 기원전 27세기에 재상 숙사씨宿沙氏가 처음으로 바닷물을 항아리에 넣고 끓여 소금을 채취했다는 기록이 있다. 훗날 로마제국에서도 이 방법을 사용했다. 기원전 23세기 우禹임금이 세운 하나라에서도 중요한 치수정책의 하나가 염전 관리였다.

하나라의 시조인 우임금이 황실에서 쓰는 소금은 산둥山東 지방의 소금으로 하라는 명령을 내린 뒤로, 중국에서는 발해만에서 생산되는 소금을 최고로 여긴다. 당시 이곳은 고조선의 영토였다. 발해만에서 만들어진 소금은 우리나라 전통 소금 생산방식에 따라 만든 자염으로 불순물이 적어 쓴 맛이 안 났고 오히려 약간 단맛이 났기 때문이다.

중국 고문헌《상서尙書》에 은나라 대에 이미 조미료로서 소금이 사용되었다고 기술되고 있다. 주나라의《주례周禮》에는 소금을 관리하는 염인鹽人이라는 관직이 보인다. 염인은 고염苦鹽, 산염散鹽, 형염形鹽, 이염飴鹽이라는 네 종류의 소금을 관리했다. 고염은 쓴 맛이 나는 소금으로 마그네슘염을 많이 함유한 것이다. 산시山西 성의 소금 연못인 운성염지運城鹽池의 소금이다. 산염은 결정 입자가 작은 소금으로 바닷물을 증발시킨 것이다. 형염은 결정 입자가 큰 것으로 암염으로 생각된다. 이염은 맛이 좋은 소금으로 티베트 고원의 동북부에 위치한 현재의 칭하이青海 성에서 생산했다. 약리학에 대한 오랜 문헌인《본초강목本草綱目》에는 천일염과 암염이 기술되어 있다.

소금과 철의 전매제도

춘추전국시대에 제齊나라가 소금 전매제로 번영을 누렸다. 제나라의 소금 산업 발전에 관해서는 사마천司馬遷의《사기史記》에 언급되고 있다. 사마천은 제나라를 세운 태공여상太公呂尙 곧 강태공姜太公이 "소금과 생선 교역이 큰 이익이 된다고 보았으며 백성들에게 교역을 장려해 제나라가 거대한 국가로 발전했다"고 썼다. 기원전 7세기의 일이다. 기원전 450년경에 철제 솥에 소금물을 담아 끓여 소금을 만들었다고 기록되어 있는데, 이는 이후 2천 년간 주된 제염기술이 된다. 그리고 기원전 252년에는 중국 쓰촨 지방의 수령이 세계 최초로 염정을 파는 굴착기술을 개발해 천연가스가 함께 발견되기도 했다.

기원전 221년 중국을 통일한 진시황도 국가가 부강하려면 먼저 경제가 튼튼해야 한다고 믿었다. 그는 다방면의 경제 부흥정책을 썼다. 특

I 소금으로 만든 진시황.

히 소금교역 수입으로 군대를 양성하고 무기를 표준화해 대량생산했다. 그는 소금과 철의 전매수입으로 통일 자금을 비축해 마침내 통일에 성공한다. 그는 통일 후에도 소금과 철을 독점해 이전 시대에 비해 스무 배의 이윤을 남겼다. 그것을 바탕으로 통일 중국의 도로망 확대는 물론 만리장성과 아방궁 등 대대적인 건설 사업을 추진할 수 있었다.

또 사마천은 기원전 154년 오나라의 왕 유비劉濞도 동전을 대량으로 주조하고 바닷물을 끓여 소금을 생산해 백성들에게 세금을 걷지 않고도 거대한 부와 번영을 누렸다고 쓰고 있다.

기원전 119년에는 한 무제가 철, 술과 함께 소금을 전매품으로 묶었다. 한 무제는 소금 행정인인 '염정鹽政'과 함께 소금을 만드는 철제 도구들을 국가의 관리하에 두어 바닥난 국고를 보충하고 강력한 제국을 이루었다. 소금 염鹽이라는 한자는 세 부분으로 나뉘어 왼쪽 윗부분은 신하, 오른쪽 윗부분은 소금물, 그리고 아래는 그릇이라는 의미를 담고 있다. 결국 소금은 국가에서 관리한다는 걸 보여주는 한자다.

지하 염수를 끌어내
소금을 만들다

서기 208년 중국에서는 조조曹操, 손권孫權, 유비劉備가 자웅을 겨루는 삼국시대가 시작된다. 이 가운데 유비의 촉나라는 대부분이 산간 지역이고 인구도 적어 다른 두 나라에 비해 불리했다. 더구나 바다에 접하지 않아 소금을 구할 수 없었다. 북으로는 조조의 위나라가, 동으로는 오나라의 손권이 막고 있었고 남쪽은 베트남 밀림이었다. 그러나 소금을 구하지 않으면 사람이 살 수 없는 법. 어떻게든 대책을 마련해야 했다.

이때 촉나라 사람들이 쓴 방법은 지하 염수를 이용하는 것이었다. 땅속을 깊이 파면 지하수가 나오고 더 깊이 파면 염수층이 나온다. 이 염수를 끌어내기 위해서는 지하로 1킬로미터 이상을 파 들어가야 했다.

지하 1킬로미터를 파내려가는 데는 고도의 시추술이 필요했다. 그런데도 1.5킬로미터까지 파내려가는 것은 예사였다고 한다. 마침 제철업의 발달로 다양한 도구가 있어 이것이 가능했다. 이때 파이프는 대나무로 만들었다. 이미 중국은 기원전 4세기경부터 이런 시추술로 염수를 끌어올려 큰 솥에 끓여 소금을 만들었다. 한마디로 지하에서 소금을 캐낸 것이다. 더구나 중국인들은 그 과정에서 석유와 천연가스도 발견했

| 중국 전통 방식은 큰 솥에 염수를 끓여 소금을 얻는 것이다.

다. 그래서 천연가스를 연료로 사용하고 대나무로 만든 파이프로 수십 킬로미터 떨어진 곳까지 이동시키기도 했다.

3세기 중국 쓰촨 지방에서는 가스불로 소금물이 든 철제 항아리를 달구어 소금을 생산했다. 이것이 세계 최초의 천연가스 사용이라고 전해진다. 당나라에 이르러서는 '다단계 천일제염법'이 개발되어 순도 95% 이상의 소금이 대량생산되었다. 소금 전매는 여러 차례 제정과 폐지를 반복하다 8세기 중반 당나라 숙종肅宗 때 확고하게 자리 잡은 이후 20세기 초반까지 계속 이어졌다.

19세기 중반에 중국은 소금이 모자라자 깊은 땅속에 있는 소금(암염)을 캐기 시작했다. 이로 인해 소금을 캐내기 위해 땅속에 구멍을 뚫는 시추 기술이 발전했다. 이는 훗날 미국의 석유시추에도 크게 기여했다. 이렇듯 중국에서도 소금이 역사 발전의 중추적 역할을 한 흔적이 도처에 언급되어 있다.

우리나라 소금의 역사

서해를 황해라고도 하는 까닭은?

한반도 북부 해발 200미터가 넘는 지역에서 부분적으로 빙하의 흔적이 발견되고 있다. 이것은 한반도가 빙하의 주변 지역이었음을 뜻한다. 빙하의 영향은 적지 않았다. 빙하기에는 해수면이 낮아져서 중국 대륙, 한반도, 일본열도, 대만 등이 육지로 연결되어 있었다. 1만 3천 년 전 동이족 최초의 토기는 이때 만들어졌다.

1만 2700년 전 즈음에 빙하기도 아닌데 알 수 없는 이유로 혹한기가 찾아왔다. 이때 대륙의 동식물 자원의 몰락은 인류의 급격한 감소를 초래했다. 이후로 인류는 수렵채취에 의존해서는 겨울에 살아남을 수가 없고, 농사 지어 수확하고 저장하는 종족만 살아남게 된다. 그 저장 도구의 하나로 한민족이 만든 덧무늬토기(융기문토기)와 빗살무늬토기(즐문토기)가 있다.

당시 서해는 대륙이었으며 동해도 호수였다. 지금으로부터 1만 2천 년 전쯤, 빙하기가 끝나면서 날씨가 따뜻해져서 빙하가 녹아 해수면이 일 년에 5센티미터씩 올라오기 시작했다. 이렇게 간빙기에 해수면이 높아지면서 해안선에 큰 변동이 있었다. 이때 완만한 대륙이었던 곳에 서해가 생겨나 오늘날과 비슷한 지형이 되었다. 동해는 최대 수심이 3000미터가 넘지만 서해는 최대 수심이 100미터를 넘지 않고 평균 수심이 44미터에 불과해 세계적으로 얕은 바다로 유명하다. 황허의 토사가 유입되어 바다 색깔이 대체로 황토색으로 보이기 때문에 황해Yellow Sea라는 이름이 붙었다. 이렇게 서해는 전부가 대륙붕에 해당되어 수심이 얕은 편이며, 난류와 한류가 만나는 곳으로 어장이 풍부하다. 완만한 서해 갯벌이 아시아 유일의 대형 갯벌이다.

세계 최고의 서해 갯벌

서해 갯벌은 생명체들의 보고였다. 세계 5대 갯벌 지역은 미국 동부, 캐나다 동부, 아마존 강 하부, 북해 연안 그리고 우리의 서해다. 이 중에서 생물 다양성 측면을 고려해볼 때 우리 서해가 단연 돋보인다. 예를 들어 새만금에는 어류가 약 155종, 저서생물이 141종, 규조류가 1제곱센티미터 당 20만 개체가 서식하고 있었다. 덕분에 우리 조상들은 서해 갯벌 해산물로 먹거리를 해결할 수 있었다.

　게다가 갯벌에서 좋은 소금이 생산됐다. 염전을 한글로 풀면 바닷가의 소금밭이란 뜻이다. 말 그대로 좋은 소금은 좋은 밭에서 생산되는데 서해 갯벌이 좋은 소금을 생산했다. 그 무렵에는 지금과 같은 다단계 염전에 의한 완전한 천일염은 만들지 못하고 갯벌에서 증발시킨 소금물을 마지막에 토기나 솥에 넣고 끓여서 소금을 생산했다. 그래서 땔감이 많고 갯벌이 좋은 곳에서 소금을 생산했다. 주로 강 하류와 바다가 만나는 곳에 그런 곳이 많았다. 대부분의 고대 문명이 강 하류에서 발달한 이유다.

동양 제일의 어장, 발해만

서해안은 수심이 얕은 바다다. 특히 발해 연안 발해만의 평균 수심은 22미터 남짓이다. 세계에서 가장 얕은 바다다. 그 다음으로는 양쯔 강 하구에서 얕은 수심을 보인다. 고대의 고기잡이와 염전이 고조선의 발해만 부근과 양쯔 강 입구의 저우산 군도舟山群島에서 가장 먼저 발달한 이유다.

부드러운 해변은 거친 파도를 잠재워 마을과 어촌이 안전하게 들어서게 한다. 비록 황허에서 쏟아져 내려오는 황토로 인해 산둥 반도 위쪽의 바닷물은 누렇지만 모래와 갯벌과 다른 퇴적물들이 합쳐져 바다를 깨끗하게 지켜내어 갯벌 생산물이 많았다. 황허 하류의 탁류보다는 랴오허遼河 강 쪽의 물이 깨끗하고 갯벌도 좋았다. 그래서 랴오둥遼東 반도 쪽에 제염소가 많았다.

게다가 서해는 대륙붕으로 난류와 한류가 만나는 특성상 연근해에 어족도 풍부했다. 이로써 고기잡이배가 처음으로 만들어지고 고기잡이가 발달하게 된다. 갯벌이 많아 배 밑이 편평한 '평저선平底船'이 만들어져 고기잡이에 쓰였다. 우리 고대 선박이 세계에서 유일하게 평저선인

이유다. 고대로부터 발해만은 동양 제일의 어장이었다.

기원전 4세기 중국의 《산해경山海經》에도 고대 한국과 관련된 기록들이 있다. "동해東海의 안쪽, 북해北海의 모퉁이에 조선이라는 나라가 있는데 하늘이 그 사람들을 길렀고 물가에 살며 남을 아끼고 사랑한다"는 내용이 있다. 여기서 그들이 이야기한 '동해'는 서해이며, '북해'는 발해를 의미한다. 이로 미루어보았을 때 고조선의 영토는 발해만 연안에 있었음을 알 수 있다.

소금이 있어 가능했던 홍산문화

인류의 4대 문명발생지는 모두 강 하류에서 발달했다. 물, 식량, 땔감과 소금을 쉽게 구할 수 있는 곳들이었다. 다행히 홍산 지역은 강 하류가 아니었는데도 이 모든 조건을 갖추고 있었다. 특히 염호(소금호수)와 염수(소금강)가 있어 사람들이 몰려들었다. 그래서 문명이 다른 곳보다 빨리 잉태되어 클 수 있었다. 홍산문화는 초원길 한가운데서 컸다. 고대에는 초원길이 문명의 탄생지이자 문명 전파의 고속도로였다. 당시 중국 대륙은 산악지대와 원시림으로 뒤덮여 수로를 제외하고는 인간의 통행이 거의 불가능했다.

고조선

고조선의 소금과 무쇠 솥

우리 조상들 역시 고조선시대부터 소금을 사용했다. 고조선에는 염수鹽水라는 소금강이 있었다. 지금의 랴오허遼河 강 서쪽 상류다. 이곳 소금우물井鹽에서 퍼 올린 소금물을 이용해 소금을 생산했다.

고조선의 영역으로 추정되는 랴오닝遼寧 성 지방 유적에서는 옥장식품과 청동 솥cauldron과 동검bronze dagger 등이 발견되었다. 이미 기원전 4500년 이전에 청동 솥이 있었다는 이야기다. 한반도에서도 철로 만든 쇠솥鐵釜은 청동기문화에 해당되는 고조선 유적에서부터 발견된다. 철기문화가 청동기문화와 공존했다는 이야기다. 이렇듯 고조선에서는 가마솥이라 부르는 무쇠 솥이 있었다.

고조선시대의 제염소는 내륙보다 랴오둥遼東 반도 동쪽 해안에 많았다. 서해 바다는 수심이 얕고 조수 간만의 차가 커 갯벌과 모래사장이 발달되어 있었다. 우리나라 서해 갯벌은 세계 5대 갯벌의 하나이자 아시아 대륙 유일의 대형 갯벌이다. 널리 펼쳐진 갯벌 웅덩이에 바닷물을 가두어 소금물을 만들기가 수월했다. 고대에는 이 증발된 소금물을 토기나 솥에 넣고 끓여 소금을 만들었다.

《한서漢書》〈지리지地理志〉 기록에 "고조선은 생선과 소금, 대추, 밤 같은 것이 풍족히 났다"는 것을 보아 해안가에서 어업과 제염이 같이 이루어진 것으로 보인다. 그리고 소금에 절인 생선이 널리 유통되었던 것 같다. 실제 서해는 전부가 대륙붕에 해당되어 수심이 얕은 편이며, 난류와 한류가 만나는 곳으로 고기가 많았다. 바닷가 백성은 소금을 굽거나 물고기를 잡아, 팔아서 살았다. 소금을 '굽는다'는 이야기는 갯벌에서 증발시킨 소금물을 토기나 가마솥에 집어넣고 불을 지펴 소금을 만든다는 이야기다. 소금장수는 이 소금과 절인 생선을 배에 실어 강을 이용해 내륙으로 전달할 수 있었다.

중국 연안과 서해 갯벌의 차이점

넓은 갯벌이 형성되려면 조수 간만의 차가 커야 하고, 해안가의 경사가 낮아야 한다. 서해의 독특한 지형적 특성은 바로 이 두 조건을 만족시킨다. 그런데 서해라는 같은 바다를 끼고 있지만 우리 갯벌과 중국 갯벌은 특성이 다르다. 갯벌은 퇴적물의 종류에 따라 펄 갯벌, 모래갯벌, 펄과 모래의 혼합갯벌로 나뉜다. 다양한 생물이 살기 위해서는 다양한 종류의 갯벌이 혼재되어야 한다. 환경이 다양한 만큼 서식하는 생물종의 수도 많아지기 때문이다.

그런데 중국의 갯벌은 펄 갯벌이 대다수다. 황허나 양쯔 강과 같은 큰 강으로부터 다량의 펄이 연안으로 이동해 와서 형성되었기 때문이다. 육지로부터 유입되는 퇴적물의 양이 지나치게 많아서 삼각주 형태의 갯벌이 많다. 이런 경우는 다양한 생물이 살기가 힘들 뿐 아니라 염전을 만들 수도 없다.

중국의 소금 생산방식은 지역적 특성을 살려 바다에서 생산하는 해염海鹽, 호수에서 생산하는 지염池鹽, 우물에서 생산하는 정염井鹽, 땅에서 생산하는 토염土鹽, 암석에서 생산하는 암염巖鹽 등으로 다양한 형태를 보였다. 이에 비해 삼면이 바다와 갯벌로 둘러싸인 우리나라에서는 선사시대부터 자연스럽게 바닷물로 소금을 생산했을 것으로 추정된다.

고조선 특유의 자염

그 무렵 고조선 인근 제나라와 연燕나라에서도 소금을 생산했다. 사마천의 《사기》에 보면 관중管仲은 제 환공桓公에게 소금을 생산해 전매제도를 시행함으로써 국부를 늘릴 것을 건의했다. 그 뒤 제나라는 소금 판매를 나라에서 관리한 결과 국고가 부강하게 되었다. 제와 연의 제염 기술은 경제교류가 빈번했던 고조선에서 유래되었을 것으로 보인다. 당시 중국 소금은 염전에서 생산되지 않고 암염수나 바닷물을 토기에 집어넣고 끓여 결정염을 얻어내는 방식이었다.

고조선은 어떤 방식으로 소금을 얻었는지 확실치 않으나 우리의 전통 소금인 자염이었을 가능성이 크다. 유독 제염소가 밀물과 썰물의 간만 차가 큰 서해에 많이 분포되어 있던 것으로 미루어 당시 사람들도 조수 간만 차를 이용해 갯벌에서 소금을 얻었던 것 같다. 《관자管子》〈지수편地數篇〉에는 '연나라에 자煮가 있다'고 했다. 이로 미루어 우리의 자염 기술이 고조선과 이웃한 연나라로 알려졌을 가능성이 크다.

우리 고대의 자염은 진흙 갯벌에서 말린 소금물을 써레질해 염분 농도를 높인 후 가마솥에서 8시간 정도 끓여 만든 소금이다. 이는 처음부터 토기에 바닷물을 넣고 끓이는 중국의 생산방식과는 달랐다. 당시 고조선의 소금 제조방식이 중국보다는 우월했던 것 같다. 토기보다는 가마솥에 넣고 끓이는 것이 생산성과 품질 양면에서 모두 월등했을 것이기 때문이다. 이러한 용기의 차이는 당시 양국의 과학기술의 차이이기도 했다. 품질 좋은 소금의 무역이 국운을 갈랐다.

서해안 제염소를 뒷받침하는 이야기로 고구려 미천왕이 어린 시절 '을불'이라는 이름으로 서해안 압록강가에서 소금을 받아다가 배를 타고 강을 거슬러 올라가며 소금 팔러 다닌 이야기는 유명하다. 한나라 때는 압록강을 소금강이라 해 염난수鹽難水라 불렀다. 그만큼 소금으로 유명했다. 지금도 압록강과 청천강, 대동강이 흘러드는 서한만의 강 하구들 부근에는 평야가 펼쳐져 있고 수심이 얕아 곳곳에 염전이 많다.

천혜의 소금 생산지, 서해

예부터 서해는 밀물과 썰물의 차가 크고, 증발량이 많으며, 갯벌이 넓어 큰 염전이 발달했다. 염전을 일구어 소금을 생산할 수 있는 나라는 예상외로 극히 드물다. 이런 의미에서 고조선은 천운을 얻었다. 이것이 국운을 가른 것이다. 천일염은 암염에 견주어 순도도 높고 귀해 그 무렵 최고의 고가품으로 국가 경제와 재정에 큰 도움이 되었을 것이다. 고조선이 부강했던 이유다.

　후대에도 소금은 우리 민족의 귀중한 국가자산이었다. 고구려나 신라, 백제 모두 영토 팽창과정에서 맨 처음 확보한 지역이 소금 산지인 해안선이었다. 《관자》〈해왕편海王篇〉, 〈경중갑편輕重甲篇〉 등에도 발해의 서해 바닷가 염전에서 광범위하게 소금 생산이 이루어졌다고 기록되어 있다. 이렇게 고대에는 소금 산지 확보가 국가 건국의 가장 중요한 요소였다.

소금을 지배하는 자, 세상을 얻다

소금이라는 말 자체가 귀하다는 뜻으로 '작은 금', 소금小金에서 유래했다. 한반도 소금의 수요는 중국 대륙은 물론 대양과 긴 사막을 가로지르는 무역로를 만들었다. 가는 길에는 도적 떼가 자주 출몰해 각별한 무장이 필요했다. 대개는 상인들의 안전을 지켜줄 호위대를 구성했다. 당시 상업의 실상은 이처럼 무력과 교역이 혼합된 상태였다. 소금 때문에 전쟁이 벌어지기도 했다. 또 소금은 돈으로도 쓰였다. 중국에서는 소금을 틀에 넣어 굳혀 동전처럼 만든 후 황제의 문양을 새겨 화폐(염화)로 이용하기도 했다. 소금이 바로 돈이었다.

소금은 이런 경제적 용도 이외에 정치적으로도 막강한 무기로 쓰였다. 고조선을 맹주로 하는 연맹체제와 제후국 관계는 고조선이 소금과 철의 유통을 통제함으로써 손쉽게 권력을 집중시킬 수 있었다. 또한 소금 상인으로 알려진 연타발延陀勃과 그의 딸 소서노召西奴의 재력이 없었다면 주몽朱蒙이 고구려 건국에 성공하기 힘들었을 것이다. 소금을 지배하는 자가 세상을 얻었다.

국경 지대의 대규모 국제시장

우리나라 역시 고대부터 소금이 귀했지만, 이 귀하고 비싼 소금을 왕실이 독점하지 않고 민간인들이 자유롭게 생산해 장사할 수 있도록 허용했다. 그만큼 국고가 튼튼해 구태여 소금을 전매하지 않아도 괜찮았다는 이야기이자 또 해안가 염전에서 소금 생산이 통제할 수 없을 정도로 많았다는 이야기다.

고대부터 우리나라와 중국의 차이는 소금과 철에 대한 전매제도의 시행 여부였다. 중국은 기원전 6세기의 제나라 이후로 소금 전매제도가 있었다. 진시황의 통일 사업과 만리장성 중축 등은 소금과 철의 전매제도 덕분이었다. 한나라도 소금과 철의 전매제도로 국부를 늘렸다. 그래서 시중에서는 소금을 자유롭게 구입할 수 없었다.

그 결과 고조선 때부터 우리나라에 소금을 사고자 하는 이방 상인들이 많이 몰려들었다. 자연스레 국경 지대에 시장이 형성되었다. 나중에는 그 규모가 엄청나게 크게 성장했다. 고구려의 유성 국제시장이 그 좋은 예다.

역사적으로 조공무역에 의한 교역 품목들은 기록되어 수출입한 흔적이 남았다. 그에 반해 고조선과 고구려는 주로 자유로운 무역 시장이 발달해 남아 있는 기록이 별로 없지만, 소금을 필두로 많은 물건들이 거래되었을 것으로 추정하고 있다.

소금 팔아 맥궁을 만들다

고조선은 주변 연나라, 제나라는 물론 남방의 먼 곳과도 무역을 했다. 기원전 8세기로 추정되는 랴오둥 반도의 강상무덤에서 발해만에서는 나지 않는 열대지방 보배조개가 출토되었다. 이는 고조선의 중심지인

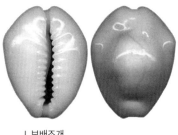

| 보배조개.

랴오둥 반도에서 해로를 통해 남방 상인들이 몰려와 원거리 교역이 이루어졌음을 뜻한다. 고조선에서 각궁을 만드는 데 쓰이는 남방 물소의 뿔이 많이 조달될 수 있었던 것도 이런 귀한 소금 덕분이었다.

고조선의 물소 뿔로 만든 각궁(맥궁)은 유명하다. 탄력성이 좋아 사거리가 길고 1분 안에 여섯 발 이상 쏠 수 있으며 적중률도 높았다. 당시 중국 활의 사거리가 50~100미터 정도인데 비해 각궁의 사거리는 180~360미터 정도였다. 맥궁은 하나 만드는 데 보통 2~3년이 걸렸다.

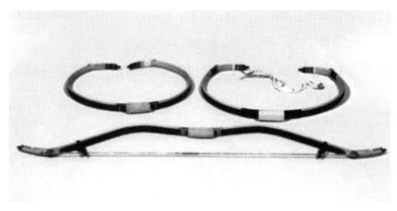

| 고조선 각궁들.

　고조선의 활을 한나라 사람들은 예맥족의 활이라 해 이를 '예맥궁' 또는 '맥궁'이라 불렀다. 《위지魏志》에는 "고구려의 한 종족이 소수맥 나라를 만들었는데, 이곳에서 맥궁이라는 좋은 활이 산출된다"고 기록되어 있다.

고구려

교역 부국, 고구려

고구려는 건국 초기에 주로 약탈전쟁으로 국가의 틀을 잡고 부를 늘려 갔다. 툭하면 선비족을 이끌고 중국으로 쳐들어가 필요한 곡식과 가축들을 뺏어 왔을 뿐 아니라 중국 병사들과 농민들을 포로로 끌고 왔다. 중국은 이들 포로들을 매번 비단이나 말로 교환해야 했다. 그 뒤 중국은 고구려를 회유하기 위해 국경지대에 시장을 세워 고구려가 필요한 물품을 싼값에 조달해 가도록 했다.

이후 고구려는 건국 초기의 혼란함을 벗어나자마자, 교역을 통해 생필품을 조달할 뿐 아니라 지금까지와 달리 유목 대신 농경을 위주로 하는 정착 민족으로 바뀌어 농사를 짓고 염전에서 소금을 생산하기 시작했다. 농산물과 소금의 생산이 늘자, 고구려에도 상업과 도시가 발달하게 되었다. 수도였던 국내성은 물론 변방에도 거대한 시장이 들어섰다. 그 뒤 고구려는 부족한 물자를 얻기 위한 교역을 장려했다. 초원지대의 유목민, 화베이華北 지역의 농경민과 교역하는 고구려 서부의 국제시장인 유성에는 한번에 3만 명의 상인이 왕래할 정도로 번창했다.

고구려의 시장은 개인만이 아니라 국가에서도 시장에 물건을 내다 팔 정도로 활발했다. 금과 은이 주요 결제 수단이었고, 소금, 철, 인삼, 비단, 담비 가죽(초피)은 중요한 교역 물품이었다. 특히 소금과 철은 중국이 오랑캐 곧 유목민족과 남방민족에게는 수출을 통제하는 품목이라 이를 사기 위해 유목민족들과 남방민족들이 먼 길을 마다하지 않고 멀리서도 모여들었다.

고구려, 중계무역으로 부를 쌓다

게다가 고구려는 지리적 특성상 유목국가와 농업국가가 만나는 중간에 있었다. 그래서 고구려는 직교역 이외에도 이 두 국가군 간의 중계무역을 하며 부를 쌓을 수 있었다. 고구려는 유목국가들에는 고조선시대부터 거래하던 소금, 구리, 철 등과 활, 화살촉 등 무기류를 비롯해 농산물, 직물류 등을 수출하고 말, 유제품, 가죽류 등을 수입했다. 이것은 정치적으로도 그들을 복속시키는 힘이 되었다. 유성시장이 유목 국가들과 고구려 상인이 만나는 곳이었다. 또 중원 지역의 농경국가들과는 소금, 종이, 일반 말, 천리마, 금, 은, 각궁, 단궁, 생태피, 골계피, 초피, 약재 등을 수출하고 물소 뿔, 수레 장식, 문방구류, 서적, 약재, 진주 등을 수입했다. 이것은 《삼국사기》〈고구려본기〉에 적힌 물건들이고 실제로는 더 다양한 물품이 대량으로 거래되었을 것이다.

5대 소금 유통지가 곧 고구려 대표 도시, 5전구

자연히 소금 생산지와 유통지에는 사람들이 몰려들어 상업이 번창하고 큰 도시가 형성되었다. 모두 소금이 생산되는 해안가 강 하류에서 가까운 교통의 요충지였다. 마치 소금 길을 따라 로마가 발전했듯이 말이다.

고구려시대 대표적인 도시는 통자 강 유역과 압록강 지역의 국내성, 두만강 하류의 책성, 대동강 유역의 평양성, 랴오허 유역의 랴오둥 성과 쑹화 강 유역의 부여성 근처를 말한다.

이들 지역은 전략적 요충지이면서 경제적으로 융성한 지역이었다. 이 지역들은 문물이 발달해 있고 생산력도 높았으며 인구도 많았다. 이 지역들은 고구려군에게 보급과 병참을 지원하는 기지 역할도 했다. 고구려 부강함 뒤에는 이 5대 도시들의 역할이 컸다.

고구려가 700년 동안 강성했던 데는 이 도시들을 거점으로 무역정책을 잘 활용한 데 있었다. 고구려는 주변 유목민족들을 회유하기 위해 중국이 수출하지 않는 철과 소금으로 회유하는가 하면, 주변국이 강해지는 것을 막기 위해 강력한 '무역금지조치'를 취하기도 했다.

일례로 광개토대왕이 백제를 주적으로 삼은 이유는 할아버지 고국원왕의 원수라는 것도 있지만 백제의 활발한 무역루트를 끊어 고구려가 교역을 주도하려는 의지도 컸다. 또한 고구려는 요서지방의 물자거래를 봉쇄해 거란의 거점을 미리 없애는 정책도 폈다. 물자거래 봉쇄만으로 목적을 다할 수 없다고 생각한 광개토대왕은 거란으로 쳐들어가 거란의 경제적 기반을 파괴하고 포로들을 고구려로 잡아 왔다. 고구려는 이런 군사, 경제 정책으로 북융, 돌궐, 유유 부족들로부터 조공을 받았다. 고구려군의 이민족 제압에는 강력한 무역정책도 한몫했다.

백제

백제, 소금 위에서 건국하다

우리 건국신화에 보면 고기잡이와 소금장수 이야기가 곳곳에 나온다. 당시 그만큼 어업과 염전이 발달해 있었다는 이야기다. 백제 또한 예외가 아니었다. 온조溫祚가 세운 백제는 한강을 끼고 건국해 초기부터 배와 항해술이 발달했다. 온조의 어머니인 소서노가 원래 소금으로 부를 이룬 연타발의 딸인데다 소금의 산지인 미추홀(현재의 인천)이 영향권에 있었다. 온조의 형, 비류沸流가 정착한 지역인 미추홀은 하얀 황금으로 불리는 소금의 주산지다. 당시 소금은 국력을 좌지우지했기 때문에 백제는 건국 초부터 국가 경제력이 부강했다. 백제는 소금의 생산과 유통을 통제함으로써 연맹체제 맹주로서의 권력 집중을 손쉽게 달성할 수 있었다.

기원전 18년경에 세워진 백제는 농업을 바탕으로 그 위에 서해안에서 나는 소금이 경제를 이끄는 형국이었다. 한강이 소금과 염장 생선을 내륙 구석구석으로 유통시켰다. 한강을 쫓아 올라가면 지금의 충주, 단양, 제천 심지어 영월까지도 물류 흐름이 수월했다. 돌아올 때는 곡물과 철광석, 목재 등을 실어 날랐다. 특히 충주 일대에서 철이 많이 생산되었고 한강과 금강 상류에는 양질의 목재가 많았다. 이러한 소금 산지의 독점으로 부를 축적했을 뿐 아니라 중부 내륙에 대한 영향력을 장악할 수 있었다.

게다가 염장 생선은 오래 보관하며 먹을 수 있어 바닷길로도 먼 거리 항해를 가능하게 했다. 뗏목 배는 주로 수로를 담당했으며 먼 바다용 백제 해양선이 탄생하게 된다. 백제가 해양강국이 된 배경이다.

백제, 저우산 군도를 점령하다

고대 이후로 동양 바다는 한민족이 지배했다. 특히 발해만 일대를 중심으로 산둥 반도와 양쯔 강 하류까지 모두가 그들의 영역이었다. 기원전부터 뱃길에 능한 고조선 유민들이 산둥 반도와 중국 동부 연안에도 많이 살았다. 그들은 밑이 뾰족한 중국 배와 달리 밑이 편평한 평저선 배로 운행했다. 발해만과 서해안 갯벌 위에서 물이 빠져도 넘어지지 않으려면 평저선이어야 했다. 평저선은 장점도 많았다. 어디든 쉽게 상륙할 수 있었다. 밑이 뾰족한 유선형으로 생긴 배는 접안시설이 있어야만 육지에 배를 댈 수 있다. 따라서 고대에 밑이 뾰족한 첨저선은 주로 강을 오르내리는 도강선으로 쓰였으며 바닷길 운행은 힘들었다. 평저선을 운행했던 고조선 유민들이 연안을 따라 내려와 중국 동해안 해안가 일대에 퍼져 살았다. 특히 이들은 당시 중국의 공권력이 미치지 않는 저우산 군도와 양쯔 강 하구에 모여 살면서 자연스레 공동체를 이루며 살았다. 섬의 모양이 배를 닮았다 해 저우산 군도였다.

저우산 군도 근해는 어족이 풍부했다. 양쯔 강에서 흘러나오는 민물과 대륙붕 탁류와 쿠로시오黑潮 난류가 만나는 곳이었기 때문이다. 예로부터 발해만과 더불어 중국 최대의 어장이었다. 고기잡이배들이 많이 몰려들 수밖에 없었다. 고대의 생선은 중요한 먹거리이자 동시에 교역 상품이었다.

여기에 더해 마한, 백제 사람들이 대거 서해를 건너 중국 동부 연안에 진출했다. 이때 이미 노와 키 그리고 돛이 달린 해양선을 탔거나 아니면 뗏목 여러 척을 묶은 연선連船을 타고 온 것으로 추정된다.

전라도와 손쉽게 연결되는 쿠로시오 해류

또 저우산 군도로 모여든 특별한 이유가 있었다. 백제인들은 저우산 군도로 가기 위해 주로 해류를 활용했다. 봄에 해류가 한반도 서남해에서 월주로 흘러가고 가을에는 월주에서 한반도로 흘러오기 때문에 봄에 한반도를 떠났다가 가을에 다시 돌아올 수 있었다. 이렇듯 해류의 힘으로 쉽게 항해할 수 있었다.

저우산 군도는 위도상 제주도보다 훨씬 아래쪽에 있지만 해류의 영향으로 저우산에서 뗏목을 띄우면 바로 전라남도 해안으로 떠밀려 간다는 사실이 실제 실험을 통해 입증됐다. 전라남도 해역에서 난파한 어선의 실종 어부들 시신이 주산 남쪽인 닝보 해안가에서 발견된 적도 있다. 실제 저우산 시에 건립된 심원의 해로청에도 과거 양국이 난파 선박의 선원들을 서로 잘 보살펴주고 본국으로 돌려보낸 일들이 자세히 기록돼 있다.(출처; 〈한국의 외방지사 윤명철〉, 조용헌, 《신동아》)

가을에 저우산 군도 옆 바다의 쿠로시오 해류를 타면 3~4일이면 전라도 해안에 다다를 수 있었다. 대신 남하할 때는 봄에는 해류를 이용하면 되지만 다른 계절에는 약 55킬로미터 내외 폭의 인당수 해류를 거슬러 통과해 연안 뱃길을 이용해 내려와야 했다.

이를 통해 저우산 군도 유민들이 고국과 쉽게 교역할 수 있었다. 당시 유민들은 저우산 군도의 소금과 절임생선을 신고 와서 전라도의 철광석과 바꾸어 갔다. 이때 나온 설화가 《심청전》이다.

중국의 지도를 들여다보면 저우산 군도는 양쯔 강이 서해바다로 들어가는 항저우 만에서 그리 멀지 않은 바다에 있는 섬이다. 보타도^{普陀島}는 남북 6.4킬로미터, 동서 4.3킬로미터로 그리 크지 않은 섬인데 옆에 쿠로시오 해류가 남에서부터 북으로 흐른다.

이 해류를 타면 우리나라의 서해안과 남해안, 일본의 큐슈가 곧바로 이어진다. 그러므로 이곳 저우산 군도의 보타도는 고대에 중국에서 한반도나 일본으로 가기에 가장 좋은 지점이었다. 보타도는 이처럼 고대 항로의 중심점이었다. 때문에 많은 마한인과 백제인들은 고국에 돌아가기 전에 이곳에서 안전한 항해를 빌었다.

쿠로시오 곧 '흑류'라는 이름은 연안이 황색 띠를 띠는 데 반해, 흐름이 암흑색으로 보이는 것에 유래한다. 배 위에서 바라보는 쿠로시오는 남흑색이고 가까이서 보이는 물은 검다. 이는 쿠로시오의 물이 너무 맑아 태양빛 중 청남색을 많이 투과하기 때문에 검게 보이는 것이다.

소금으로 부를 쌓고 교역의 기틀을 마련하다

저우산 본도는 중국에서 네 번째 큰 섬이다. 동서의 길이는 45킬로미터, 남북의 너비는 18킬로미터로 대만, 하이난, 충밍 섬 다음으로 큰 섬이다. 저우산은 옛날에 '해중주'라고 불렀는데 유구한 역사를 가지고 있다. 일찍 5000년 전 신석기시대에 벌써 이곳에는 동이족들이 묵밭을 일구고 농사를 지었다. 또 고기잡이를 했으며 바다소금을 생산했다.

항저우 만 인근의 중국 해안은 리아스식 침강해안으로 백사장이나 갯벌이 없고 수심이 깊어 소금을 생산할 수 없는 지형이다. 그래서 양쯔 강 상류에 위치한 내륙 쓰촨 성의 염정에서 끌어올린 소금물을 끓여 만든 소금을 비싼 값에 사먹어야 하는 곳이다.

백제 유민들은 미추홀에서 소금을 생산한 경험을 바탕으로 햇빛이 좋은 다이산 섬에서 소금을 생산했다. 고대 중국의 소금은 전오염이라 하여 바닷물을 토기에 넣어 끓여 만들었다. 그러나 백제인들은 먼저 갯벌에서 증발시킨 후 졸인 소금물을 마지막에 가마솥에 집어넣고 끓여 소금을 만들었다. 생산비도 적게 들고 품질도 월등했다. 완전한 천일염이 개발된 것은 오랜 후의 일이다.

그 뒤 그들은 저우산 군도를 거점으로 양쯔 강을 거슬러 올라가 중국 내륙으로 드나들며 소금과 절임생선 그리고 숯을 내다 팔았다. 당시 저우산 군도에서 두 번째로 큰 다이산 섬에서 생산된 소금은 귀하고 비싼 상품이었다. 특히 먼 거리로 내다 팔수록 이윤이 많이 남는 게 소금이었다. 저우산 군도는 연간 강우량이 1,600밀리미터 이내이고 햇빛이 좋아 소금 만들기 적당한 기후였다. 저우산 군도 백제 유민들이 소금 교역으로 부를 쌓았다. 이는 먼 거리 무역의 원동력이 되어 해상무역을 넓혀 가는 중요한 계기가 되었다.

옛날부터 저우산의 어민들은 생선 중심의 해산물과는 분리되어 생각할 수 없는 생활이었다. 지금도 그곳 어민들 식습관은 우리와 비슷하다. 해산물(게, 새우, 멸치, 굴 등)을 소금에 절여 먹는 습관이 있다. 언제나 익혀 먹는 숙식熟食을 기본으로 하는 중국인들의 식생활과 비교해 볼 때 매우 특이한 점이다. 그 뿌리가 젓갈을 즐겨 먹던 백제인이었기 때문이다. 그들은 지금도 흰 김치를 담가 먹으며 음력설에는 설떡과 찹쌀경단 그리고 붉은 대추를 먹는데, 이 역시 백제인들의 전통 설 차림이었다.

교역 중심지로 자리 잡다

저우산 군도는 항저우 만 바깥쪽의 1,390개의 섬과 3,306개의 암초로 이루어져 있다. 중국에서 두 번째 큰 군도다. 그 중 103개 섬에만 사람이 산다. 인근의 항구 닝보寧波가 고대 한중일 뱃길을 열수 있었던 것도 바로 이 섬들이 바람을 막아 주며 안전한 뱃길을 내주었기 때문이다. 잔잔한 바다란 뜻의 이름도 여기에서 나왔다.

춘추전국시대 오나라, 월나라 영향권이었던 항저우 만 남부 해안가 지역은 그들의 권력이 미치지 않아 과거부터 이민족이 많이 살았다. 인근 저장 성과 장쑤 성은 예로부터 '물고기와 쌀의 고장魚米之鄕'이라 불렸다. 항저우 만 남안의 평원지대에서는 기원전 4000년 전에 이미 논을 만들어 벼를 재배했던 곳이다. 과거 오나라와 월나라였던 상하이 인근 지역의 주민이 동이족이었던 것도 이런 연유다.

기원전 1세기부터는 본격적으로 노·키·돛이 달린 대형 해양선에 힘입어 고조선 유민들과 마한인들이 저우산 군도로 대거 들어가 살기 시작하며 교역을 했다. 《한서지리지》는 이들을 회계會稽(지금의 영파)의 바다 바깥에 동제인東鯷人이 살고 있다 해 '회계동제인'이라 했다. 이어 20여 개의 나라로 나누어져 매년 교역했다고 하는 것으로 보아 여러 집단이 와서 교역에 종사하며 살았던 것으로 보인다. 또 다른 기록에 보면 보타도는 여러 나라가 모두 여기에서 길을 잡기 위해 바람을 기다린다고 하는 것으로 보아 해상교역의 중간 기착지였다.

우리 기록에 나타난 백제 식민지 저우산 군도

우리 기록과 설화에도 저우산 군도가 많이 보인다. 《백제본기》에는 1세기경 석晳씨족이 저우산 군도와 저장 성 동쪽에 세운 식민지는 백제 11대 비류왕 때인 304년 이후 백제의 식민지가 되어 이후 93년 동안 백제의 지배를 받았다는 기록이 있다. 고려 초 송나라 사신을 수행한 서긍徐兢이 쓴 《고려도경》에는 서긍이 저장 성 저우산 군도에서 출발해 흑산도까지 오는데 108시간이 걸린 것으로 기록되어 있다 즉 4일 반이 걸린 것이다.

고려

소금 전매제도의 시행

우리 고유의 전통 방식으로 얻은 자염은 '삶을 자煮'자를 쓴다. 갯벌을 갈아서 들고 나는 바닷물을 한데 모아 염도를 한껏 끌어올린 뒤 이 물을 솥에다 끓여 소금을 얻는 방식이다. 소금을 '굽는다'고 표현한 이유다. 갯벌에서 구워내니 천연 미네랄이 풍부하다. 단순히 짜기만 한 게 아니라 독특한 풍미까지 더해줘 천연조미료 역할도 했다. 천일염이 나왔어도 사람들이 자염을 더 좋아한 이유다. 고려시대에는 서해안과 남해안에서는 웅덩이를 파고 그 안에 볏짚이 덮인 독을 넣은 후 밀물 때 들어온 바닷물을 받아 소금을 채취하기도 했다.

1288년(충렬왕 14년)에 처음으로 염전에서 세금을 거두었다. 하지만 귀족계층에서 소금 가마솥을 사적으로 소유하고 염업을 해 염정鹽政이 혼란스러웠다. 충렬왕의 아들이자 원나라 쿠빌라이 칸의 외손자인 충선왕이 왕위에 오르면서(1309년) 도염원을 설치해 전매제도를 굳건히 했다. 어린 시절 원나라에서 보낸 충선왕은 원나라가 소금 전매로 국고의 삼분의 이 이상을 거두어들이는 것을 보고 이를 벤치마킹한 것이다. 왕은 원나라 제도를 모방해 전매제도인 각염법을 시행했다. 이로써 문란한 염정을 바로잡아 권세가들이 소유하던 염분을 국유화시키고 소금가격은 은 한 근에 소금 64석, 은 한 냥에 소금 4석, 포布 한 필에 소금 두 섬의 비율로 의염창에서 팔게 했다. 백성들에게 포를 납부하게 해 소금을 구입하게 했다. 소금을 전매하게 함으로써 한해에 포 4만 필의 국고수익을 늘리게 되었다.

그러나 오랫동안 원나라 생활에 젖어 있던 충선왕은 곧 정치에 싫증을 느끼고 왕위에 오른 지 두 달 만인 11월 제안대군 숙齊安大君 淑에게 왕권 대행을 시키고 원나라로 감으로써 혁신정치는 이루어지지 않았으며 남은 재위기간 동안 한 번도 귀국하지 않고 연경燕京에서 전지傳旨를 통해 국정을 다스렸다.

이후 국가가 소금 생산권을 갖고 개인의 소금 생산이나 판매를 엄하게 다스렸다. 이러한 가운데 국가에서 소금을 유통시킬 수 있는 권한을 받은 사람들은 엄청난 부를 누릴 수 있었다. 대신 그들은 세금을 납부했다. 소금을 파는 경쟁자가 없어 얼마든지 비싸게 소금을 팔 수 있었다. 우리나라 속담에 '평양감사보다 소금장수'라는 말이 있는데 우리나라에서도 소금은 부와 권력의 상징이었음을 알 수 있다.

《고려사》에 의하면 당시 소금을 굽는 곳이 612군데가 있었다. 국가가 소금의 제조·배급·판매를 총괄했다. 문종 때부터는 국가가 직접 소금 가마솥을 소유해 소금을 제조했고, 민간에게 배급과 판매도 했다. 소금이 워낙 귀한 물품이다 보니 소금이 나는 곳들은 자주 외부의 침략자들로부터 약탈의 대상이 되기도 했다.

소금은 국가의 중요한 재정 세원이었다. 하지만 민중 착취라는 폐단도 낳았다. 그 폐단의 대표 사례가 바로 고려 충선왕 때 시행된 각염법이다. 당시 정부는 선불로 포를 받아놓고 소금을 제때 주지 않는 문제가 발생했다. 유통망이 제대로 갖춰지지 않은 데다 권세가들에게 먼저 몫이 돌아간 탓이었다. 그 결과 일반 백성은 10년 동안이나 소금을 공급받지 못하는 사태가 발생했다. 각염법은 여러 가지 폐단에도 불구하고 고려 말까지 명목상 존속해 있었으나 조선시대에는 다시 전매제도 대신 징세제도로 전환되었다.

조선

소금 집산지, 마포 나루터

《조선왕조실록》에는 서해안, 남해안을 중심으로 소금 생산이 활발했다는 기록이 있다. 소금의 최대 생산지는 평안도에서 전라도에 이르는 서해안의 갯벌로 대표적인 지역이 전라도 부안과 충청도 태안이었다. 여안에 여장을 설치해 관가에서 소금을 구웠으며, 백성들은 쌀과 천으로 소금과 교환했다.

조선시대 《세종실록》에 적힌 이계순의 상소에 따르면 우리나라 소금 생산방법은 동해안과 남해안·서해안에서 다르게 나타났다. 동해안에서는 바닷물을 떠 염분(소금 가마솥)에서 끓이고 조려서 소금을 만드는 전지염법 또는 전오염제법이라 불리는 방식을 취했다. 때문에 염전 주

| 마포 나루터.

위 산은 대부분 민둥산이었다. 반면 리아스식 해안인 서해안과 남해안은 조석 간만의 차를 이용했다. 해안가에 작은 둑을 만들어 보름에 한 번씩 물을 가두고 그것을 떠 작은 틀에서 자연 증발시켜 소금을 얻었다. 바로 순수한 천일염을 생산한 것이다.

예전부터 마포 나루터는 소금과 새우젓 집산지로 유명했다. 마포나루는 현재 서울 마포동과 용강동 일대에 위치했었다. 조선시대 경기도 일대 소금과 젓갈은 모두 마포나루에 집결되었다. 그런 까닭으로 조선시대에는 '마포염'이라는 말이 있을 정도로 마포의 소금은 유명했다. 염전 하나 없는 마포가 소금으로 유명해진 것은 소금 유통의 중심지였기 때문이다. 그리하여 나루터에는 창고를 지어 놓고, 소금, 젓갈, 생선 등을 위탁 판매하거나 중개하는 객주, 여각 등이 생겨났고, 경강상인들의 활발한 상업 활동이 있었다.

당시 황포돛배는 서민들의 물물교역을 담당했던 고유의 배였다. 마포나루의 상인들은 한강의 수로를 이용해서 충주, 단양, 영춘, 영월까지 서해안의 소금과 새우젓을 공급했다. 마포 하류인 서강에는 조선시대에 서해·전라·충청·경기로 가는 조운선이 이곳에 집결했다. 전국 물류의 중심지였던 셈이다.

참고로 서울에 염鹽 자가 들어간 동네는 소금과 관계가 깊다. 마포구 염리동에는 지금은 없어졌지만 옛날 동막역 부근에 소금창고가 있어 소금장수들이 많이 살았다. 그 연유로 염리동이라는 이름이

신하

소금물

그릇

┃ 소금 '염鹽'은 신하, 소금물, 그릇을 뜻하는 글자들로 이루어져, 국가가 소금을 지배했음을 알 수 있다.

붙었다. 또 염창동은 조선 말기, 서해안 염전으로부터 수집해온 소금을 보관하기 위한 소금 보관창고(염창)가 있었기 때문에 동 이름에 그런 이름이 붙었다. 염창으로 운반된 소금은 국가용, 군사용, 일반판매용으로 구분해 각각 저장되었다.

토정 이지함, 흥리론을 주장하다

조선 중기 학자 토정 이지함土亭 李之菡은 생애의 대부분을 마포 강변(현 마포 용강동 부근)의 움막집에서 지내 토정이라 불렀다. 서경덕에게 사사한 이지함의 학문사상은 폭이 넓고 특히 천문, 지리, 복서, 신방, 비결에 능통해 많은 사람들이 토정에게 찾아가 신수점을 보았는데 신통하게 잘 맞았다고 한다. 이때 많은 사람들에게 일일이 답할 수 없어서 지었다고 하는 《토정비결》이 전해져 현재까지 이르나, 실제로 그가 지었는지는 확인할 수 없다.

이지함은 마포나루에서 이루어지는 교역활동을 통해 조선의 미래를 예측했다. 즉, 한강변의 활력은 상업에서 비롯된 것이며 이를 이끌어 나가는 상인들의 힘에 주목한 것이다. 이지함은 학자였지만 직접 상업에 참여함으로써, 그 무렵 천하게 여긴 상업이 충분히 가치 있는 일임을 사람들에게 설파했다. 당시 마포는 지방의 산물이 서울의 시장에 전해지는 상업과 유통의 중심지로, 그는 여기서 마포의 상인들과 어울리며 장사에 관해 살아 있는 지식을 배웠다. 이렇게 해서 수년 만에 수천 섬의 양곡을 모을 수 있었고, 그 양곡으로 가난한 사람들을 구제했다. 이러한 경험이 실학사상의 기초가 된 흥리론興利論의 바탕이 되었다. '흥리론'은 모든 재화들을 적극 개발해 이익을 늘려 국가가 흡수하자는 논

리로, 시대를 앞서간 파격적인 사
상이었다.

이런 토정의 학풍을 조카이자 북
인의 영수 이산해李山海가 물려 받았
는데 그는 임진왜란 당시 백성들의
어려움을 타개하고자 소금 굽기를
제안했다. 또한 이산해의 사위 이
덕형李德馨 역시 관리들이 소금을 생
산하는 작업자인 '염호'를 도와주고
생산도구를 지원해야 한다고 주장
했다.

| 토정 이지함 초상.

토정이 제시한 국부증진책과 민
생안정책 같은 사상은 시대를 뛰어
넘는 진보적인 것이었다. 그는 주자 성리학만을 고집하지 않고 다양한
학문과 사상을 수용하면서 부강한 조선을 위해 적극적인 사회경제 정
책을 제시하고 실천했던 실학자였다.

이지함의 사회경제사상은 그가 올린 상소문 등에 피력되어 있는데,
농업과 상업의 상호 보충관계를 강조했고, 광산 개발과 해외통상을 주
장하는 진보적인 것이었다. 18세기 영국의 경제학자, 애덤 스미스Adam
Smith는 국민들이 잘살기 위해서는 먼저 나라의 부富를 키워야 한다는
이른바 '국부론'을 주장했다. 그런데 이지함은 스미스보다도 200년이
나 더 앞서서 이와 같은 주장을 한 것이다.

"굶주린 백성을 구하는 데 있어서는 왕실의 재산도 아깝지 않은 법이온데, 어찌해 산과 들에 헛되이 버려져 있는 은銀은 무엇이 아까워서 주조를 못하게 하며, 옥玉은 무엇이 아까워서 채굴하지 못하게 하십니까? 물속에 넘쳐나는 물고기를 무엇이 아까워서 못 잡게 하며 염전의 넘치는 바닷물을 구워 소금으로 만드는 일을 무엇이 아까워서 못하게 한단 말입니까. 설령 그것이 개인적인 이익을 위해 하는 일이라 할지라도 못하게 해서는 안 됩니다. 원하는 사람은 누구나 고기를 잡고, 소금을 구울 수 있도록 해야 합니다.

소금에 대해서는 서해도 풍천부 근처에 섬도 있습니다. 이 섬들은 국가나 개인에게 소속된 적이 없다고 하니 포천현에 임시로 빌려주시면 고기를 잡고 소금을 굽겠습니다. 이것들을 팔아 곡식을 마련한다면 2~3년 안에 몇 천 섬의 곡식을 장만할 수 있을 것입니다. 조정은 그 일을 허락함으로써 큰 힘을 들이지 않고도 이익을 거두어들일 수 있습니다. 그렇게만 된다면 한 섬의 곡식도 낭비하지 않고 한 사람도 번거롭게 하지 않으면서 만인을 살릴 수 있습니다."

−'포천에 부임했을 때 올린 상소莅抱川時上疏'(1574)

이지함은 왕에게 올린 위의 상소문에서 육지와 바다의 자원을 개발해 백성들의 생활을 돕자고 주장하면서, 이를 위해 구체적인 방안까지 제시하고 있는 것이다. 나라가 나서서 자원을 개발하고 이 자원들을 통상通商해 이용하자는 주장은 농업 이외에 상업을 천시하면서도 그 이득만큼은 독점했던 지배층에게는 경악할 사건이었다. 이러한 발상은 가히 혁명적인 발상이었다. 이러한 파격적인 주장이 조정에서 받아들여

질 리 없었다. 이지함은 스스로 벼슬을 버리고 귀향했다.

그러나 이지함은 1578년(선조 11년)에 다시 아산현감으로 등용되었다. 아산에서 그는 현대적 개념의 빈민 구제기관인 걸인청乞人廳을 설립했다. 걸인청은 걸인들에게 단지 먹고 잘 곳을 제공하는 것에 그치지 않고 스스로 자립할 수 있도록 교육시켰다. 이지함은 걸인청을 직접 관리감독하며 노약자와 굶주린 사람들을 구호했다. 그리고 직접 걸인들을 데리고 나가 시장에서 장사하는 방법을 가르치기도 했다. 봉건사회에서 근대적인 재활기관을 만든 것이다. 하지만 이지함은 아산현감 부임 3개월 만에 돌연 역질에 걸려 세상을 떠났다. 참으로 아까운 인재였다.

이순신과 박문수도 소금 생산 장려하다

임진왜란 당시 이순신李舜臣은 정부의 군수물자 공급이 끊기자 여수 지역에서 소금 생산을 장려해 자체적으로 군수물자를 충당했다. 이후 숙종 대에 소금을 굽는 가마에는 쇠로 만든 가마솥과 석회로 만든 가마가 있었다. 갯벌을 이용해 함수(소금 농도가 높은 바닷물)를 만든 후 이를 끓이는 서해안의 소금 제염법은 회로 된 가마를 사용해 소금을 구울 때 쓰는 땔감을 줄일 수 있었다. 하지만 갯벌이 발달하지 않은 동해안은 직접 바닷물을 끓여서 쓰는 가마솥을 썼다.

어사 박문수朴文秀는 1731년 경기와 삼남 지방에 큰 흉년이 들자 곡식을 마련하기 위해 낙동강 하구의 명지도(지금의 부산 명지동)에서 국가 주도로 소금을 생산할 것을 건의했다. 영조는 그해 12월 박문수를 감진사監賑使, 기근 때 지방에 파견하던 특명 사신로 파견해 명지도의 제염을 주관하도록 했다. 이후 명지도에서 생산된 소금은 경기도 백성들의 궁핍을 구제하는 데 쓰였다. 이후 낙동강 하중도에는 1950년까지 경상도 최고의 염전이 있었다.

조선시대에도 관가에서 소금을 만들어 팔았다. 조선의 3대 산업이 소금, 목면, 광업이었다. 어느 시대를 막론하고 소금은 국가의 중요한 재정 세원이었다. 19세기에 이르러 다산 정약용茶山 丁若鏞은 〈시랑豺狼〉이라는 시에서 "승냥이야 이리야, 또 누굴 죽이려느냐"라고 울부짖으며 역대 소금 행정을 비판하는 목소리를 냈다. 다산이 내놓은 소금 행정 개혁안 역시 관철되지 못하면서 조선의 소금 분배는 올바른 길을 찾지 못한 채 망국을 맞이하고 말았다. 이후 소금의 전매와 유통, 세금 제도를 둘러싼 난맥상은 구한말, 일제강점기, 해방, 한국전쟁 이후까지 이어졌다. 1962년에야 비로소 소금 전매법이 폐지되었다. 우리나라에서 민간인이 소금을 만들어 자유로이 팔 수 있게 된 것은 불과 50년 남짓이다.

일제강점기

일제강점기의 소금 정책

《신증동국여지승람新增東國輿地勝覽》을 보면 인천의 소금 산지는 원래 서구와 계양구 해안 일대였다. 여기서 생산되는 소금은 곡물보다 얻기 어려운 귀한 것이어서 인천 경제에 큰 몫을 차지했다고 한다. 인천에는 431군데의 염전이 있었는데 그중 큰 염전이 132곳, 작은 염전이 299곳이었다고 《인천항사仁川港史》에 기록되어 있다. 그만큼 인천 소금

| 인천 주안 염전.

은 유명했다.

　그러나 개항 직후 인천의 염업 사정은 달라졌다. 값싼 중국 산둥 반도의 천일염, 세칭 호렴(胡鹽)이 밀려들어 국내산이 고사 직전에 몰렸다. 이에 대항코자 1900년 대한제국 정부는 인천에 대규모 제염소를 차리고 전오염을 생산했으나 경쟁력이 없었다. 이를 극복하고자 대한제국은 중국처럼 천일염전을 만들기로 했다. 인천의 동부 주안 개펄 1정보(3천 평)를 택해 천일제염 시험염전을 축조했다. 1907년 주안에 만들어진 주안 염전이 최초의 천일염 염전이었다. 이 염전은 지형, 지질, 기후가 적합해 성공을 거두었다. 이것이 우리나라 최초의 근대식 천일염전이었다.

　일본은 천일염을 생산할 수 있는 지형적 조건을 갖춘 곳이 없었다. 우리나라와 같은 대규모 갯벌이 없기 때문이다. 따라서 일제강점기 총독부는 계획적으로 이러한 염전들을 서해안에 확대했다. 인천 주안에서 시작된 염전은 1921년에 들어서면서 인천의 남동구 일대와 시흥의 군자, 1934년에는 시흥의 소래까지 점차 확대되었다. 특히 인천에서 시흥으로 이어지는 지역은 남한 제일의 천일염전지대라는 평판을 받았고 염전의 활성화로 인해 촌락이 발달했다. 중국인 노동자도 많이 유입되어 중국인 마을도 생겨났다. 인천에 최초의 차이나타운이 생긴 연유였다.

이렇게 일제는 인천 일대 천혜의 자연적 환경을 잘 이용했다. 그뿐만 아니라, 철도를 놓으면 인천항과 수도권은 물론 일본에까지 소금을 실어 나를 수 있는 이점이 있음을 간파하고 수인선을 부설해 소금 생산에 박차를 가했다. 그 결과 1933년에 이르러 주안, 남동, 소래 세 염전은 전국 생산량의 절반인 15만 톤을 생산했다.

그 뒤 일제는 대규모 천일염 염전을 서해안 곳곳에 만들어 바닷물을 끓여 소금을 만들던 전통 자염을 몰아낸다. 일제강점기 동안 천일염전은 평안도, 서해도, 경기도 등 서해안에 집중적으로 개설되어 천일염을 만들어냈으며, 일본 정부가 그 소유권을 장악했다. 급기야 전쟁에 쓸 화학·군수 산업의 원재료를 공급하기 위해 1942년 소금 생산을 전매제로 바꾸게 된다. 하지만 충청도 및 전라도는 우리나라 전통 소금 생산방식인 자염 방식이 강해서 값싼 호렴도 큰 영향을 미치지 못했다. 호렴은 알이 굵고 정제되지 않은 천일염을 말한다. 그만큼 전라도 지역은 우리 고대 소금인 자염에 대한 애착이 강했다. 그래서 일제강점기까지 천일염전은 모두 인천의 북쪽 지역에만 축조되었는데, 이는 한국전쟁 이후 남한에 소금 기근 현상을 초래하는 결정적인 원인이 된다.

일제가 연백 염전 등 북한 지역에 집중적으로 천일염전을 세운 탓에 분단 뒤 1950년대 남한 정부는 서해안 일대에 집중적으로 천일염전 사업을 벌여 1955년에야 남한 내 소금의 자급기반이 조성되었다. 그 뒤 소금의 공급이 과잉되자 1961년에 전매법이 폐지되면서 1962년 국유 염전을 모두 민영화했다. 드디어 소금이 자유로이 제조, 판매될 수 있었다. 하지만 과잉공급으로 되레 염전은 급속히 쇠퇴하게 된다. 세상이 많이 변해 소금이 권력이요, 부 자체여서 소금을 얻기 위해 전쟁도 불사했던 인류사를 떠올려 보면 오늘날 우리는 정말 소금 귀한 줄 모르고 살고 있다.

세상을 바꾼 상품 **2**

FUR

모피

모피, 세상을 움직이다

모피가 세상을 바꾸었다. 모피사냥 덕분에 개발된 곳이 동토의 땅 시베리아와 북아메리카다. 유럽에서 모피무역이 본격적으로 시작된 것은 중세에 동방무역을 주도했던 유대인들에 의해서였다. 당시 유럽인들은 귀족들을 위해 동물을 사냥했다. 사냥 대상은 다람쥐, 산족제비, 담비, 여우 등 주로 작은 동물이었고, 사람들은 모피를 손상 없이 벗겨내기 위해 덫을 설치해 동물을 산 채로 잡았다. 외투 한 벌을 만들려면 다람쥐 수백 마리, 여우 수십 마리가 필요해 엄청난 숫자의 동물이 죽임을 당했다. 근대 들어 모피는 귀족들뿐 아니라 모든 사람이 애호하는 패션이 되었다.

결국 서유럽에서 모피동물이 멸종의 위기를 맞자 사람들은 시베리아와 그 너머 극지까지 개발하기 시작했다. 거리가 멀어지자 자연히 국제무역 시스템이 갖춰졌다. 이러한 국제 무역은 근대 초기에 러시아가 시베리아까지 땅을 넓힐 수 있었던 주요 원동력이었다. 모피 사냥꾼들의 시베리아 개척 속도는 군대의 진격 속도보다도 빨랐다. 모피무역은 러시아의 경제적 기초가 되었다. 러시아는 담비, 비버, 늑대, 여우, 다람쥐 및 산토끼 가죽을 수출했다. 일례로 러시아의 다람쥐 모피무역이 절정에 이르렀던 14~16세기에 노브고로드 지역의 연간 다람쥐 모피 수출량은 50만 장에 이르렀을 것으로 추정된다. 이로써 18세기 말에는 광활한 시베리아 숲에 살던 모피동물들이 거의 자취를 감췄다.

러시아 무역상들은 육지의 모피동물이 사라지자 베링 해협을 건너 북태평양의 해달에게 눈을 돌려 모피무역을 이어나갔다. 그러나 그마저도 포획 동물들의 수가 감소하자 북아메리카로 눈을 돌리기 시작한다. 아메리카 서부 개척의 일등 공신 역시 모피 사냥꾼들이었다.

인간이 처음 만난 옷감은 동물의 털가죽이었다. 동물의 모피는 사냥의 기념품이자 최초의 의복이었다. 기원전 3500년경에 유프라테스 강 하류에 살았던 수메르인들도 모피를 즐겨 착용했다고 한다. 모피는 고대부터 신성하고 종교적인 가치를 지녔다. 이집트에서는 파라오만이 사자 꼬리로 만든 허리띠를 허리둘레에 감아 장식할 수 있었다. 또 표범의 모피는 당시 신전 사제들만이 사용할 수 있었다. 모피가 신성하고 귀한 소재였던 만큼 그 값어치도 만만치 않았다. 인구가 늘어나고 공급이 제한되면서 모피는 대표적인 사치품이 되었다. 로마 황제 마르쿠스 아우렐리우스Marcus Aurelius는 최초로 모피에 세금을 붙였다. 이후 디오클레티아누스Diocletianus는 세금을 높게 책정해 모피 사용을 억제했다. 고대 프랑스 국왕 샤를마뉴Chalemagne는 모피 착용을 비난했지만 그 자신은 바다표범 모피로 만든 상의를 즐겨 입었다.

고대 동양에서 모피무역의 시원이자 중심지는 고조선이었다. 백두산 등 산악지대에 호랑이와 표범을 비롯한 동물들이 많이 있었다. 특히 담비가 많았다. 모피사냥 덕에 고조선 사방에 길이 뚫렸고 전진기지로 설

| 우즈베키스탄 사마르칸트 아프로시압 박물관에 있는 고구려 사신(사진 오른쪽 새 깃을 꽂은 조우관을 쓴 두 명)이 등장하는 벽화.

치된 교역소가 발전해 마을이 형성되었다. 고조선이 일찍이 부강해진 이유의 하나다. 특히나 모피를 사기 위해 북방 초원길의 유목민들이 많이 몰려왔다. 초원길 유목민들뿐 아니라 멀리 중앙아시아 사마르칸트의 소그드 상인들까지 담비 모피를 사러 그 먼 길을 마다하지 않았다. 소그드 상인들 왕래가 잦다보니 그들이 개척한 북아시아 교역로를 '검은담비길'이라 부른다. 그들은 비단도 사갔다. 그 뒤 소그드와 고구려의 상거래가 활발했다. 고구려 상인들의 모습이 사마르칸트 벽화에 그려져 있는 이유다.

고조선이 경제적으로 부유했던 이유가 모피, 소금, 비단, 흑요석 화살촉, 철, 인삼 등 고가의 수출품이 많았기 때문이었다. 고대 소금과 모피는 말 그대로 금값이었다.

모피무역은 역사도 움직였다. 만주의 여진족이 급격히 성장해 청나

라를 세울 수 있었던 것도 그들이 금값에 버금가는 담비 모피를 조선과
주변에 많이 수출해 경제력을 축적할 수 있었기 때문이었다. 청나라 대
에 와서도 모피는 여전히 비쌌다. 당시 기록에 의하면 담비 모피로 만
든 최고급 의복이 은 3냥이었다. 이는 거의 금 반 냥에 해당했다.

모피 덕에 개발된 시베리아

중세 유럽의 모피무역

유럽에서 모피무역은 중세시대부터 본격적으로 시작되었다. 길을 잘 안다는 의미의 '라다니트Radanit'라 불린 유대 상인들은 중국으로 검, 모피, 소녀노예 등을 가져가서는 비단, 향료, 사향, 장뇌 등을 수입해 왔다. 9세기경 베네치아 유대인들이 검

| 알브레히트 뒤러, 〈모피코트를 입은 화가 자화상〉(1500).

은담비 모피코트를 수입해 당시 가톨릭 교부(주교)가 입고 다녔다는 기록이 있다. 그때부터 모피코트와 모피모자는 부의 상징이었다. 남녀를 가리지 않고 모두 모피코트를 선호했다. 북부 유럽의 한자동맹 도시들은 생선, 모피, 목재, 곡물 등을 갖고 와 팔고 모직물, 포도주, 향신료 등을 사 가지고 갔다. 또 중세시대 이탈리아 도시국가들은

비잔틴과의 교역을 통해 흑해 연안의 산물(목재, 노예, 모피)과 중동, 동방의 귀중품(향신료, 비단, 융단, 도자기 등)을 사들여 유럽에 팔았다.

모피 열병,
시베리아를 개척하다

9세기와 13세기 사이에 이슬람 세계는 평화적인 방법으로 주요한 두 개의 무역로를 따라 계속적으로 확장되었다. 이 두 개의 길은 국제 교역로로서 중세시대에 특별한 중요성을 가진다. 북쪽과 남쪽을 연결하는 볼가 강을 따라 형성된 길은 모피길Fur Road로 알려져 있다. 그만큼 남북을 오가는 모피교역이 성행했음을 알려준다. 그리고 서쪽과 동쪽을 연결하는 다른 또 하나의 길은 그 유명한 실크로드Silk Road다. 그 무렵 이슬람 세계와 기독교 국가를 오가는 무역은 주로 유대인들의 몫이었다. 십자군 전쟁 때 교황이 기독교인들의 이슬람 접촉을 금했기 때문이다.

러시아가 시베리아 공략을 시작한 것은 차르 이반 4세Ivan IV 때인 16세기 후반이다. 그때까지 시베리아의 주인은 몽골계 원주민들이었다. 이들은 선사시대 이후로 대륙 서쪽 우랄 산맥에서부터 동쪽으로 태평양 연안에 이르

| 엘 그레코, 〈모피를 두른 여인〉(1579).

는 광대한 동토凍土에서 아무런 통치 권력이나 문명의 간섭을 받지 않고 부족 단위로 점점이 흩어져 자유롭게 살아왔다. 하지만 러시아가 동진하면서 이들 120여 개 부족공동체 20여 만 명의 운명은 격랑을 맞았다.

러시아의 동진은 1581년 이반 4세의 지원을 받은 코사크 용병들이 우랄 산맥 동남부 타타르족 거점인 시비르를 공격해 점령하면서 본격화되었다. 목적은 모피였다. 당시 서유럽과 비잔틴제국 등에서 최고품으로 꼽혔던 시베리아 검은담비 모피의 가격은 사냥꾼 한 명이 검은담비 몇 마리만 잡아도 생애를 편안하게 보낼 정도였다고 한다. 그러니 북미의 서부 개척이 '골드러시'였다면, 러시아의 시베리아 공략은 '모피 열병'이었던 셈이다.

시비르 점령으로 유럽에서 아시아로 첫걸음을 내디딘 러시아는 이후 모피 상인들이 코사크 용병을 앞세워 서부와 중부 시베리아를 거쳐 극동의 오호츠크 해 연안까지, 이르는 곳마다 요새를 구축하며 종횡의 동진을 거듭했다. 이로써 군대 진격보다 더 빨리 모피 상인들에 의해 시베리아가 개발되었다. 먼저 들어가 잡는 사람이 임자였다. 하루 평균 약 100제곱킬로미터라는 엄청난 속도로 영토가 확대되었다. 경제적 동인은 이렇게 무서웠다. 총칼보다 힘이 더 강했다.

모피, 러시아의 발전을 이끌다

러시아인의 시베리아 진출에 큰 도움을 준 것은 그곳의 독특한 수로체계水路體系였다. 혹독하기로 이름난 시베리아의 겨울에 사람들의 활동이

어려우리라는 것은 쉽게 상상할 수 있는 일이지만, 사실 여름의 시베리아도 이동하기에는 결코 만만치 않다. 얼었던 땅이 녹으면서 진창이 되어버리기 때문이다. 그러나 평평한 시베리아 대평원에는 크고 작은 강줄기가 마치 바둑판처럼 얽혀 있었다. 큰 강들은 남쪽에서 북쪽으로 흘러 북빙양으로 들어가고, 그 사이로 작은 강들이 동서로 흐르면서 서로 연결되어 있다. 바로 이 수로를 이용해 여름에는 배를 타고, 겨울에는 얼어붙은 강 위로 썰매를 타고 이동했던 것이다.

17세기 초반인 1622년에 2만 3천 명에 불과하던 시베리아 거주자가 17세기 후반에는 그 열 배로 늘어났다. 그들은 가는 곳마다 원주민들로 하여금 비버 가죽으로 세금을 바치도록 했다. 그리고 이를 통해 러시아의 국제 무역 시스템이 발달했다. 이러한 국제 무역 수익은 근대 초기에 러시아가 시베리아까지 땅을 넓힐 수 있었던 가장 중요한 원동력이었다. 모피무역은 러시아의 경제적 기초가 되었다. 한때 러시아의 비버 가죽 수출액은 러시아 재정의 11%를 차지했다. 당시 모피 수출은 러시아가 독점하다시피 했다.

처음 러시아의 수출품은 담비, 비버, 늑대, 여우, 다람쥐과 및 산토끼의 날가죽 등이었다. 그 뒤 16세기부터 18세기에 걸쳐 러시아는 시베리아를 개발해 북극여우, 스라소니, 검은 담비, 해달 및 흰담비, 어민ermine 등을 포획했다. 족제비과 어민이라는 동물의 털은 눈부실 정도로 하얗다.

| 북방족제비 어민.

러시아의 남하를 저지한
조선의 나선정벌

17세기 중엽에는 러시아가 유럽의 모피 시장에서 지배적인 위치를 잃었기 때문에 중국을 비롯한 아시아 지역에서 새로운 모피 시장을 개척하려 했다. 한편 모피동물 사냥을 위해 러시아군의 지원을 받는 모피사냥꾼들의 남하는 헤이룽黑龍 강(아무르 강) 일대에서 청나라와 부딪혔다. 그때 청은 2천 명의 병력으로 러시아군을 공격했으나 총포를 가진 러시아군에게 패하고 말았다. 그리하여 러시아가 더욱 적극적으로 남진을 계속하자 청나라가 조선에 도움을 요청했다. 청의 요청에 조선군이 파견되어 러시아군을 쫓아준 것이 바로 17세기 중엽의 2차에 걸친 '나선정벌'이다. 당시 우리의 총포 화력이 러시아보다 앞서 있었다. 당시 조선은 임진왜란 이후 조총을 개발해 실전에 배치하고 내심 삼전도三田渡의 굴욕을 잊지 못해 북벌을 준비하고 있을 때였다.

그 무렵 조선은 하멜Hendrik Hamel 일행의 신무기 기술전수로 조총이 많이 생산되었다. 그리고 조총부대가 조직되었다. 1655년에는 국경지역에 조총 6,500자루와 5천 명의 포수들이 배치되어 군사력이 크게 강화되었다. 효종 때 청나라의 요청에 의해 이루어진 1·2차 나선정벌에서 올린 전과는 당시 잘 훈련된 조총부대가 있었음을 말해준다. 나선은 러시안Russian을 한자음으로 옮긴 것이다. 러시아는 17세기 초 시베리아쪽으로 팽창해 헤이룽 강까지 진출해 성을 쌓고 군사기지로 삼았다. 모피 획득을 위해서였다.

1651년 러시아인들은 모피사냥을 전개하면서 청나라와 충돌했다.

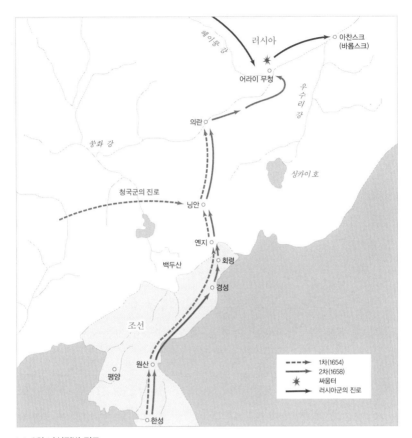

| 1, 2차 나선정벌 진로.

이에 대해 청나라는 군사를 보내 격퇴하려 했으나 총포로 무장한 러시아인들에게 계속 연패했다. 마침내 청나라는 1654년 우수한 화력부대를 보유한 조선에 원군을 요청했다. 효종은 조총군 150명을 파견해 헤이룽 강에서 러시아인들을 패퇴시켰다. 이것이 1차 나선정벌이다. 조선군은 한 명의 사상자도 없이 원정을 마무리 지었다.

그로부터 4년 후인 1658년 청나라는 러시아인들의 남하를 막지 못해 다시 원군을 요청했다. 효종은 일단 거부했으나 재차 요청하자 조총군 200명과 초관^{哨官} 60여 명으로 구성된 조총부대를 파견했다. 조선군은 쑹화 강과 헤이룽 강의 합류 지점에 도착해 러시아 함대와 격전을 벌일 준비를 했다. 이때 러시아군은 10여 척의 배에 군사를 싣고 당당한 기세로 다가왔는데, 청나라 군대는 겁을 먹어 감히 그들을 대적할 생각을 하지 못했다. 그러나 조선군이 화력으로 적선을 불태우자 러시아군은 흩어졌고, 여기서 러시아군은 11척의 선단 중 10척이 불타고 1척만 겨우 도망갈 정도로 궤멸했다. 조선군의 대승이었다. 이것이 2차 나선정벌이다. 그 뒤 헤이룽 강 부근에서 활동하던 러시아군은 거의 섬멸되었다.

그 뒤 러시아군은 청·러 국경 지대인 헤이룽 강을 넘지 못했다. 효종 때의 나선정벌은 병자호란 이후 양성했던 조선 조총군과 화력부대의 위력을 보여준 한 사례였다. 적은 병력으로 큰 성과를 거두었다는 점에서 군사적 의의가 큰 사건이었다. 20여 년 전 삼전도 치욕을 겪었던 조선은 청군이 연패한 러시아군을 꺾은 데 큰 의의가 있었다. 청군과도 싸워 이길 수 있다는 자신감을 갖게 된 셈이다.

러시아,
알래스카로 진출하다

광활한 시베리아 숲에 살던 모피동물은 인간의 탐욕으로 18세기 초에 거의 자취를 감추었다. 그러자 러시아의 모피 상인들은 이번에는 베링 해협을 건너 1704년 알래스카로 진출했다. 순전히 모피사냥을 위해서 였다. 러시아는 알래스카에서 해안을 따라 남쪽으로 사냥터를 확대해 나갔다. 그곳들이 모두 러시아 영토가 되었다. 이를 러시안 아메리카 라 불렀다.

러시아는 또한 육지의 모피동물이 사라지자 북태평양 해안가의 해달 과 북방물개에게 눈을 돌렸다. 1750~1790년에 약 25만 마리의 해달이 목숨을 잃었다. 러시아의 표트르Pyotr 대제가 러시아의 산업화를 시작한 뒤에야 비로소 모피무역의 규모가 줄어들기 시작했다. 그러나 상업적 목적을 위해 동물을 사냥하는 '모피 전쟁'은 19세기까지도 시베리아에 서 가장 중요한 경제활동이었다.

아메리카 서부 개척의
일등 공신, 모피

북아메리카의 모피사냥

유럽인들이 북아메리카에 정착하기 시작했을 때도 예외가 아니다. 동부에 정착하기 시작했던 유럽인들의 모피동물 사냥은 얼마 안 되어 동부 지역 모피동물들의 씨를 말리기 시작했다. 그들은 미시시피 너머 서부로 눈을 돌리기 시작했다. 모피사냥은 백인들이 서쪽으로 세력을 넓혀간 가장 중요한 이유였다.

모피무역은 인디언의 삶에도 큰 영향을 미쳤다. 교역의 대가로 백인들로부터 받은 술, 무기 그리고 덤으로 얻은 유럽산 질병으로 커다란 피해를 입었다. 모피무역 덕분에 유럽의 상인, 사냥꾼들이 인디언 거주지에 발을 들여놓을 수 있게 되었다. 인디언들끼리도 모피를 팔아 산 총으로 모피 쟁탈 전쟁이 벌어졌다.

북아메리카에서 가장 인기 있는 사냥감은 설치류 중에 가장 큰 비버였다. 1580년대 파리를 중심으로 비버 가죽 모자가 대유행이었다. 한

| 허드슨 강의 초기 지도, 비버 분포지가 그려져 있다.

때 북아메리카 대부분의 지역에서 번성하던 비버는 1630년대부터 감소하기 시작했다. 영국 국왕 찰스 1세^{Charles I}가 상류사회 사람들은 반드시 비버 모피로 만든 모자를 써야 한다는 포고령을 내렸기 때문이다. 영국뿐 아니라 유럽 대륙 전체가 비버 가죽 붐이 일었다.

명품 모피의 대명사 비버,
북아메리카 역사를 바꾸다

17세기 초 네덜란드는 아시아 무역을 위해 동인도회사를 설립해 독점무역을 주도하는 한편, 대서양으로도 뱃길을 개척하려고 노력했다.

| 당시 유행했던 비버 가죽 모자. 요하네스 베르메르, 〈장교와 웃는 소녀〉(1657).

그러던 중 동인도회사 소속 '하프문' 선박을 이끌던 헨리 허드슨^{Henry Hudson}이 1609년 9월에 맨해튼을 발견했다. 허드슨은 맨해튼 옆의 서쪽 강을 따라 올라가 올버니까지 갔다. 맨해튼 섬을 끼고 흐르는 허드슨 강은 그의 이름에서 따온 것이다.

이듬해 7월 네덜란드로 돌아온 하프문호는 비버 모피 등 아메리카의 특산물을 가득 싣고 왔다. 그 무렵 비버 모피는 유럽 최고의 인기상품이었다. 그래서 비버 가죽은 일찍부터 사냥꾼의 목표물이 되었다. 아주 질기고 따뜻한 솜털이 달린 가죽으로 좋은 모피제품을 만들 수 있었다. 거기에다가 비버로부터 귀한 해리향도 얻었다. 해리향은 비버가 봄에 짝짓기를 할 때 상대를 유인하려고 분비하는 아주 강한 향을 지닌 물질로서, 유럽에서는 고급 향수의 재료나 약재로 쓰였다.

비버에 눈독 들인 네덜란드 상인들은 뉴욕 맨해튼 지역을 주목했다. 그래서 아예 이곳에 정착해 사는 사람도 나오기 시작했다. 그 뒤 네덜란드는 동인도회사와는 별도로 1621년에 아메리카 신대륙을 겨냥한 서인도회사를 세워 맨해튼에 대한 본격적인 식민지 개척활동을 시작했다. 동인도회사와 마찬가지로 이 회사의 대주주들은 대부분 암스테르담에 본거지를 두고 활동하던 유대 상인들이었다.

맨해튼의 탄생

숲이 무성했던 맨해튼 섬에는 인디언들이 살고 있었다. 1625년에 서인도회사가 이곳에다 비버 모피 수집을 위한 가죽거래교역소를 세웠다. 이듬해 서인도회사 총독은 인디언들에게 아예 맨해튼을 사 버린다. 옷감 등 겨우 60길더, 곧 24달러 상당의 물품을 주고 허드슨 강 하구의 섬을 손에 넣었다. 맨해튼 남단의 배터리 파크는 이 역사적인 거래가 이루어진 장소로 네덜란드인은 이곳에 '뉴암스테르담'을 건설했다.

서인도회사의 무역은 초기의 파악 기간을 거친 뒤 대략 다음과 같이 진행되었다. 먼저 네덜란드에서 실려 온 모직 천을 맨해튼에 사는 인디언들의 화폐인 조가비 염주와 교환했다. 이 염주를 가지고 허드슨 강을 거슬러 올라가 포트오렌지 지역 인디언들의 비버 가죽과 교환했다. 이 비버 가죽을 네덜란드로 보내면 삼각무역이 완성된다. 1626년의 경우, 청색 및 회색 모직 천 200매를 염주로 바꿔 포트오렌지로 보내면, 비버 모피 1만 장과 바꿀 수 있었다.

가죽거래소가 세워지고 3년 뒤인 1628년의 거래소 성채 안 인구는 고작 270명이었다. 하지만 1624년부터 1632년까지 초기 8년 동안 서인도회사가 네덜란드로 선적한 목록을 보면, 비버 가죽은 1,500장에서 1만 5천 장으로 열 배 이상 늘었다. 시가총액으로도 2만 8천 길드에서 14만 3천 길드로 거의 매년 64% 성장했다.

네덜란드인들은 고향의 수도를 기리며 이 섬을 '뉴암스테르담'이라 불렀다. 그리고 네덜란드풍으로 건설하기 시작했다. 배터리 파크를 중심으로 한 맨해튼 남단은 풍차나 벽돌로 만든 작은 집들이 줄지어 들어서 있어, 지금도 네덜란드의 마을 같은 분위기를 풍긴다.

한편 인디언과의 싸움도 치열했다. 교회나 도로의 건설이 진행되면서 인디언의 습격을 막기 위해 통나무 벽을 쌓았다. 1653년에는 맨해튼 남단에 영국군의 침략을 막기 위해 끝을 뾰족하게 깎은 나무목책wall도 세웠다. 그 뒤 나무목책이 세워진 거리와 인접한 거리를 '월가Wall Street'라 불렀다.

유대인의 맨해튼 상륙

처음으로 미국에 정착한 유대인의 역사는 월가의 탄생과 함께한다. 1654년 7월 8일 뉴암스테르담에 혼자 상륙한 네덜란드계 유대인 바르심슨Jacob Barsimson으로부터 유대인의 미국 정착이 시작되었다. 같은 해 2월에는 브라질에 이민 와서 살던 23명의 유대인들이 레시페 항에서 배 한 척에 몸을 싣고 신천지 북아메리카로 향했다. 그들을 박해하던 포르투갈인들이 브라질로 몰려왔기 때문이다. 중간에 해적을 만나 억류당하는 등 갖은 역경을 딛고 그해 9월 처음 도착한 곳이 조그마한 어촌마을 뉴암스테르담 남단이다.

그러나 당시 맨해튼을 다스리는 서인도회사 총독이 상륙허가를 내주지 않았다. 우여곡절 끝에 그들은 네덜란드에 있는 서인도회사 유대인 대주주의 도움으로 어렵게 상륙허가를 얻어 늪지에 정착할 수 있었다. 당시 번성하고 있던 암스테르담의 유대인 사회가 북미 대륙 뉴암스테르담에 최초의 유대인 정착을 가능하게 한 셈이다. 그들은 버려진 늪지를 정착지로 가꾸어 나갔다. 이듬해 3월에 유대인 25명이 네덜란드에서 곧장 뉴암스테르담으로 건너와 유대인은 49명으로 늘어났다.

유대인, 대구잡이와
비버 모피 수출에 가담하다

초기 유대인들은 생업으로 맨해튼 어촌에서 네덜란드에서 하던 대구

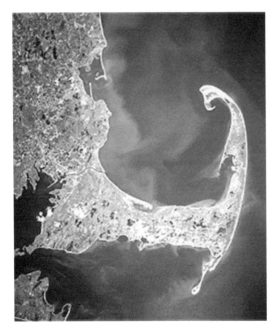

| 보스턴 남동쪽 케이프 코드.

잡이와 간단한 일용잡화 행상부터 시작했다. 가장 손쉽게 시작할 수 있는 일이었다. 맨해튼 앞 바다에도 대구가 있지만 가까운 매사추세츠 동남부 반도에 케이프 코드Cape Cod Bay가 있었다. '코드Cod'는 생선 대구를 뜻한다. 그 앞바다는 말 그대로 '물 반, 대구 반'이었다. 지금도 그곳은 세계 4대 어장의 하나다. 보통 90센티미터가 넘는 크고 못생긴 물고기 대구는, 커다란 입을 쫙 벌린 채 물속을 돌아다니며 입 속으로 들어오는 것은 무엇이든 삼켜버린다. 이런 엄청난 식욕 때문에 대구는 잡기가 쉬웠다. 네덜란드에 있을 때부터 대구잡이와 소금 절임은 유대인들의 주특기였다.

유대인들은 잡은 대구를 해변에서 말리는 동안 조개나 물고기를 잡

| 잡은 대구를 해변에서 말리는 모습.

기 위해 해안가를 찾아온 인디언들과 만나게 되고, 양측은 서로 물물교환하기 시작했다. 그들은 주로 비버 모피를 사들여 서인도회사에 비싼 값에 되팔았다. 대구잡이 어부들로서는 힘들게 조업하는 것보다 인디언과 교환해 얻은 모피를 서인도회사에 되파는 것이 수익 면에서 훨씬 좋았다. 그래서 오로지 모피 거래에만 종사하는 사람들이 생겨났다. 모피 수집을 위해 유대인들은 인디언들이 사는 펜실베이니아로 진출했다. 1655년 초 델라웨어 강가의 인디언들과 모피교역을 위해 뉴암스테르담의 유대인들이 최초로 진출한 것이다. 그 뒤 펜실베이니아 거주 유대인들의 생업은 대부분 행상과 모피 수집이었다.

비버 가죽이 돈이 되자 너 나 할 것 없이 사람들이 몰려들었다. 그 과정에 길을 내고 작은 마을을 만들기 시작했다. 이는 당시 북아메리카 대륙에 발을 들여놓은 네덜란드, 프랑스, 영국, 스페인, 러시아 모두의 공통된 현상이었다.

또 다른 유대인 정착촌의 개척

선발대 도착 이듬해인 1655년에 펜실베이니아에도 두 번째 유대인 정착촌이 들어섰다. 펜실베이니아는 영국인 퀘이커 교도인 윌리엄 펜 William Penn이 개척했는데 '펜의 숲이 있는 지방'이란 뜻에서 유래했다. 펜실베이니아는 종교의 자유가 보장된 곳이었다. 특히 퀘이커 교도들이 몰려들면서 급속하게 발전해 1685년경에는 인구가 9천 명으로 불어났다. 그 중심지는 '형제애의 도시'라는 뜻의 필라델피아였다.

그리고 뉴욕 롱아일랜드와 가까운 로드아일랜드의 뉴포트에는 대구잡이 어항이 번성해 1658년에 네덜란드로부터 건너온 유대인들의 세 번째 정착촌이 생겼다. 케이프 코드와도 가까워 대구잡이 기지로서 적지였다. 더구나 그곳은 로저 윌리엄스 Roger Williams 목사가 종교의 자유를 철저히 보장하는 곳이었다. 그 뒤 남미와 포르투갈에서도 유대인들이 많이 건너와 뉴포트는 당시로서는 가장 큰 유대인 커뮤니티를 이루었다. 종교적 박해를 피해 살아남기 위한 이주다 보니 유대인들의 신대륙 정착 속도가 빨랐다.

당시 유럽에서 모피 수출을 독점하다시피한 나라는 러시아였다. 러시아가 쓸모없는 얼어붙은 땅으로 알려진 시베리아를 개척한 처음의 동기는 순전히 비버 사냥 때문이었다. 러시아의 모피 수출액은 17세기 초 러시아의 최대 수출 품목이었다. 이후 러시아인들은 17세기 시베리아 여러 부족을 정복하고, 그들에게 모피를 바치도록 강요했다. 시베리아 정복의 최전선에 있는 모피 사냥꾼들은 모피를 얻기 위해서라면 어디든 달려갔다. 그러자 시베리아에서 모피의 원천인 동물들이 빠른 속도로 줄어들었다. 결국 유럽은 새로운 모피 공급처를 찾아야 했다. 그곳이 북아메리카였다.

조가비 염주

당시 맨해튼의 인디언들은 비버 모피 대금을 칼, 도끼, 낚시 바늘, 솥, 술, 총과 바꾸거나, 금은이 아닌 자신들 세계의 화폐인 조가비로 만든 염주로 받았다. 금과 은은 유럽 사람들 눈에나 귀금속으로 보였을 뿐 그들에게는 쓸모없는 금속조각이었다.

조가비 염주는 동부의 강과 호수에서 자생하던 조개에서 채취한 것이었다. 그 세공은 맨해튼 인근에 있는 지금의 뉴저지, 롱아일랜드 지역에서 이루어졌다. 조개껍질을 여러 조각으로 부수어 그 조각들을 손으로 비비면 나중에는 매끈하고 윤이 났다. 특히 검은색을 띠는 염주가 귀해 더 가치가 있었다. 인디언들에게 염주는 단순한 장신구나 상품 이상의 특별한 의미를 가지고 있었다. 부족에 따라 추장의 위세품이거나 신부의 결혼예물로 사용되기도 했지만, 더 특수한 용도가 있었다. 바로 의사소통의 도구이자 기록의 매체였다. 낱개로는 의미가 없고, 끈에 특정 패턴대로 꿰어야 비로소 의미가 생긴다. 이렇게 끈에 꿴 것을 '왐품

| 조가비 염주.

wampum'이라 한다. 보통 360알을 꿰어 만든 것이 1왐품이다.

특정 재질과 색상의 염주를 특정 패턴으로 연결하면, 왐품은 스토리를 갖게 된다. 예를 들어 부족 간의 동맹기록이라든지, 전쟁의 구전역사를 왐품에 담는다. 이후 부족장이 왐품의 순서나 표면의 특정 흔적 등을 통해 기록들을 음성으로 다시 재생해내는 것이다. 실제로 왐품을 매개체로 인디언들과 미국 정부 사이의 조약이나 계약이 법적 효력을 발휘한 판례가 있다.

변변한 자체 화폐가 없었던 식민지에서 조가비 염주 화폐는 독립전쟁 전까지 스페인 은화 등 여러 종류의 주화와 어울려 비교적 오랜 기간 통용되었다. 이 가운데에도 조가비 염주 화폐는 초창기에 강세 통화였다. 흑색 염주 한 줄(왐품)로 비버 가죽 다섯 장을 살 수 있었다. 1626년 기준 교환비율은 1흑색 왐품=2흰색 왐품=10길더=5비버 가죽 정도였다. 나중에는 짝퉁 염주 알이 많이 유통되어 가치가 하락했다.

일부 인디언들은 비버 가죽을 팔아서 총과 화약을 사들였다. 처음에 이 총은 비버 사냥에 사용되었다. 이후 비버의 수가 점점 줄어들자 더 많은 비버를 확보하기 위해 다른 부족과 전쟁을 하는 데 총을 사용하기도 했다. 이런 방식으로 대량의 모피가 수집될 수 있었다.

경제사를 추적해보면, 세계를 움직이는 동인動因은 경제적 이해관계인 경우가 많다. 18세기에 러시아는 비버를 찾아 베링 해를 넘어 알래스카로 들어갔다. 시베리아와 알래스카가 러시아 영토로 편입되는 과정과 마찬가지로, 북아메리카가 열강의 식민지가 되는 과정 역시 유럽인들이 비버를 찾아 헤매는 데서 시작되었다고 해도 과언이 아니다. 18세기 말에 유럽이 북아메리카에서 수입한 비버 모피는 연평균 26만 마리에 이르는 엄청난 양이었다.

'뉴욕'으로 이름을 바꾸다

네덜란드의 뒤를 이어 북미로 식민지 진출을 한 나라는 영국이었다. 영국은 1651년 '항해조례'를 발표해 네덜란드와 전쟁을 하게 된다. 항해조례란 영국에 드나드는 배는 영국선이거나 상대국 배여야 한다는 조례다. 이는 당시 해운업을 장악하고 있던 네덜란드를 붕괴시키기 위한 의도였다.

이 전쟁에서 영국이 승리함으로써 네덜란드는 브라질 일부 지역에 갖고 있던 식민지를 포르투갈에 빼앗겼고, 맨해튼도 1664년 영국에 넘어갔다. 새 영토의 주인이 된 영국 왕 찰스 2세Charles II는 왕위계승자인 동생 요크York에게 버지니아와 뉴잉글랜드 사이에 있는 모든 땅을 선물로 준다. 요크 공작 소유가 된 뉴암스테르담은 곧 새 주인을 기리는 뜻에서 새로운 이름 '뉴욕New York'을 얻게 된다. 요크 공작은 나중에 형의 뒤를 이어 영국 왕 제임스 2세James II가 된다.

유대인들은 비버 모피 수출과 대구잡이, 행상으로 돈을 모은 뒤 기반을 넓혀 나갔다. 철공소, 정육점, 의류 재단사 등 비록 영세하지만 안정된 직종으로 진출했다. 훗날 정육점으로 큰돈을 번 유대인도 나왔지만, 의류 재단과 봉제 산업이 유대인의 주요 직업이 되었다. 오늘날 세계 최대의 유대인 커뮤니티를 이루고 있는 도시인 동시에 세계의 경제 수도로 발전한 뉴욕은 이렇게 시작되었다.

비버 사냥

1720년까지 북아메리카 동부에서 죽임을 당한 비버의 숫자는 2백만 마리가 넘었다. 비버모자는 19세기 초까지 인기를 누렸는데, 이때쯤 미시시피 강 동쪽에서는 비버가 사실상 멸종되다시피 했다. 이 시기에 모피동물 사냥은 상상하기 힘들 정도의 엄청난 규모로 이루어졌다. 18세기 말의 통계를 보면 한 해 평균 비버 26만 마리, 너구리 23만 마리, 여우 2만 마리, 곰 2만 5천 마리 등을 합쳐 모두 90만 마리 이상의 동물을 사냥했다. 19세기가 되면 이 수는 더욱 커져서 한 해 평균 포획 동물 수가 170만 마리가 되었다.

모피동물 가운데 가장 큰 비중을 차지한 것은 비버였다. 비버는 비교적 쉽게 사냥할 수 있는 반면 번식률이 낮기 때문에 사냥꾼들이 한 지역에서 집중적으로 잡고 나면 거의 사라질 지경이 되었다. 비버를 주로 식량으로 삼았던 현지 인디언들은 비버를 멸종 위기에 몰아넣을 정도로 남획하지는 않았으나, 유럽의 모피 수요와 연결되자 한 지역에서 비버가 완전히 사라지는 일이 벌어졌다. 1640년경 허드슨 강에서 비버가 사라지자 사냥꾼들은 세인트로렌스 강 주변 지역으로 이동해갔다. 18세기 말에는 이 지역도 끝장나서 19세기 초에는 미시시피 서쪽과 태평양 연안 지역만이 마지막 남은 비버의 대량 서식지가 되었다.

19세기 초에 북아메리카의 모피무역은 최후의 미개척지, 즉 미시시피 서쪽 땅으로 옮겨갔다. 이 지역을 처음으로 탐험한 루이스와 클라크 Lewis and Clark는 1805년에 로키 산맥을 넘어 태평양 해안으로 계속 나아가면서 이곳에 지구상 그 어느 곳보다 많은 비버와 수달이 살고 있다고 보고했다. 곧 사냥꾼들이 몰려와 비버와 수달을 잡기 시작했고, 이 동물들이 거의 사라진 뒤에는 더 이상 개척할 곳이 없어 값이 덜 나가는 동물로 시선을 돌렸다. 사향뒤쥐와 담비의 모피가 몇 년 동안 모피무역을 지탱했지만, 이 동물들 역시 머지않아 거의 사라졌다. 19세기에 비버 수가 감소하면서 해달과 바다표범이 그 자리를 대신했다. 이들의 모피는 주로 북아메리카에서 중국으로 수출되었다.

모피의 소재로는 18세기엔 북해의 해달, 19세기엔 물개가 유행했고, 이후엔 검은 여우가 쓰였다. 이때부터 야생동물이 귀해지자 모피용 동물을 사육하기 시작해서 은여우가 길러졌다. 2차 세계대전 때 침체기를 거쳐 전쟁 이후엔 밍크가 부드러움과 우아함으로 '모피의 여왕 자리'를 고수하며 오늘에 이르고 있다. 밍크 최대 사육국은 덴마크와 중국이다. 덴마크에서는 연간 1200만 마리의 밍크 모피를 생산하고, 중국은 한때 연간 1800만 마리까지 생산하다가 지금은 900만 마리로 줄었다.

캐나다 역사를 움직인
모피교역상사, 허드슨 만 회사

캐나다 경제사에 있어 중요한 위치를 차지하는 기업이 허드슨 만 회사다. 1670년 5월 영국 국왕 찰스 2세가 허드슨 만 회사Hudson's Bay Company 설립에 대한 칙허장을 내렸다. 골자는 모피교역의 독점권 부여였다. 찰스 2세는 허드슨 만 회사를 외사촌 형인 루퍼트Rupert 왕자에게 맡기고 광대한 영토(루퍼트 랜드)까지 하사했다. 영국인들은 1670년 프랑스의 활동에 대한 대응으로 허드슨 만 회사를 세우고 그보다 60년 전에 있었던 헨리 허드슨의 허드슨 만 탐험을 근거로 캐나다에 대한 영유권을 주장한 것이다. 허드슨 만 회사는 설립 이후 약 200년간 모피교역에 종사했다.

　당시 이 회사가 양도받아 관장했던 루퍼트 랜드는 래브라도에서 로키 산맥까지, 레드 강 상류부터 허드슨 만 입구까지였다. 회사는 설립 후 15년 동안 제임스 만과 허드슨 만 해변 일대에 많은 모피교역소들을 설치했다. 영국인들은 허드슨 만 주변의 모든 지역에서 이루어지는 모피교역을 장악하기 위해 노력했다. 이로 인해 영국과 프랑스는 북아메리카 내륙에서 거의 1세기에 걸쳐 전쟁을 벌이게 되었다.

그 후 1686년 프랑스에 의해 루퍼트 랜드가 점령되었으나 프랑스는 1713년 앤 여왕 전쟁(유럽에서는 스페인 왕위전쟁)의 결과 노바스코샤와 뉴펀들랜드를 영국에게 넘겨줌으로써 최초의 영토 상실을 겪었다. 1713년 위트레흐트 협약에 의해 교역소들이 다시 허드슨 만 회사에 반환되었다.

이후 프랑스는 오하이오 강과 미시시피 강 유역을 개척해 영토를 확장하려고 했는데 이러한 시도는 프렌치 – 인디언 전쟁(유럽에서는 7년전쟁)의 직접적 원인이 되었다. 전쟁 결과 1763년 프랑스는 북아메리카 대륙에서 축출되었으며, 영국은 뉴프랑스를 퀘벡 식민지로 재조직했다.

영국이 캐나다를 정복하자 군소 모피교역 경쟁자들이 늘어났다. 1783년경 여러 경쟁자들이 힘을 합쳐 노스웨스트사를 설립해 이후 거의 40여 년 동안 두 회사는 극심한 적대적 경쟁관계를 유지했다. 19세기 초 두 회사 사이에 무력충돌이 발생해 영국 정부가 허드슨 만 회사의 상호로 1821년 두 회사를 통합했다. 그 뒤 허드슨 만 회사는 루퍼트 랜드와 그 북서 지역, 태평양 연안 지역 등에서 21년간의 무역독점권을 얻었으며 1838년 독점권을 다시 연장했다.

이 회사는 지금의 오리건·워싱턴·아이다호·브리티시컬럼비아 등의 지역과 몬태나 및 와이오밍의 일부 지역을 영토로 했던 오리건 국^{Oregon Country}의 모피교역도 인계받았다. 1834년에는 아메리카 대륙으로의 이민이 시작되어 이후 10년간 이주민의 수가 계속 증가했다. 그 결과 오리건 국 북부 지역에서의 허드슨 만 회사의 영향력이 축소되었고, 1846년 오리건 국은 미국령과 영국령으로 양분되어 해체되었다. 허드슨 만 회사는 1858년까지 옛 오리건 국 영국령에서 영업활동을 계속했다.

1859년 허드슨 만 회사는 독점권을 잃고 여러 모피무역업자들과 경쟁해야 했다. 1867년 영국령 북미법에 의해 노바스코샤·뉴브런즈윅·퀘벡·온타리오가 통합되어 캐나다 연방을 형성했다. 또한 이 법은 허드슨 만 회사가 소유한 토지를 캐나다 연방정부에 매각하도록 했는데, 이러한 규정은 캐나다 성장에 중요한 의미를 지니게 되었다. 1870년 온타리오 및 퀘벡의 일부 지역과 연해주를 제외한 캐나다 내의 허드슨 만 회사가 보유했던 보유지가 30만 파운드에 개나다 정부에 매각되었다. 캐나다 역사는 허드슨 만 회사를 빼놓고는 설명하기 어렵다. 중서부 지역 대부분의 도시가 허드슨 만 회사의 모피거래소였다. 캐나다가 광활한 영토를 가질 수 있던 것도 국토의 35%를 차지했던 루퍼트 랜드를 허드슨 만 회사로부터 30만 파운드라는 헐값에 사들인 덕분이다.

　20세기에도 허드슨 만 회사는 모피판매회사로서 명맥을 유지했으나 점차 소매사업으로 전환하기 시작했으며 1970년대에는 캐나다 전역에 걸친 백화점 및 할인점 체인을 추가했다. 허드슨 만 회사는 원유 및 천연가스 사업, 부동산업과 금융 서비스업에도 투자했다. 1979년 로이 허버트 톰슨Roy Herbert Thomson의 회사에 매각되어 현재까지도 캐나다 내에서 많은 백화점들을 운영하고 있다. 본사는 토론토에 있다.

바다표범의 수난

모피무역은 3세기가 넘도록 북아메리카에서 번성하며 계속 세력을 확장했다. 북아메리카에서 해마다 수십만 마리의 모피동물을 죽여 그

가죽과 모피를 유럽으로 수출했다. 19세기 초에 시작된 뉴펀들랜드의 바다표범 사냥은 1850년 대에 절정을 이르러, 약 60만 마리의 바다표범이 죽임을 당했다. 결국 바다표범의 숫자가 80%나 줄어들자, 20세기 초부터 바다표범 관련 산업이 쇠퇴하기 시작했다.

러시아인들은 베링 해에서 해달을 싹쓸이한 후, 프리빌로프 제도 근해의 바다표범을 1791년부터 1820년대까지 250만 마리나 죽였다. 러시아 사냥꾼들이 다른 곳으로 옮겨간 뒤 바다표범은 숫자를 회복했지만, 알래스카가 미국에 팔린 후 다시 연간 25만 마리씩 죽임을 당했다. 20세기가 밝아올 무렵, 바다표범 숫자는 또다시 크게 줄어들어 있었다. 이것이 우리 인간들이 저지른 실상이었다. 그러나 이 틈에 강이나 연안을 끼고 북아메리카 대륙은 어느 정도 개척되었다.

인간의 욕심을 위한
동물의 수난

지금도 캐나다에선 매년 30만 마리 내외의 바다표범 사냥이 계속 허용되고 있다. 수많은 비난 여론에도 불구하고 바다표범 사냥이 멈추지 않는 이유는 털가죽과 오메가-3 지방산이 풍부한 기름 때문이다. 특히 사냥꾼들은 더 비싼 값을 받을 수 있는 털이 희고 복슬복슬한 흰털의 새끼 바다표범을 주로 노린다. 총으로 쏘면 고통을 최소화하면서 죽일 수 있겠지만, 그렇게 하면 모피의 질이 떨어진다는 이유로 의식이 남아 있는 상태에서 껍질을 벗겨낸다. 그렇게 매년 30여만 마리의

| 2011년 서울에서 열린 모피업체 행사에 반대하는 시위 현장 모습.

바다표범 새끼들이 눈밭 위에서 붉은 피를 흘리며 죽어간다.

현재 모피 의류 제조를 위해 4천 만 마리의 밍크가 사육되고, 1천 만 마리의 여우가 사육되거나 덫에 잡힌다. 400만 마리의 캥거루가 사냥되고, 30만 마리의 너구리와 15만 마리의 검은담비가 덫에 걸리는 운명이다. 사육 여우가 모피를 위해 도살될 때까지는 평균 7년이 소요된다. 그 기간 동안 여우는 1미터도 채 되지 않는 공간에 갇혀 평생을 지내게 된다. 모피코트 한 벌을 위해서는 백 마리의 친칠라(털실쥐)가 필요하다. 여우코트 한 벌에 스무 마리의 여우, 밍크코트 한 벌에 쉰다섯 마리의 밍크가 필요하다. 이렇게 매년 8천 만~1억 마리의 동물이 모피 제조를 위해 죽임을 당한다.

모피무역을 통해 살펴본 한국사

고조선

고대부터 모피는 온대와 추운 한대 사이에서 이루어진 가장 중요한 교역물품이었다. 특히 교역을 이어주는 북쪽 초원길이 모피무역의 중요 루트였다. 고조선은 백두산에서 뻗어 나온 장백산맥 등 험준한 산악지대 덕분에 동물들이 많이 살았다. 하지만 긴 털을 가진 동물들은 추운 지역의 산간 오지에 서식하기 때문에 잡기가 만만치 않았다. 그러나 고조선은 이를 잡을 수 있는 우수한 말과 활, 그리고 모피를 즉석에서 손질할 수 있는 흑요석 도구가 있어 모피 생산 및 무역의 중심지가 될 수 있었다. 이러한 요소를 두루 갖춘 나라가 고조선 주변에 없었다.

모피가 고조선 경제사의 시작이자 고조선 개척과 개발의 일등 공신이었다. 고조선은 일찍부터 활이 발달해 몰이사냥에 능했다. 당시 여럿이 호흡을 맞추어서 하는 몰이사냥은 군사훈련의 일종이기도 했다. 그무렵 중국 중원에는 아직 활이 없었다. 고조선과 인접한 제나라와 연나라에 고조선의 활이 조금 보급되었을 뿐이었다. 고조선에서 작은 짐승은 올무나 덫으로 잡았지만 큰 짐승은 조직적인 몰이사냥 끝에 함정으로 몰아넣거나 정 안되면 독화살로 잡았다.

작지만 강인한 고조선의 말들

고조선인들은 엄밀한 의미에서 유목민족은 아니나 그 성격상 기마민족이다. 정착형 기마민족인 셈이다. 조선족, 선비족, 흉노족이 다 알타이어족으로 같은 뿌리의 유목민족 후예들이다. 당연히 기마민족인 고조선도 목축업이 발달해 있었고 특히 과하마와 군마를 많이 길렀다. 군사력이 강했을 뿐 아니라 사냥에 뛰어난 재능을 보였다.

과하마는 '삼척마'라고도 했는데 석기시대부터 중국에까지 널리 알려진 말로, 과수나무 밑을 타고 지나갈 수 있을 정도로 왜소하나 성질이 온순하고 머리가 영리해 사람 말을 잘 따른다. 게다가 지구력이 좋

| 몽골 허스타이 국립공원의 원조 야생마.

고 강인하며 말들이 작아 산에 오르는데 아주 편리해 산악지대 사냥에 적격이었다. 과하마는 평야를 내달리는 수평이동에서는 서양 말에 뒤지지만 수직이동 즉 높은 산길이나 고갯길을 넘어갈 때는 서양 말이 오히려 이 과하마를 따르지 못했다.

중국 기록에 나타난 고조선의 모피무역

중국의 《시경詩經》〈한역韓奕〉 편에는 비휴 가죽貔皮, 표범 종류의 가죽, 붉은 표범 가죽赤豹과 누런 말곰 가죽黃羆을 바친 한후韓侯에 대한 기록이 있다. 시대는 기원전 12~13세기경이다. 중국 역사 속에 나오는 우리 민족에 관한 최초의 기록으로 그때 이미 고조선에서는 모피가 유행했다는 게 나와 있다.

기원전 7세기 중국 춘추시대 제나라의 정치가 관중이 지은 것으로 알려진 《관자》에 등장하는 고조선의 문피文皮, 호랑이나 범과 같은 얼룩무늬 맹수의 가죽 기록 등은 고조선이 모피무역의 중심지였음을 알려준다. 관중은 무늬가 아름다운 범과 표범의 가죽이자 고조선 특산물 문피를 천하의 일곱 가지 중요 특산물 가운데 세 번째로 꼽았다. 한 장의 표범 가죽은 가치가 천금에 달하는 것이라 했다. 관중은 제 환공에게 건의하기를 고조선의 문피와 타복(새털 모직물)을 교역품으로 한다면 그들은 8천 리나 먼곳에서도 교역을 위해 올 것이라고 했다. 당시 고조선 상인들의 활발한 먼 거리 무역을 알 수 있는 대목이다. 관중은 그 무렵 중국이 고조선으로부터 고급 모피를 구입하고 있는 것을 알고 그들의 교역품을 제나라도 받아들인다면 고조선이 침략하지 않을 것이라고 대책을 내어놓았던 것이다. 고조선이 강국이었음을 엿볼 수 있는 대목이다.

《후한서後漢書》〈동이열전〉 '예전'에도 "무늬가 아름다운 표범 가죽이 많고, 과하마가 있으며, 바다에는 반어斑魚가 나는데, 사신이 올 때마다 이들을 바쳤다"고 기록하고 있다.

위신재로 쓰인 문피

호랑이나 범 가죽은 머리까지 연결시킨 상태로 넓게 펴서 깔개의 종류나 장식용으로 쓰였다. 문피는 옷보다는 깔개나 수레를 장식하는 용도로 쓰였음을 의미한다. 《관자》에 등장하는 문피는 제 환공이 주변의 제후들을 거느리기 위해 공급하는 위신재威身財로서의 역할을 했던 것으로 보인다.

모피는 수렵과 도살, 박피(가죽을 벗김)와 생려(나무통에 물을 채우고 가

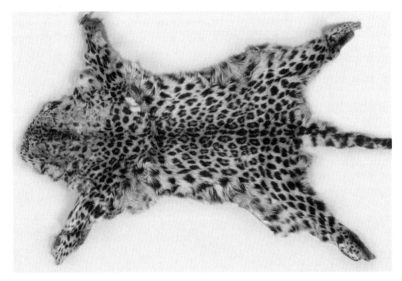

| 위신재로 쓰인 문피.

죽을 하루 이틀쯤 담가두는 것), 전타(칼로 털을 제거하는 작업) 및 탈지(기름기를 제거하는 작업), 제유(동물의 배설물, 타닌산 등을 활용해 가죽을 부드럽게 하는 작업), 건조, 무두질(가죽 문지르기) 등의 처리과정을 거쳐 재단과 봉제작업을 통해 만들어진다. 모피의 제작과정은 많은 시간과 공력이 요구되는 작업인 탓에 정성과 비용이 많이 든다. 1459년 《세조실록》에 따르면 돼지가죽 한 장은 베 열 필의 가격인데, 이를 가공한 가죽 갑옷은 베 50필에 달한다고 할 정도였다. 이처럼 모피는 그 자체가 희소할 뿐 아니라 복잡한 제작공정을 거쳐야 했기 때문에 고가에 거래되었다. 따라서 모피는 의복재료로서 가치뿐만 아니라, 권위와 신분을 과시하는 위신재, 국가 간의 무역품목으로 선호되었다(출처: 모피와 한국사, 김용만, 네이버캐스트, 2012).

가죽 산업 발달로 가죽신이 보편화되다

《삼국지》〈위지동이전〉에 보면 동이족(고조선) 사람들은 베옷과 가죽신을 신었다고 기록되어 있듯, 고대부터 고조선 사람들은 베옷을 입고 짐승 가죽이나 모피로 가죽신을 만들어 신었다. 이는 방한뿐 아니라 편리성과 내구성을 동시에 만족시켜 활동하기 편했다. 고대의 신발은 대부분 억센 풀잎이나 베 등으로 단순히 감싸는 형태로, 소재도 일

| 고대 가죽신.

상에서 쉽게 구할 수 있는 것들로 만들어졌다. 나중에 계급에 따라 신발을 달리 신기 시작하면서 짚신, 나막신, 옻칠신발, 가죽신, 금동신발 등으로 분화된다. 가죽신은 귀족이나 전쟁과 사냥 때 전사들이 신는 최상 계급의 신발이었다. 이것이 널리 일반에 사용되었다는 것은 그만큼 가죽 산업이 발전해 있었다는 이야기다.

다양한 모피 생산

모피의 종류도 다양했다. 고조선이 생산했던 가죽은 특수한 고급 가죽과 일반 가죽으로 분류된다. 고급 가죽은 높은 수준의 가공 기술로 아름답게 만들어져 품질이 우수하고 희귀해 중국 등 이웃나라와의 교역 상품이었고, 일반 가죽은 종류가 다양하고 양이 풍부해 일반 복식의 재료로 널리 쓰였다. 여러 문헌들에 나타난 고조선의 특수한 가죽과

I 담비 가죽으로 만든 옷.

모피는 표범과에 속하는 비貔·붉은 표범·누런 말곰·문피·표범·반어·흰 사슴·흰 노루·자색노루·주표朱豹·세미계·삼각사슴·꼬리가 긴 토끼·낙타·자줏빛 여우·흰매·흰말 등이다. 이것들이 당시 이웃나라와의

| 담비.

교역품목이었다(출처:《한국 고대복식》, 박선희, 지식산업사, 2002). 낙타가 보이는 것으로 미루어 서역과도 거래가 있다고 보인다.

한반도와 만주에서 생산되었던 일반 가죽과 모피는 멧돼지·사슴·여우·너구리·말·담비·날蚋(원숭이 일종)·호랑이·곰·노루·꿩·족제비·수달·돼지·개·소·말사슴·사향노루·복작노루·승냥이·토끼·산양·양·오소리·물소·청서 등의 육지 동물과 물개·넝에·고래와 같은 바다짐승도 있다. 날과 물소가 보이는 것으로 보아 남방과 교류가 있었던 것으로 보인다. 또 당시에는 동물 종류가 지금보다 훨씬 다양했다. 또 담비, 날, 다람쥐 모피는 유연해 예부터 천하의 명 가죽으로 유명했다. 특히 담비는 고급 복식 재료로 쓰이는 한편 수출도 많이 되었다. 가죽은 일반적인 복식의 재료가 되기도 하지만 갑옷에 부분적으로 사용되었다. 고조선 유적에서는 갑옷 위에 걸쳐 입었을 큰 새털옷도 함께 출토되어 전쟁 시 새털이 방한용으로 사용되었음을 알게 한다.

고조선에서 비의 가죽과 붉은 표범 가죽, 누런 말곰 가죽 등을 중국에 예물로 가져간 것으로 보아 귀한 상품이었을 것으로 생각된다. 그리고 여우·너구리·담비가 많이 났으며 여우 모피보다는 담비 모피 초

포貂布를 더 귀한 상품上品으로 여겼다. 중국 역사서에서도 우리 산물 중 담비 가죽과 산삼을 첫 번째로 꼽았다. 이렇듯 당시 담비를 잡으면 큰 돈이 되었다.

초원길은 교역과 문명 전파의 고속도로

앞서 세계 경제사에서 모피사냥이 차지하는 비중이 상상 이상으로 높았음을 알아보았다. 이는 유럽이나 북미 대륙뿐 아니라 우리나라에서도 마찬가지였다. 고조선 이후 조선시대에 이르기까지 담비 가죽은 우리의 중요한 무역 품목의 하나였다. 특히 유목민족들이 사는 북쪽 초원길 쪽에 수요가 많았다. 내다 팔 사이도 없이 모피 상인들이 몰려들었다. 중국은 담비 가죽을 동쪽의 세 가지 보물 중 하나로 쳤다. 일본에서도 담비 가죽은 인기였다. 발해 사신이 일본을 방문했을 때 일본의 왕족 하나가 담비 가죽 여덟 벌을 입고 나와 자신을 과시했다고 한다. 담비는 현재 한국에서 아주 귀한 동물이 되어버렸다. 하지만 고대에는 동옥저에서 담비 가죽으로 조세를 받을 정도로 많았다.

초원 지대를 동서로 횡단하는 북위 50도 부근의 북방 초원길은 교역과 문명 전파의 고속도로였다. 왜냐하면 아시아 내륙은 곳곳에 우거진 산림과 험준한 산악과 황량한 사막이 혼재되어 있어 근거리 교통 이외에는 사실상 장거리 통행이 어려웠다. 게다가 맹수와 도적 떼도 많았다. 그래서 육지보다는 강이나 하천 그리고 연안항로 등 뱃길이 일찍부터 애용되었다. 더구나 서로 대립하고 있는 부족이나 나라들이 국경 지대의 통행을 막았다.

하지만 초원은 기동성이 뛰어난 유목민족들이 말 달려 개척한 길이라

| 유라시아 대륙 내 초원지대.

통행 속도가 빨랐을 뿐 아니라 국경 개념이 희박했다. 기원전 8000년
경부터 빗살무늬토기가 초원길을 통해 북유럽으로 전파된 이유이기도
하다. 또 기원전 4000~3000년경에는 채도문화彩陶文化가 이 길을 거쳐
수메르에서 중국 및 동아시아에 전파되었다. 이러한 의미에서 이 길을
'채도의 길'이라고도 부른다.

　중국 학계는 북방 초원의 역사를 북방사라 해 중국 변방사의 하나로
인식하고 있다. 하지만 고대에는 초원길의 유목민들은 수메르에서 고
도로 발달한 문명을 접해 중국 내륙보다 훨씬 발달한 문화를 누렸다.
기원전 35세기경 수메르인에 의해 개화된 청동문화와 기원전 20세기
경 개발된 아리안족의 철기문화가 모두 이들을 통해 전파되었다. 북방
초원길의 한쪽 끝은 수메르와 연결되어 있었고 또 다른 한쪽 끝은 고조

| 러시아 에르미타주 미술관에 전시되고 있는 2천 년 전 흉노족 털모자. 흉노에게 모피는 필수품이었다.

선이었다. 고조선이 중국보다 먼저 청동와 철기문화를 열 수 있었던 것도 초원길 덕분이었다.

이들 북방 민족들은 훗날 유럽과 중앙아시아를 뒤흔든 스키타이를 비롯해서 '사르마트족(볼가 강 유역)', '키메르족(우크라이나에서 카프카스의 쿠반 강끼지 지역)', '사카족(아랄 해 이동의 카자흐스탄 초원과 톈산 지방, 이란계)' 그리고 중국이 두려워하는 '흉노匈奴'와 '정령丁零(몽골지대)' 등이 있었다. 기원전 3000년경부터 이들은 오리엔트 문화와 중국 농경사회로부터 곡물, 소금, 금속 자제, 장신구 등 생활용품을 수입하고 말을 위시한 가축, 사금, 모피 등을 수출하면서 평화적으로 공존하고 있었다. 농경민족은 농경을, 유목민족은 목축을 생업으로 해서 서로 다른 문화권을 이루면서 살아가고 있었다. 그 무렵 소금과 모피의 중요 수출국이 고조선이었다.

북아시아 무역로 '담비길'이 있었다?

최근 러시아 학계에서는 초원길, 실크로드 이외에도 담비 모피를 교류한 '검은담비길黑貂之路, Sable-Road'이란 무역로가 따로 존재했다고 주장했다. 이 새로운 길은 사마르칸트에서 러시아의 치타를 거쳐 만주에 이르는 길이다. 그 무렵 비단길은 전쟁이 많아 소그드 상인들이 초원이며 안전한 담비길을 택했다고 한다. 담비길은 발해 이전부터 중앙아시아의 소그드 상인들이 북아시아와 시베리아를 통해 극동까지 교역했던 루트로 당시 극동 지역의 최대 상품이 검은담비黑貂, Sable였기 때문에 '검은담비길'이란 이름을 붙였다.

"담비길은 발해, 여진 등의 동북아시아 고대 민족과 중앙아시아를 연결하는 북아시아의 무역로인데, 전통적인 실크로드와는 별도의 것이다." 러시아 학자들에 의하면 담비 가죽 무역은 일찍이 동한東漢 시대에 발전되어 나왔는데 당시에는 담비 가죽을 '읍루담비挹婁貂'라 불렀다.

그 뒤 7~10세기 당나라 대에 이르러서는 헤이룽 강과 우수리 강 유역의 민족이 외국시장에 판매한 검은담비 모피는 크게 환영받았다. 이들 민족과 직접 교역을 벌렸던 소그드인(지금의 타지크인의 선조)이 전파한 '읍루담비'는 중앙아시아 사람들에게 널리 알려지게 되었다. 이런 상황의 무역노선을 개척한 소그드인은 이 길을 당시에 '담비길'이라 불렀다. 그때의 무역도로의 주된 쓰임새는 소그드인이 현지 민족으로부터 극히 귀중한 검은담비 가죽 등의 상품을 획득한 뒤에 (중앙아시아) 본국으로 가져가는 통로였다. 당시 중국인은 읍루로부터 이런 모피를 대량으로 수입했으며 실제 그 뒤 서양에서도 담비 모피 옷은 인기였다. 중세 초 유대인들이 중앙아시아로부터 수입한 검은담비 옷을 당시 주교가 입고 다닐 정도였다.

동서양을 오가며 교역을 했던 소그드인

소그드인은 타지크인의 선조로, 기원전 6세기부터 아라비아인들이 쳐들어온 6, 7세기까지 1천 년 남짓 중앙아시아(지금의 우즈베키스탄, 키르기스스탄, 카자흐스탄 같은 나라들)에서 활약한 민족으로 광범위한 국제

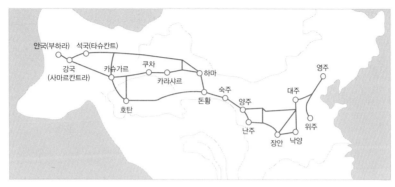

| 소그드인의 교역 네트워크와 거류지 분포.

무역을 했다. 아주 오래전부터 '소그드'란 명칭은 오늘날 우즈베키스탄의 사마르칸트를 중심으로 하는 지방을 가리켰다.

앞에서 살펴봤듯이 사마르칸트 벽화에 고구려인들이 보이는 것으로 보아 이들은 서로 왕래가 잦았던 것으로 보인다. 당시 사마르칸트는 저 멀리 고구려부터 서쪽으로는 로마인들까지 몰려드는 최대의 국제 무역 도시였다. 소그드인들은 사마르칸트와 인근 오아시스 도시들에 살면서 농사를 짓기도 하지만 수공업과 상업에도 탁월한 재능을 발휘해 멀리 중국이나 인도 혹은 서아시아 각지로 나가서 국제 무역에 종사했다.

'호상'이라는 이름으로 불린 소그드인들이 중국 측 자료에 나타나기 시작하는 것은 1세기 이후 즉, 후한 대의 일이다. 중국 측 문헌에 "장사하러 오는 호상들이 매일 변경에 온다"는 기록이 보이기 시작했다. 그 뒤 중국 내 여러 주요 도시에는 많은 수의 소그드 상인들이 집단거류지를 이루어 살면서 무역에 종사했다. 국제 교역에 종사하는 이들은 비단을 대대적으로 구입해 실크로드를 통해서 페르시아와 비잔티움 방면에서 고가에 판매함으로써 막대한 수입을 올렸다. 이들이 중국과 접촉 이전에는 초원길을 통해 고조선의 비단과 담비 모피를 구입했을 가능성이 크다. 그 뒤 내륙 실크로드가 완성된 이후에 중국과 본격적으로 교역하면서 그들이 개척한 담비길을 통해 고구려의 담비 모피와 비단도 구입해간 것이다.

고조선의 흑요석

겨울에 모피와 짐승 가죽은 사람들이 선호해온 방한복이다. 특히 모피는 단순한 방한복을 넘어 높은 신분과 권력을 상징하는 의복이다. 모피 자체도 귀하지만, 모피 가공이 쉽지 않았기 때문에 모피의 부가가치는 올라갈 수밖에 없었다.

가죽을 처리하려면, 짐승을 잡자마자 사체가 굳기 전에 가죽을 빠른 시간 내에 벗겨야 한다. 또 모피를 기름 덩어리와 살로부터 깔끔하게 떼어내어 손질하는 일이 그리 쉽지 않았

다. 고조선에는 다행히 백두산에서 나오는 흑요석黑曜石, obsidian으로 만든 칼과 긁개, 밀개 등의 도구가 있었다. 모피 손질에 이보다 더 좋은 도구가 있을 수 없었다. 이로써 모피가 고조선의 주력 산업이 될 수 있었다.

흑요석은 아무 데서나 쉽게 구할 수 없다. 대륙이 갈라질 정도로 화산 용암이 격렬하게 분출한 지역에서만 생성된

| 흑요석 칼.

| 흑요석으로 만든 모피 가공도구.

자연산 유리라 볼 수 있다. 그것도 중요한 결정체가 생기기 전에 급격하게 냉각된 화산 용암이라야 한다. 그래서 고대의 흑요석 산지는 극히 드물다. 유라시아 대륙에서는 한반도 백두산 일대와 일본열도 화산, 유럽 문명의 발생지 그리스와 이탈리아 화산, 티그리스 강 상류 아르메니아 등 과거 화산 분출활동이 격렬했던 문명의 발생지 몇 군데서만 발견되었다.

중국이나 우랄 산맥, 시베리아, 중앙아시아에는 흑요석이 없다. 일부 화산지대에서 소량 나오더라도 크기가 작고 이물질이 많이 끼어 있어 질이 좋지 않다. 흑요석은 그만큼 귀한 돌이다. 동북아 대륙에서는 격렬한 화산 활동이 있었던 백두산이 유일한 흑요석 산지다. 그것도 백두산 이남 지역에서만 흑요석이 발굴된다. 현재도 중국 기업이 백두산에서 흑요석을 채굴하고 있다.

흑요석은 고고학자에게 귀중한 정보를 제공한다. 흑요석은 화산에서 분출된 탓에 일정 정도 방사성 동위원소를 포함하고 있다. 그래서 흑요석 유물이 발견되면 그 원산지가 어디인지 추적이 가능해 고대의 무역 루트도 알아낼 수 있다. 한반도에서 흑요석 출토 유적 수는 약 110여

군데이고 이중 구석기 유적은 13개고 나머지는 신석기 유적이다. 1만 7천 년 전 후기구석기 유적인 단양 수양개에서는 2백여 점의 흑요석이 출토되었고 중석기 유적인 강원도 홍천 하화계리에서는 8백 점의 흑요석이 나왔다. 백두산과 800킬로미터 떨어진 한반도 남단 끝의 구석기 유적들에서도 백두산 흑요석이 발굴되었다.

또 시베리아의 알타이 유적에서도 백두산 흑요석 세석기들이 발굴되었다. 백두산의 흑요석이 알타이까지 수만 리에 해당되는 거리로 운반된 것은 고대 한국인들의 생활 반경의 광대함을 여실히 증명한다. 산 넘고 물 건너 전해진 백두산 흑요석을 통해 귀한 돌을 얻으려 노력했던 구석기 사람들의 흔적을 엿볼 수 있다. 구석기시대에도 이동과 거래가 있었다는 이야기다.

고조선의 육로와 해로

고조선은 무역 강국이었으나 사서에 기록으로 남아 있는 것은 별로 없다. 기원전 7세기 초 무렵에 저술된 《관자》에 고조선이 제나라와 교역한 사실이 기록되어 있다. 여기에 '조선'이라는 명칭이 최초로 나온다. "발조선發朝鮮에서 생산되는 범 가죽은 금같이 귀하니 천금을 지불해야 8천 리나 떨어진 곳에 있는 발조선이 거래할 것이다."(〈發朝鮮文皮〉, 卷 23)라고 적혀 있다.

이를 통해 고조선과 제나라 사이에 연나라가 가로막고 있어 랴오둥 반도 남단의 연안항로를 이용한 해상교역이 이루어졌음을 알 수 있다. 역사서에 처음 나타난 무역 기록이다. 하지만 그 이전에도 이미 육로를 통해 인근 지역과 교역이 왕성했을 것이다. 특히 인접국인 동호 및 연

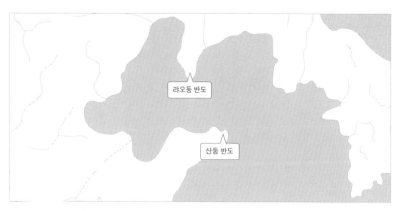
| 랴오둥 반도와 산둥 반도.

나라와 교역이 활발했다. 사마천의 《사기》〈화식열전〉에 보면 연나라 가 고조선과 교역을 해 경제적으로 큰 이익을 얻었다고 기록되어 있다.

고대에는 육로보다 뱃길이 훨씬 더 수월한 통로였다. 육지는 숲이 우 거져 길 내기가 수월치 않았다. 고대의 항해는 강을 따라 운행하는 수 로항해와 육지를 바라보고 항해하는 연안항해가 대부분이었다. 따라서 좋은 항구가 많은 랴오둥 반도와 서해안, 그리고 주변 강가에 살던 고 조선 사람들은 일찍부터 해상활동에 눈 뜨게 되었다. 어민들은 통나무 배와 뗏목 배를 주로 사용했으며 항해용 배 만드는 조선소는 살수 상류 와 쑹화 강 기슭에 있었다. 고조선의 해상무역은 주로 발해만을 중심으 로 이루어졌다. 작은 바다인 발해는 서해 제일 안쪽에 있는 만으로 다 른 바다에 비해 풍랑이 작다. 이러한 바다에서는 배를 운항하기가 쉽 다. 랴오둥 반도는 철, 금의 산지로 유명하며 반도의 동쪽 해안에는 소 금 만드는 제염소가 많았다.

또 랴오둥 반도는 산둥 반도를 마주 보고 있다. 바닷길도 가까워 랴오둥 반도에 터 잡은 고대인들은 배를 타고 산둥 반도로 진출했다. 고조선은 일찍부터 발해만을 중심으로 단둥과 랴오둥 반도 끄트머리인 다롄을 거쳐 산둥 반도 사이를 잇는 해양활동 영역을 만들었다. 이로써 산둥 반도에도 요서지방과 같은 문화가 형성되었다. 산둥 반도를 동이東夷족 지역으로 밝힌 중국 역사서가 많은 것은 이 때문이다.

고조선의 7대 수출 품목

고조선의 7대 수출 품목은 '소금, 말, 화살, 모피, 비단, 모직물, 구리'로 추정된다. 이것들이 고조선을 강하게 만들었다. 고조선의 모피 수출은 자체 생산품과 함께, 만주 동부와 시베리아 지역의 여러 부족들이 생산한 것을 구매한 뒤 이를 가공해서 수출했을 가능성이 높다. 소금과 모피무역은 특히 이익이 크게 발생했다.

이밖에도 인삼, 잣, 옥이 고조선의 특산물이었다. 기원전 3000년 이전부터 이미 동이족의 근거지에서 구리가 생산되어 사용되었다. 당시 구리는 금보다 비쌀 때도 있었다. 그러다가 고조선 후기에는 구리가 철로 대체되었을 것으로 추정된다. 고조선 후기에는 철기시대로 접어들면서 고조선 지역에서 양질의 철광석이 채굴되어 철기무기와 도구를 많이 생산했을 뿐만 아니라 주변국으로도 수출했다. 당시 철 가격도 금 가격에 버금갔다. 고대에 철은 비쌌다. 히타이트제국 초기에 철은 금보다 5배, 은보다는 40배나 값진 물건이었다. 메소포타미아에서는 은 가격의 8배였다. 동양이라고 다르지 않았다. 고조선과 고구려가 철광산 개발에 열을 올린 이유다. 또 중국이 계속적으로 안시성을 줄기차게 공격한 것도 근처의 무순 광산을 뺏기 위한 것이었다. 이처럼 고대에도 철을 둘러싼 암투는 치열했다. 게다가 철은 고조선의 전략적 중요 교역품목이었다. 선비, 거란 등 인근 부족들을 거느리는 당근이었다. 당시 중국은 오랑캐들의 군사무기로 쓰이지 못하도록 철 수출을 금할 때였다.

산간 오지에서 명도전이 출토되다

청동기시대에는 청동이 워낙 귀해 화폐 역할을 했다. 청동은 지불수단으로 보편화되었으며 막대 형태로 만들어 가치저장수단으로 저장될 수 있었다. 그것은 분할될 수 있었고 연장, 무기, 장신구를 만드는 원료로 누구나 필요했다. 그러자 동서양을 막론하고 나중에 요긴하게 쓰려고 청동 물건들을 모으기 시작했다. 그러나 모으는 물건의 종류는 같지 않았다. 그리스에서는 청동의 세발솥과 대야가 모아졌고, 크레타와 이탈리아에서는 청동 도끼가 축적되었다. 중국에서는 청동 검과 옥반지가 선택되었다. 청동이 없는 곳이거나 바닷가에서는 진주와 조개껍질 등이 모았다. 조개무덤(패총)이 그것이다. 이 같은 축적물을 소유자가 몸에 치장함으로써 세를 과시하는 일은 흔히 있는 일이었다. 이처럼 가치의 저장수단이라는 화폐의 기능을 다양한 물건이 해냈다.

그러나 대부분의 비장된 물건들은 공통점이 있었다. 그것들은 매일의 삶을 살아가는 데 유용하게 사용된다는 점이다. 축적된 물건들은 사용가치가 있었던 것이다. 시간이 경과함에 따라 교환가치도 생겼다. 무기, 연장, 장신구, 금속막대, 반지가 서서히 표준상품으로 받아들여져 화폐로 유통되기 시작했다. 약 5천 년 전 청동시대의 유적에서 이 같은 물건들이 무수히 발견되었다.

고조선과 중국의 활발한 무역 활동은 고고학적으로도 뒷받침된다.

고조선 유적지에서 당시에 중국에서 사용되었던 명도전明刀錢, 포전, 반양전 등의 중국 화폐가 대량으로 출토되었다. 당시로서는 가장 귀한 물건의 하나였던 청동 검이 교환수단인 화폐 구실을 한 것이다. 칼끝에 구멍을 뚫어 줄로 꿰차 여러 개를 한꺼번에 들고 다니기에 편하게 만들었다.

| 청동으로 만든 화폐, 명도전.

특히 전국시대에 연나라 화폐인 명도전은 한 유적에서 무려 4~5천여 점이나 출토되어 고조선이 중국과의 무역에서 많은 외화를 벌어들였음을 입증해준다. 실제 칼로도 사용된 명도전은 만주 일대는 물론 청천강, 대동강, 압록강 유역 및 한반도 서북부 등 고조선의 영토에서 대량으로 발굴되고 있다.

압록강 중상류 일대에서 발굴된 명도전 출토 유적은 모피무역과 관련된 것으로 보인다. 명도전 관련 유적이 압록강과 청천강 유역의 산간 오지 중에서도 주변에 강이 흐르거나 길이 나 있던 교통의 요지에서 집중적으로 발견된 것은 그곳이 모피무역의 중개지일 가능성이 크다.

화폐를 사용했다는 것은 고조선이 시장경제 체제를 갖추었다는 것을 의미한다. 상업이 발달하면 반드시 시장이 있어야 한다. 시장이 제천행사를 하는 장소에서 비롯했다는 설이 있는 것을 보면 시장의 존재는 대단히 오래되었다.

부여와 고구려

기원전 2세기 부여 사람들은 평소 삼베나 백포로 만든 흰옷과 비단옷 그리고 가죽옷革을 입고 가죽신을 신었다. 특히 흰옷을 숭상했다. 가죽신은 가축 가운데 가장 많이 기르는 돼지가죽을 사용했을 가능성이 높다. 돼지는 사육이 빠르기 때문에 가죽을 대량으로 쉽게 얻을 수도 있고 털이 적은 동물은 털이 많은 동물보다 가죽이 질기고 강한 장점을 지니고 있기 때문에 신발 재료로서 적당했을 것이다. 부여는 건국신화에 돼지우리와 마구간이 등장하고, 짐승의 이름이 관직명으로 사용된 것을 보아 목축업이 발달했음을 알 수 있다.

그리고 부여 사람들이 외국에 나갈 때에는 여우나 담비 가죽으로 만든 갖옷을 외투로 입고 금, 은으로 모자를 장식했다고 중국《삼국지》는 전하고 있다. 상상만 해도 멋진 모습이다.

《후한서》의 기록에 따르면 강원도와 함경남도 지역에 위치한 예濊에서는 무늬 있는 표범文豹이 난다고 했다. 조선시대에도 함경도와 평안도, 강원도 일대는 모피를 생산하는 대표적인 지역이었다. 이보다 더 북쪽 지역인 만주는 모피동물이 살아가기에 좋은 곳이었다. 따라서 부여와 고구려는 모피 생산이 활발할 수 있었다.

부여의 사람들은 평소 견직물(실크)과 가죽옷, 백포白布 등으로 옷을 만들어 입고, 가죽신을 신었다. 그런데 외국에 나갈 때에는 여우, 삵, 원숭이, 희거나 검은담비 가죽으로 만든 갖옷을 외투로 입었다. 부여는 서기 3세기 초까지도 만주 동부에 사는 읍루족을 복속시켜 세금을 거두고 있었는데, 읍루족의 특산물인 담비 가죽 곧 초피貂皮를 주로 징수했을 것이다. 사냥을 권장해 활을 잘 쏘는 자를 주몽이라고 특별히 우대했던 나라가 부여였다.

고구려 역시 한겨울 추위가 매섭기는 마찬가지라서, 모피류가 방한용 의복으로 매우 중요했다. 《위서魏書》 등에는 고구려 사람들은 포布, 백帛, 피皮로 의복을 해 입는다고 했다. 고구려에서는 동물의 가죽이 중요한 의복의 재료였던 것이다. 고구려에서는 사냥을 통해 직접 모피동물을 잡아 옷을 지어 입어야 추위를 견딜 수 있었다. 고구려 사람들은 군사훈련용으로 사냥을 즐겼지만, 짐승의 가죽을 획득하는 것도 사냥의 중요한 목적이었다.

몰이사냥하는 고구려 무사들

유명한 무용총 벽화의 〈수렵도〉에는 말을 타면서 호랑이와 사슴에게

Ⅰ 무용총의 수렵도. 고구려 사람들은 호랑이, 사슴 등을 사냥할 때 명적鳴鏑을 사용해 몰이사냥을 했다.

| 명적.

활시위를 당기는 무사의 모습이 보인다. 그런데 이들 무사들이 쏘는 화살의 앞부분은 뾰족하지 않다. 명적鳴鏑이라 불리는 소리 나는 화살촉을 사용해 몰이사냥을 하고 있는 것이다. 고구려 사람들은 호랑이나 사슴 가죽을 높은 값에 팔기 위해 명적이 달린 활과 사냥개를 이용해 동물들을 몰아 목책 함정에 떨어트려 흠 없이 동물을 잡았던 것이다.

명적은 우는 화살이라는 것인데, 이 화살을 쏘면 우는 소리를 내며 날아간다. 향전響箭이라고도 하며, 흔히 전쟁 때 개전을 알리는 신호로 사용되기도 했다.

발해와 통일신라의 모피

만주 동부 지역을 완전히 장악한 발해는 739년 12월 호랑이와 큰곰 가죽 각 7장, 표범 가죽 6장, 인삼 30근, 꿀 등을 일본에 보내주었고, 872년에도 호랑이 가죽 7장, 표범 가죽 89장, 곰 가죽 7장과 꿀을 선물로 보냈다. 또 738년에는 당나라에 돼지가죽 1천 장을 수출한 바 있었다. 발해는 초피, 서피鼠皮로 이불과 요를 만들어 후당後唐에 선물하기도 했다. 발해는 일본과도 외교관계를 중시해 무역을 활발히 전개했는데, 무역 규모도 커서 한 번에 수백 명이 오가기도 했다. 발해 교역선은

872년에 호랑이 가죽 7장, 표범 가죽 89장 등을 일본에 선물로 보내기도 했다. 이외에도 거란 등에 초피를 수출하는 등 발해는 모피류의 생산이 활발했던 나라였다.

신라의 경우 관영 수공업장 가운데 피전皮典, 피혁물 제작, 타전打典, 무두질, 피타전皮打典, 북 등의 악기 제작, 추전鞦典, 마구용 가죽 제작, 답전鞳典, 신발 제조, 화전靴典, 장화 제작 등 가죽제품을 다루는 곳이 많았다. 소와 돼지가죽을 이용한 가죽제품을 다루는 전문적인 장인들이 있었음을 볼 수 있다.

834년 신라 흥덕왕(재위 826~836)은 당시 사치스러운 신라인의 생활을 통제하기 위해 신분에 따라 옷과 수레, 각종 물품의 사용을 금하는 법을 발표했다. 이 법에는 신분에 따라 안장이나 신발 등에 가죽의 사용을 금지하는 것이 포함되었다. 특히 자줏빛 가죽으로 만든 신발은 진골들도 사용할 수 없도록 금지했고, 호랑이 가죽은 오직 성골들만이 사용할 수 있게 했다. 4두품 이하는 소가죽과 말가죽도 사용할 수 없었다.

신라는 소가죽과 말가죽의 사용이 활발한 대신, 한반도의 남쪽에 위치한 지리적 여건상 모피류의 생산이 많을 수가 없었다. 온돌이 없는 방 안에는 깔개 등이 필요한데, 여기에 필요한 양탄자를 신라에서 생산해 일본에 수출한 적은 있었다. 하지만 양탄자나 모피가 넉넉하지 않았기에, 신라에서는 왕골돗자리莞席를 생산해 방에 깔고, 수레에도 깔아 사용했다. 석전席典은 왕골돗자리를 생산하는 관영 수공업장이었다.

다만 8~9세기 신라를 방문한 아라비아 상인들이 초피를 구입해 간 기록이 있어서, 신라에서도 적지만 모피를 생산했거나, 재료를 들여와 가공해서 수출했을 가능성이 있음을 확인할 수 있다.

고려시대의 모피

고려는 북진정책을 추구해 초기인 10~11세기에 요(거란)와는 적대관계로 요나라는 총 세 차례에 걸쳐 수십만 대군을 동원해 고려를 침략했으나 고려에 패배해 물러갔다. 이후 관계가 개선되어 무역 활동이

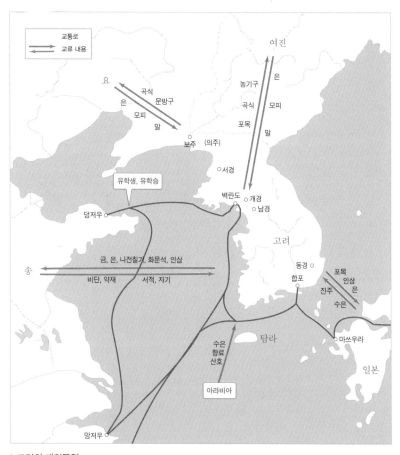

| 고려의 대외무역.

재개되었고 본격적인 상호협력과 외교관계로 발전했다.

고려는 북진정책을 추구하는 한편 북쪽 여진女眞을 회유하는 수단으로 그들의 조공을 받고 모피류를 식량으로 교환해주는 교역을 지속했다. 그리하여 다양한 모피를 구할 수가 있던 고려에서는 모피의 소비가 늘었다. 1088년 요나라는 고려에 양 2천 마리를 보내왔고, 금(여진)나라도 양 2천 마리를 보내온 적이 있었다. 그 뒤 고려에서 양이 사육되어 양모와 모직물이 고려의 주종 생산품이 되어 수출되기도 했다. 고려말기에 요나라는 여진(금)의 강성으로 고려에 원병을 청했으나, 오히려고려는 여진과 함께 거란(요)을 공격해 의주를 빼앗았다. 이후 금나라는거란족의 요와 북송을 쳐부수고 1153년에 수도를 남경으로 이동해 이곳을 중도中都라 불렀다.

그 뒤 몽골이 1215년 금의 수도를 정복하고 동아시아로 세력을 확장했다. 1221년에는 몽골이 고려에 수달피 2만 장을 요구했으나 겨우 1천 장 정도를 보냈다. 그 뒤 몽골은 수달을 잡기 위해 많은 몽골인들을 보내 고려는 큰 피해를 보기도 했다. 원나라의 침입으로 고려 사회의 풍속도 많이 변했다. 100여 년 동안 7명의 원나라 공주가 시집와 왕비로 생활하며 몽골식 풍습이 유행했다. 이때 몽골족의 주식인 만두와설렁탕도 함께 들어왔다. 한편 소주도 이때 만들어졌다.

조선의 모피

원나라 이후 들어선 명나라 역시 조선에 각종 모피와 말을 요구했다.

말은 북쪽의 유목민족을 견제하기 위해 창설된 기마병을 위한 것이었다. 초피와 더불어 명나라에서 조선에 요구한 것은 호랑이 가죽이었다. 호랑이는 가축은 물론 사람에게 피해를 끼쳐 일찍부터 사냥 대상이 되었다. 말을 기르는 목장이 제주도 등 섬에 많이 위치한 것은 호랑이로부터 피해를 당하지 않으려는 까닭에서였다. 조선은 '착호갑사捉虎甲士'라고 하는 호랑이 전문사냥꾼을 두었다. 초기에는 정원이 40명이었으나, 1485년에 반포된 《경국대전》에는 440명으로 늘어났다. 이들은 그물, 함정 등을 이용해 가급적 가죽이 상하지 않게 호랑이를 잡았다. 조선은 매년 32장의 호랑이 가죽을 명나라에 보내야 했다.

호랑이를 마구 잡다보니 호랑이 개체 수가 줄어들어 호피 가격은 점점 치솟았다. 15세기말 면포 30필이었던 호피는 16세기 중엽에 면포 400필로 뛰어, 여진으로부터 이를 밀수하는 자들까지 생길 정도였다. 청나라 대에는 초피와 사슴 가죽인 녹피鹿皮 각 100장, 수달피 400장을 바칠 뿐, 호랑이 가죽은 제외되었다. 지나친 포획과 조선 후기에 땔감 소비 급등으로 숲이 줄면서 호랑이가 드물어졌기 때문이다.

조선 사람들의 사치품, 초피

고려는 주로 해상무역이 왕성했으나 조선은 해금령으로 인해 육상무역이 주로 이루어져 북방교역에 치중할 수밖에 없었다. 조선의 외교 원칙은 사대교린事大交隣으로 상국인 명나라를 예우하고 기타 오랑캐로 분류되는 일본, 여진 등과는 친분을 유지하는 것을 골자로 하고 있다. 조선 초기 태조와 태종은 여진과 우호적인 때로는 강압적인 정책을 펴면서 그들을 통제했다. 그러다 여진과 조선 사이의 분쟁이 격화된 것은 세종 이후다. 세종이 4군과 6진을 개척하면서 여진족에 대한 대규모 정벌이 이루어졌다. 이후 여진이 생필품을 확보하러 조선을 침입하는 것을 막기 위해 꾸준히 여진과 통교하는 교린정책을 펼치며 만주에서 생산되는 품목을 수입했다. 주요 수입품은 역시 모피로 그중에서도 담비 가죽이었다. 이는 담비 가죽이 왕실 및 양반계층의 권위를 나타내는 사치품이었을 뿐 아니라 명나라에 대한 조공품목이었으며, 외국 사신접대 및 공신에 대한 포상 수단으로 담비 가죽으로 만든 옷이 이용되었기 때문이다.

조선 명종 때 품위에 따라 복식규정을 달리했다. 당하관(종3품 이하)과 선비들은 족제비 가죽인 서피와 일본산 산달피山獺皮를 입을 수 있었다. 그 밑의 관원이나 군사, 서얼은 붉은여우 가죽과 국산 산달피 그리고 공상천인工商賤人은 산양가죽, 개가죽, 토끼 가죽 등을 사용하게 했다. 이로써 종류의 차이는 있지만 왕부터 천민에 이르기까지 가죽옷을 입었다. 하지만 최고급 모피인 초피의 사용만큼은 정3품 이상 당상관으로 제한해 이를 어기면 파직하는 등 강하게 금지했다.

하지만 권력과 부를 가지면 사치하기 마련이었다. 특히 15세기 중엽부터 16세기 말까지 조선은 각종 공신들이 자신의 특권을 이용해 재물을 챙기는 자들이 많은 시대였다. 1만 명의 노비를 가진 거부가 등장하고 사치가 만연했다. 이런 시기에 사대부집 여성들은 초피로 그들의 부유함을 과시했다.

1475년(성종 6년)에 예문관 봉교 안팽명安彭命 등은 다음과 같은 상소를 올렸다. "요즘 사대부 집에서는 날마다 사치를 일삼고 서로 다투어 아름다움을 뽐내는데, 크고 작은 연회에 그림을 그린 그릇이 아니면 쓰지 않고, 부녀자들이 초피 가죽옷이 없으면 모임에 나가는 것을 부끄럽게 여깁니다. 초피는 야인野人에게서 얻는 것이 대부분인데, 소와 말이나 철물 등을 주고 저들에게 사게 되니 그 폐단이 심합니다. 초피는 3품까지로 한정되어 있으나 모든 은대銀帶를 하는 자(종6품 이상 문무관)가 장식해 금지하기 어려우므로, 초피의 값이 올라 적게 이익을 주고 있습니다. 신분에 따른 제한을 확실히 해야 모피의 값이 싸져서 폐단이 없어질 수 있습니다." 이처럼 초피에 대한 사치를 금하자는 상소가 거듭되었지만, 조선 사람들의 사치는 쉽게 수그러들지 않았다.

초피교역의 폐해

초피는 함경도와 평안도 등에서 생산되었지만, 1478년 이후 명나라에서 요구하는 양이 점차 많아지자 국내에서 구하기가 어려워졌다. 따라서 조선은 야인野人, 압록강과 두만강 이북에 살던 만주족으로부터 주로 초피를 구입했다. 야인들은 초피무역을 통해 농사에 필요한 소와 철제 농기구 그리고 말 등을 받아갔다. 조선에서 초피의 수요가 계속 늘자, 초피 가격은 계속해서 올라갔다. 1502년에는 초피 한 장 값이 면포 열 필이었으나, 1509년에는 소 한 마리 값으로, 1516년에는 말 한 필 값으로 계속 올랐다. 이런 상황에서 1505년 연산군은 시중에서 구한 초피의 질이 나쁘다며 품질 좋은 초피 2만 장을 사오라고 명을 내렸다.

초피와 서피를 조선에 수출한 야인들은 조선으로부터 소와 말 등을 받아 농업을 발전시켰다. 그뿐만 아니라 철물로 무기를 개량해 사회를 크게 발전시켰다. 15세기까지만 해도 수도 한양까지 와서 입조하던 야인 족장들은 더 이상 오지 않았다. 초피교역을 통해 이익을 충분히 얻었기 때문이다. 이런 상황은 조선이 야인들을 통제할 수단을 잃게 만들었다.

반면 조선의 경우 소와 말의 유출이 군사력과 농업의 쇠퇴를 가져왔다. 함경도 백성들은 과도하게 세금으로 할당된 모피를 채우기 위해 스스로 모피 매매에 나서야 했다. 소나 말을 팔아 모피로 세금을 바쳐야 하는 부담을 이기지 못한 백성들이 야인 땅으로 도망가는 일도 벌어졌다.

1508년 특진관 홍경주洪景舟는 중종에게 이렇게 아뢰었다. "폐조廢朝(연산군) 때 초피교역 때문에 북쪽 변방 지역은 크게 피폐해졌습니다. 백성이 소 한 마리를 가지고 초피 한 장을 바꾸게 되어 소와 말이 거의 다 없어졌기 때문입니다. 과거에는 말 탄 군사가 1천여 명이나 되었는데, 지금은 겨우 40~50명만 있을 뿐이니, 변방의 위급한 상황이 생기면 무엇으로 적을 방어하겠습니까?"

모피가 바꾼 한국사

모피교역 등을 통해 성장한 야인들은 1644년 명나라를 멸망시키고 대륙의 지배자가 되었다. 그 무렵 여진족의 인구는 대략 50만, 한족의 인구는 1억 5천만 명 정도였다. 이후 여진족은 자신들보다 300배 가까이 많은 한족들을 300년 가까이 지배한다. 청은 1644년 명을 접수한 이후 영토를 확장해 신장新疆, 티베트, 내몽골 지역까지 자신들의 영토로 삼았다. 청나라의 지배 아래서 중국의 영토는 과거 명나라 시절보다 거의 40% 가까이 불어났다. 만주에서 일어나 대제국 청을 세운 여진족은 오늘날 중국에 커다란 선물을 남겨주었다. 청나라가 차지했던 광대한 땅이 고스란히 현재 중국의 영토로 계승된 것이다.

한편 그들은 고향인 만주 지역을 이주금지 지역인 봉금지^{封禁地}로 설정해 사람들의 거주를 제한했다. 따라서 만주 일대에서 초피를 생산하던 사람들이 줄어들어 조선의 초피수입 또한 줄었다. 이후 조선에서는 가채(가발)가 새로운 사치품으로 떠올랐다.

고조선, 부여, 고구려, 발해는 초피무역을 통해 경제적 부를 축적했다. 하지만 만주를 잃은 통일신라 이후 고려와 조선은 도리어 초피 수입국이 되어 초피무역으로 인해 경제적인 쇠퇴는 물론 야인들의 성장을 도왔다. 이로써 1637년 병자호란으로 야인들이 세운 청나라에게 조선이 항복하는 삼전도의 굴욕을 당하고 말았다. 근세 역사상 일찍이 없었던 조선의 치욕이었다. 이때 50만 명의 부녀자가 청으로 끌려갔다.(출처: 모피와 한국사, 김용만, 네이버캐스트, 2012).

세상을 바꾼 상품 **3**

JEWEL

보석

보석의 역사는 유대인으로부터

보석의 역사는 곧 유대인의 근대사이기도 하다. 1492년 스페인의 유대인 추방령이 앤트워프와 암스테르담에 보석 시장을 탄생시켰다. 이후 보석이 최고의 재화로 등극하면서 세계인의 사랑을 받게 된다. 하지만 아프리카에서 대규모 광맥이 발견되자 이는 축복이 아니라 악마의 저주로 변했다. 보석을 장악하려는 제국주의 만행은 보어전쟁을 유발해 보어인의 대학살이라는 전대미문의 참상을 가져왔다. 이를 취재하던 영국 특파원 존 홉슨이 쓴《제국주의론》을 레닌Vladimir Il'ich Lenin이 받아들여 공산주의가 탄생했다.

그 뒤 오랜 세월 동안 다이아몬드는 유대인이 주도하던 '드비어스'라는 독점 괴물에 의해 장악되었다. '생산 – 유통 – 판매 – 재고관리'라는 일체의 프로세스가 철저히 관리되고 인위적으로 공급량이 조절되어 시장에서 높은 가격이 유지되었다. 하지만 드비어스는 또 다른 유대인 레프 레비에프Lev Leviev에 의해 도전받고 그 독점 아성이 깨진다. 여기에 더해 아프리카 곳곳에서는 정부군과 반군들 사이에 내전이 일어나면서 다이아몬드 쟁탈전이 일어나 피로 얼룩진 '블러드 다이아몬드' 참극이 벌어진다. 이는 2006년 할리우드 영화 〈블러드 다이아몬드〉로도 만들어져 세인의 관심을 끌었다.

유대인 공급업자들은 최근 세계적인 경기불황으로 수요가 급감하자 암묵적으로 공급량을 조절해 오히려 가격을 인상시키고 있다. 참으로 유대인다운 공조 시스템이다.

유대인 추방령의 비극

상업적 의미에서 보석의 출생지는 16세기 초 앤트워프와 암스테르담
이다. 그리고 그들의 부모는 유대인이다. 유대인들이 한낱 장신구에
지나지 않던 보석을 보석답게 재탄생시켰다.

스페인,
유대인을 추방하다

이베리아 반도에서 마지막 이슬람인들을 몰아내고 스페인을 통일하던
해인 1492년, 스페인(카스티야) 왕국은 통일의 위업을 달성하고 그해
3월 31일에 유대인 추방령을 발표했다. 정부가 전쟁으로 이반된 민심
을 추스르고 바닥난 국고를 재정비하는 데는 유대인의 재산몰수와 추
방이 안성맞춤이었다. 그 무렵 스페인 국민의 6.5%가 유대인이었다.
당시 이베리아 반도에 살았던 세파라딤은 중세시대 전 세계 유대인의
절반을 차지했고 라디노어(유대 스페인어)를 사용했다. 특히 수도 톨레

| 알함브라의 유대인 추방령.

도는 경제와 문화 모두 유대인이 장악하고 있었으며 상업도시 바르셀로나는 유대 상인들이 상권을 주도하고 있었다. 일례로 지난 1992년 바르셀로나 올림픽 당시 주경기장이 위치한 몬주익Montjuic 일대는 과거 유대인들의 집단 거주지였다. 몬주익이란 단어 자체가 '유대인의 산'을 뜻한다. 우리에게 몬주익 언덕은 황영조 선수가 올림픽 마라톤 금메달을 땄던 장소로 잘 알려진 곳이다.

유대인들이 통일 전 14~15세기 스페인 왕국의 경제 발전에 중요한 역할을 했다. 당시 스페인 왕국의 재정고문을 지낸 아이삭 아브라바넬

Isaac ben Judah Abravanel도 유대인이었다. 스페인을 경제부국으로 만든 장본인이다. 그는 유대인의 추방을 돈으로 막으려 하다가 실각한다.

유대인 추방은 1391년의 유대인 박해와 마찬가지로 종교적 광기에 더해 전쟁 후유증으로 불거진 사회적 불안이 크게 작용했다. 이완된 민심을 수습하고 신앙심 깊은 왕실의 권위를 회복해 국가의 위신을 세우려는 의도 속에 제시된 종교 통일이 주요 이유였다. 하지만 이는 표면적 이유일 뿐 그 뒷면에는 경제적 이유가 도사리고 있었다. 유대인의 막대한 재산을 몰수해 전쟁으로 바닥난 국고를 메우기 위한 조치였다. 그뿐만 아니라 콜럼버스 신항로 탐사에 들어갈 왕실자금을 마련하기 위한 목적도 한몫했다.

유대인은
몸만 빠져나가라!

단 4개월 이내에 떠나야 하는 추방령에 의하면, 유대인들은 재산을 처분해 가지고 나가는 것은 허용하되 화폐와 금, 은 등 몇 가지 귀중한 물건은 가져갈 수 없다고 발표되었다. 발각되면 사형이었다. 한마디로 억지였다. 재산은 놔두고 몸만 빠져나가라는 소리였다. 1492년 3월 31일 칙령이 발표되자 개종을 거부한 유대인은 팔 수 있는 모든 것을 몇 달 이내에 헐값으로 팔아 치웠다. 집을 주고 당나귀를 얻었고 포도원이 몇 필의 포목과 교환되었다.

재산을 급하게 처분할 수밖에 없던 와중에도 유대인들은 담보대출시 저당을 잡았던 물품들 가운데 부피가 작은 보석류를 챙겼다. 당시 유대인에게는 토지나 부동산 소유는 법으로 금지되었기 때문에 대부분의 저당물이 보석류나 값진 물품들이었다. 이는 후에 유대인들이 이주해간 앤트워프와 암스테르담이 보석 시장으로 자리 잡게 된 주요 이유다.

불행 중 다행인 것은 신변의 위험을 안고 사는 유대인들은 모든 재산을 평상시에도 나누어 놓는 습관이 있었다. 삼분의 일은 현찰로, 삼분의 일은 보석이나 골동품 같은 값나가는 재화로, 삼분의 일은 기타 재산으로 부를 분산시켜 관리했다. 현대에도 안정적인 재산관리방식으로 유명한 포트폴리오Portfolio는 여기서 유래했다.

떠나기에 앞서 열세 살 이상 되는 아이들은 모두 결혼시켜 가족을 이루게 했다. 유대인들은 성인이 되어야 하느님으로부터 진정한 의미의 유대인이라 여겨지기 때문이다. 이들은 남녀노소 가릴 것 없이 수레나 나귀에 짐을 싣고 자기들이 태어난 나라를 떠났다. 가다가 죽기도 하고 아이들이 태어나기도 하고 병들기도 하면서 먼 길을 떠났다. 단 4개월 만인 7월 말에 이르자 추방은 거의 완결되었다.

이리하여 가톨릭으로 개종을 거부한 유대인 17만 명이 한꺼번에 스페인에서 추방당했다. 1480년 이후로 종교재판을 피해 빠져나간 사람까지 치면 약 26만 명 이상의 유대인이 스페인 땅을 떠났다. 당시 인구 3만 명이 넘는 도시가 흔치 않은 유럽에서, 스페인에서만 일시에 빠져나간 17만 명은 대단한 숫자였다.

1492년 8월 2일 세비야 근처 항구에서는 마지막으로 추방되는 유대인 무리가 배 위로 탑승하는 동안, 또 다른 세 척의 선박이 그 옆에서 출항을 준비하고 있었다. 바로 그 유명한 크리스토퍼 콜럼버스의 선단이었다. 그가 발견하게 될 신대륙이 가련한 유대인들의 후손을 위해 피난처를 제공하게 되리라고는 콜럼버스 자신을 비롯해 그 어느 누구도 당시에는 상상할 수 없었다.

사실 콜럼버스의 계획은 몇몇 유력한 마라노(개종 유대인)들의 도움을 받아 실행될 수 있었다. 콜럼버스의 배들은 유대인들에게서 압류한 돈을 가지고 건조되었고, 그의 선원 중에는 종교재판의 마수에서 자유를 얻고자 하는 적잖은 마라노들이 끼어 있었다. 어머니로부터 유대인 피를 물려받은 콜럼버스 이외에도 통역, 외과의사, 내과의사 등 함대 주요 승무원들이 유대인이었다. 그는 1492년 8월 3일 세 척의 범선에 선원 120명과 함께 팔로스 항을 출항해 10월 12일 바하마의 루카야에 도달함으로써 신대륙을 발견했다.

스페인 북부에 살던 1만 2천 명가량의 유대인들은 프랑스에 가까운 나바라 왕국으로 향했다. 그곳 통치자들은 오랫동안 종교재판 제도의 도입을 거절해왔었다. 그러나 스페인 왕국의 페르디난도Ferdinando I 왕의 압력을 이기지 못하고 나바라 왕국도 결국 종교재판 제도를 받아들여야 했다. 이곳으로 잠시 피신했던 유대인들은 결국 대부분이 가톨릭으로 개종하는 길을 택했고, 개종을 거부한 나머지는 플랑드르나 북아프리카 그리고 이탈리아로 향했다.

스페인 왕국에서 추방당한 17만 명의 유대인들 가운데 10만 명은 값을 지불하고 인근 포르투갈로 입국할 수 있었다. 하지만 그것도 5년 동안뿐이었다. 1495년 마누엘 1세Manuel I라고 하는 새 왕이 포르투갈의 권좌에 올랐다. 그는 스페인의 페르디난도 왕과 이사벨 여왕 부부의 스페인 왕국을 상속받고 싶은 욕망에서 그들의 딸과 결혼하고자 했다. 이들 부부는 마누엘의 포르투갈 왕국 내에 비기독교인들이 존재하는 한 딸을 줄 수 없다고 하면서 결혼을 수락하지 않았다. 결국 1496년 12월 포르투갈 내 유대인들과 무어인들에 대한 추방령이 선포되었다.

그들에게는 1년의 여유 기간이 주어졌다. 그 전에 25세 이하의 젊은 이들은 모두 강제로 세례를 받고 가톨릭으로 개종되었다. 마누엘 1세는 경제적 타격을 우려해 유대인들이 떠나는 길을 방해했다. 마감 날이 지나자 마누엘 1세는 미처 떠나지 못한 유대인들을 노예라고 선언하고는, 가능한 방법을 모두 동원해 그들을 개종시켰다. 이들 중 다수 역시 비밀리 유대교 의식을 준수하는 마라노가 되었다. 이처럼 1497년에 유대인들은 포르투갈에서도 추방되고 말았다.

앤트워프와 브루게로

유대인들은 주로 비교적 안전한 플랑드르의 앤트워프와 브루게로 향했다. 그곳에는 영국과 프랑스에서 쫓겨난 유대인들이 이미 터를 잡고 있는 곳이었다. 나머지 사람들은 유대인들을 반겨 맞아주었던 오스만 제국으로 향했고 또 나머지는 이탈리아, 북아프리카 등으로 이주했다. 이주하는 중에 약 2만 명이 길에서 목숨을 잃었다.

일부는 프랑스로도 이주해 화려하고 세련된 《수상록》을 남긴 몽테뉴 Michel Eyquem de Montaigne가 탄생했다. 그의 어머니가 스페인계 유대인의 직계 후손이다. 모로코에는 북아프리카에서 가장 큰 유대인 정착촌이 생겼다. 그들 대부분은 스페인을 떠나온 유대인의 후손들이다. 그들은

'멜라mellahs'라고 하는 특별 구역에 격리되어 살았으며 유대인임을 알 수 있게 하는 복장을 입어야만 했다. 한때 모로코에 이집트에서도 몰려 온 유대인들로 인해 25만 여 명의 유대인들이 있었다.

애저요리의 유래

스페인 왕실은 가톨릭으로 개종한 마라노 무리가 여전히 몰래 유대교 관습을 지킨다고 보았다. 종교재판소를 통해 이들을 색출하는 데 혈안 이 되었다. 유대인이 가장 많이 살았던 톨레도에는 지금도 새끼돼지를 구운 애저요리가 유명하다. 톨레도에는 축제 때 돼지고기를 먹는 행사

| 스페인의 식당에서 애저요리를 나눠주는 모습.

가 있다. 이는 당시 마라노들이 공개석상에서 유대인들이 금기시했던 돼지고기를 먹음으로써 그들의 개종을 만천하에 알리는 풍습에서 유래된 것이다.

그 무렵 종교재판을 피하기 위해 약 5만여 명의 유대인들이 추가로 스페인을 떠났다. 결국 많은 유대인들이 앤트워프, 암스테르담 등지로 이주하면서 이베리아 반도의 경제력이 중부 유럽으로 이동하는 계기가 되었다. 이 같은 스페인에서의 유대인 사회의 몰락은 유대 역사 가운데 가장 중대한 사건 중 하나였다. 이베리아 반도에는 유대인들이 아주 오래전부터 살았었다. 페니키아시대에 이미 카디스 등에 유대인들이 진출한 기록이 있다. 적어도 솔로몬시대부터 스페인에는 유대인들이 살았으며 그곳에서 주목할 만한 문화적 황금기와 경제적 융성기를 이룩하며 유대인 사회의 특징들을 발전시켜 왔었다.

유대인, 보석에 생명을 불어넣다

중세 유대인들은 항상 그들이 살던 곳에서 언제 추방될지 모르는 불안 속에 살았다. 이 같은 상황에서 그들에게 필요한 것은 추방 시 손쉽게 들고 갈 수 있는 재화였다. 좀 더 작고 값진 보석들이 제격이었다. 유대인의 오랜 방랑과 시련이 남겨준 지혜였다. 주화는 편리하고 쓰기도 쉬웠지만 언제 어느 나라로 쫓겨날지 모르는 상황에서 각 나라에서 사용하는 주화를 다 모으기는 힘든 실정이었다. 게다가 무겁고 강탈의 위험에 노출되기 쉬웠다. 그러나 보석은 어느 나라에서나 통하는 만국 공통의 화폐 구실을 했다. 게다가 유대인들은 대부업을 하면서 담보로 잡은 보석들이 많았다. 유대인들이 보석에 특화된 이유다.

유대인과 보석의 특별한 인연

사실 유대인들이 보석을 이처럼 중요한 재화의 대용으로 사용하기 이전에는 보석은 일반인들에게 그리 대중적이지 않았다. 고대부터 법으로 일반인들의 보석의 사용을 금한 적이 많았기 때문이다. 일반인이 보기에 보석은 왕관이나 검의 장식품 그리고 귀족이나 성직자 예복의 장식품에 불과했다. 유대인들이 근대 들어 보석을 중요한 교환가치의 하나로 승격시키면서 보석에 새로운 생명을 불어넣은 것이다. 이로써 유대인과 보석은 특별한 관계를 맺는다. 이후 보석은 유대인들에 의해 꾸준히 개발되면서 중요한 재화로 발전했다.

예로부터 보석은 모래가루에 갈아서 연마했다. 중세에 보석의 가치를 더하게 된 것은 14세기 말, 유대인들이 물레를 이용한 연마 기술을 발달시키면서부터다. 그 뒤 최고의 보석 자리는 루비나 에메랄드 등 유색 보석들의 몫이었다. 15세기 중엽 이후 바르셀로나 유대인 보석상들에 의해 처음으로 다이아몬드 가공 기술이 개발된 것으로 추정된다. 그 뒤로는 보석 거래 가운데서도 다이아몬드가 가장 이윤이 많이 남았다. 그러자 유대 보석 상인들은 인도에 있는 유대인 커뮤니티와 협력해 직접 다이아몬드 원석을 들여와 이를 가공해 팔았다. 기원전 3세기부터 2천 년간 인도는 세계에서 유일한 다이아몬드 생산국이었다. 15세기 말 이베리아 반도의 유대인들이 쫓겨나 앤트워프로 이주해 제일 먼저 한 장사가 그들이 탈출할 때 지니고 온 보석 거래였다. 모두 한 움큼씩 가져와 양이 상당했다. 이를 바탕으로 바르셀로나에서 보석장사를 했던 유대인들을 중심으로 보석 시장이 쉽게 형성되어 활성화되었다. 얼마 지나지 않아 앤트워프는 국제 보석 거래의 중심지가 되었다.

앤트워프, 다이아몬드 유통
중심지로 성장하다

앤트워프 유대인들은 점차 보석 물량이 커지자 이번에는 가공한 물건들을 외국에 있는 유대인 커뮤니티와 손잡고 수출하기 시작했다. 이로써 다이아몬드 산업은 유대인들이 '수입 - 가공 - 수출 - 유통' 프로세스 일체를 장악해 유대인 커뮤니티 간의 완전한 독점 산업이 되었다. 독점이다 보니 부르는 게 값이었다. 그 뒤 다이아몬드에 관한 최고의 권력은 생산지 국가가 아닌 가공 기술과 유통을 장악한 국가들로 넘어가기 시작했다. 유대인들은 이 시장을 확고히 지배했다.

다이아몬드가 최고의 보석으로 등극한 것은 17세기 말 베네치아의 빈센트 페루지Vincent Peruzzi에 의해 다이아몬드 커팅 기술의 정수인 '브릴리언트 컷'의 연마방법이 발명되어 사람들이 그 휘황찬란함에 놀라면서부터다. 그 뒤 1725년 브라질에서 다이아몬드 광산이 발견됨으로써 다이아몬드의 주산지는 브라질로 넘어갔다. 그러나 정작 본격적인 다이아몬드의 시대를 열게 된 것은 1866년 남아공의 강 근처에서 유레카라는 약 21캐럿짜리 다이아몬드 원석이 발견되면서부터다. 이어서 남아공에서 대규모 광상鑛床이 발견되어 다이아몬드가 급속히 대중화되었다.

앤트워프는 스페인으로부터 독립해 네덜란드에 귀속되었다가 지금의 벨기에에 속하게 된다. 벨기에는 유대인들의 다이아몬드 중계무역으로 유명하다. 오늘날도 앤트워프는 유럽 최대의 다이아몬드 유통지다. 앤트워프는 1980년대까지 전 세계 원석 다이아몬드의 90%, 세공 다이아몬드의 50% 이상을 소화했고 유대인들은 이 시장에서 70% 이상

의 점유율을 유지해 왔다. 유대인 성^姓
중에 골드(금)버그, 슈타인(돌)버그 등이
많은 것도 이들 중 다수가 금과 보석을
다루는 직업을 갖고 있었기 때문이다.
최근에는 인도인들이 유대인 자리를 대
체하고 있다.

Ⅰ 브릴리언트 컷으로 연마한 다이아몬드.

다이아몬드의 탄생

다이아몬드는 수억 년 전에 지하 120~200킬로미터의 깊은 땅속의 탄
소가 고온과 고압 상태를 견디면서 독특한 결정구조를 갖추게 됨으로
써 지구상에 탄생하게 되었다. 이러한 다이아몬드의 존재를 인간이 알
게 된 것은 기원전 700년경으로 인도의 골콘다 지역 강바닥에서 처음
발견되었다고 한다. 처음에 사람들은 찬란한 빛을 내는 돌을 발견한
후 이를 망치로 쳐보기도 하고 불에 태워보기도 했으나 전혀 깨지지도
타지도 않았다. 이후 이 보물 돌의 존재를 경외하기 시작했고 결국에
는 보석을 절대 권력자인 왕에게 바치게 되었다.

　사람들은 이러한 성질을 갖는 이 보석의 이름을 '다이아몬드'라고 부
르기 시작했는데, 이것은 그리스어의 'ADAMAS'에서 나왔다. 이는 '정
복할 수 없다'라는 뜻으로 다이아몬드는 절대로 인간의 힘으로는 깨뜨릴
수 없는 신성한 존재라는 뜻이다. 우리말로도 금강석^{金剛石}이라고 하는데
이 말도 금강불괴^{金剛不壞} 곧 단단해 부서지지 않는 돌이라는 뜻이다.

부와 신분의 상징,
다이아몬드

지금이야 돈만 있으면 다이아몬드를 누구나 가질 수 있을 정도로 대중화됐지만 로마시대에는 귀족들만이 소유할 수 있는 보석이었다. 다이아몬드를 언제부터 인간이 사용했는지에 대해선 정확한 기록이 없다. 하지만 일반적으로 기원전 500년경에 인도의 드라비다족이 이를 본격적으로 보석으로 활용한 것으로 보인다.

1905년에 발견된 필사본의 산스크리트어로 된 역사기록에 의하면 인도 마우리아 왕조의 창시자인 찬드라굽타Chandragupta Maurya 왕의 통치기간인 기원전 320~298년 중에 다이아몬드를 세금으로 거두어 왕가의 조세수입으로 사용할 정도로 일반인들의 활발한 거래물품이었다는 사실이 적혀 있다. 또한 2세기경의 천문학자 프톨레마이오스Klaudios Ptolemaios의 기록에 의하면 당시 인도의 다이아몬드가 알렉산드리아 항구를 경유해 지중해 국가에 수출되었다는 내용이 있다. 그리고 《구약성서》〈출애굽기〉 28장 18절에 나오는 열두 가지 보석 중에 히브리어의 'YAHALOM'은 오늘날의 다이아몬드를 의미한다.

이외에도 다이아몬드는 돌 자체의 단단함 때문에 기원전 2세기에 로마사람들이 돌을 정교하게 조각할 때 도구로 이용했다는 사실과 이 기술이 중국에 전파되어 5세기경에 끌에 다이아몬드 팁을 붙여 사용했다는 기록도 있다. 중세에는 유럽에 수입되는 다이아몬드는 극소량이었다. 때문에 당시에는 법률로 왕족과 귀족만이 소유할 수 있도록 규제했었다.

비극을 잉태하고 태어난
다이아몬드

네덜란드어로 농부를 뜻하는 '부어boer'에서 나온 보어인boer人은 남아
프리카 지역에 정착한 네덜란드계 사람들을 지칭하는 표현이다. 남아
프리카의 네덜란드계 사람들은 1650년대 동인도회사 소속 식민지 개
척자들로 시작했다. 한때 케이프타운은 세인트헬레나에서 봄베이, 벵
갈 지역까지 영향을 미치는 동인도회사의 영화를 상징하는 거점 지역
이었다. 네덜란드 사람들은 그곳에 눌러앉아 농사를 짓다가 '케이프 식
민지Cape Colony'라는 이름의 식민지를 만들었다.

하지만 좋은 시절은 그리 오래가지 못했다. 이 지역 네덜란드인들은
1795년 독립을 선언했지만 몇 년 안 되어 영국에 점령당한 뒤 영국의
신민으로 살아갔다. 그 뒤 영국의 지배에 불만을 품은 일부 네덜란드계
주민들은 영국과의 마찰을 피해 남아프리카 내륙으로 거주지를 옮겨
트란스발 지역에 '남아프리카공화국'과 '오렌지자유국'이라는 네덜란드
계 국가를 건설했다.

조용한 독립국으로 남을 법했던 이들 지역의 운명을 바꾼 것은 다이

| 유레카, 10.73캐럿의 오벌 형태로 가
공되어 현재 킴벌리의 광산박물관에
전시되어 있음.

아몬드였다. 1866년 오렌지 강 연안에서 에라스무스 야곱 Erasmus Jacobs이라는 한 보어인 양치기 청년에 의해 21캐럿짜리 초대형 다이아몬드 원석이 발견되었다. 이 원석이 그 유명한 '유레카'다. 유레카는 '발견했다(I found it)'는 뜻이다.

다른 다이아몬드 산지와 달리 이곳에서는 누런 진흙 속에 다이아몬드들이 파묻혀 있었다. 그곳에는 다이아몬드가 진흙이나 모래 속에 드문드문 박혀 있고 자갈 틈에 끼어 있었다. 그러자 사람들은 자신이 농사짓고 있는 발밑에 초대형 다이아몬드 광맥이 있다는 사실을 알아챘다. 사람들은 원석을 캐기 위해 땅을 파들어 갔다.

이 같은 '노다지 판'을 영국이 가만 놔둘 리 없었다. 1868년 영국은 두 개의 독립국에서 발견된 다이아몬드 광산을 차지했다. 그리고 1877년에는 남아프리카공화국 내의 뤼덴부르크 Rüdenberg 금광 지역을 합병했다.

제국주의 만행,
보어인 대학살

영국은 킴벌리의 다이아몬드 광산이 발견된 네덜란드계 독립국인 남

| 보어전쟁.

아프리카공화국을 전복시키기 위한 활동에 들어갔다. 이는 1881년 보어전쟁을 촉발했다. 당시 영국은 식민지 확산에 혈안이 되어 있을 때였다. 식민지 확산 정책의 일환으로 아프리카 종단정책을 펼치고 있었다. 게다가 1886년 현재 요하네스버그인 트란스발 지역에서 황금이 발견되자 골드러시가 일어났다. 그러면서 트란스발은 급속히 남아프리카공화국 경제의 중심지가 되어갔다.

이를 본 영국의 공세는 더욱 치열해졌다. 인구 50만 명에 총동원 병력 7만에 불과한 보어인들을 정복하기 위해 영국은 45만 명의 영국군을 파견해 보어인의 집과 농지를 파괴하고 보어인 21만 명의 비전투원을 집단 수용소에 집어넣었다. 1881년과 1889년 두 차례에 걸친 보어전쟁의 결과는 보어인 대학살이었다. 2만 6천 명의 보어인이 수용소에

| 남아공 광산에서 나온 역대 최대 크기 다이아몬드 원석을 쓴 영국 여왕의 왕관과 지휘봉.

서 사실상 '살육'당했다. 행운이라고 믿었던 다이아몬드광과 금광의 발견이 불러온 재앙이었다.

사상 최대 크기 다이아몬드와 대규모 다이아몬드 광산, 그리고 금광의 발견은 대규모 전쟁이라는 피로 얼룩졌다. 이렇게 다이아몬드는 그 화려함 못지않게 인간의 욕망이 뒤엉킨 비극을 태생적으로 잉태하고 세상에 태어났다.

이후 1905년 1월 26일 남아프리카 공화국 트란스발 주 컬리넌 '프리미어 다이아몬드' 광산에서 나온 3,105캐럿의 역대 최대 크기 다이아몬드 원석은 쪼개어 영국 여왕의 왕관과 지휘봉을 장식하는 보석이 되었다.

제국주의 이론을 탄생시킨 다이아몬드

제국주의 이론은 1860년대 이후 남아프리카 보어인 대학살이라는 참상의 한가운데에서 생겨났다. 남아프리카는 1860년대 킴벌리의 다이아몬드 광산 발견과 20년 후 비트바테르스란트 금광 발견에 의해 내륙의 매장 광물자원이 개발되기까지는, 침체된 후진 지역에 지나지 않았다. 그 뒤 남아프리카의 발전은 대규모 자
본 투자에 의해 원시적 경제가 근대적 경
제로 변모한 두드러진 예였다.

유대인 투자가들이 킴벌리와 비트바테
르스란트 광산에 대한 투자에서 단기간에
얻은 부는 엄청난 질투와 분노를 불러일
으켰다. 비판자의 한 사람으로 영국의 기   I 존 A. 홉슨.
자이자 경제학자인 존 앳킨슨 홉슨이 있
었다. 그는 '저축이 투자를 감소시켜 경제 발전을 저해할 것'이라는 당
시로서는 이해하기 힘든 특이한 경제이론을 발표해 한창 나이인 31세
에 런던대학교 강단에서 잘린 후 기자가 되었다. 1899년에 일어난 보
어전쟁 취재를 위해 그는 〈맨체스터 가디언〉지의 특파원으로 남아공에
부임했다. 이 전쟁으로 유명해진 두 명의 언론인이 있었다. 한 명은 윈
스턴 처칠Winston Leonard Spencer Churchill이고 또 한 명은 존 홉슨이었다.
처칠은 종군기자로 활동하다 포로로 잡혔으나 탈출해 명성을 날리기
시작했다.

홉슨이 취재하다 보니 싸움의 씨앗은 온통 유대인이 뿌려놓은 것이
었다. 그는 유대인들을 '사회도덕이 완전히 결핍된 사람들'이라고 보았
다. 그는 남아공의 도처에서 유대인이 활약하고 있는 것을 보고 쇼크를
넘어 분노를 느꼈다. 그리고 "공표된 숫자에 의하면 요하네스버그에는
유대인이 7천 명밖에 살지 않는다. 그러나 상점, 사무소, 시장, 술집,
세련된 교외주택의 현관 등 거리의 광경은 여기에 선택된 자들(유대인)
이 많이 있음을 여실히 보여준다"고 썼다. 특히 그가 불쾌하게 여기게

된 것은 요하네스버그의 증권거래소가 유대인의 속죄일이면 쉰다는 것을 알았을 때다. 현재 미국이 그렇듯이.

전쟁 중인 1900년에 홉슨은 《남아프리카에서의 전쟁, 그 원인과 결과》를 출판했다. 그가 보기에 보어전쟁을 일으킨 것은 얼마 되지 않는 유대인으로 이루어진 국제자본가 그룹이었다. "광산 소유자나 투기가 등 소수의 자본가들에게 프리토리아(남아공의 행정수도)에서 권력을 쥐게 하려고" 영국의 군대는 싸우고, 죽어갔다. "함부르크도, 빈도, 프랑크푸르트도 아니고, 요하네스버그야말로 새로운 예루살렘이다"라고 그는 혐오의 감정을 노골적으로 드러냈다.

이후 홉슨은 자유 시장의 원리 뒤에 숨은 약탈적인 경제에 대해 회의하며 이상적이고도 자유로운 사회를 지향하는 사회운동에 전 생애를 바친 진보적인 경제학자의 길을 걷는다. 그는 2년 후 《제국주의론》이라는 유명한 저서에서 자신의 이론을 발전시켜, 당시 영국이 취하고 있던 영토 팽창을 체계적으로 신랄하게 비판했다. 홉슨에 의하면 1870년대 이후로 영국의 적극적 영토 확장은 무엇보다도 경제적인 이유에서 비롯된 것으로서, 특히 자본의 해외투자를 위한 것이었다. 그리고 식민지와 전쟁의 배후에 도사리고 있는 것은 주로 국제자본가 세력이라고 주장했다. 이론의 핵심이라 할 '제국주의의 경제적 기생충'이라는 챕터에는 다음과 같은 중요한 대목이 들어 있다.

"은행, 증권, 어음 할인, 금융, 기업 육성 등 대형 비즈니스가 국제 자본주의의 중추를 형성하고 있다. 이들은 단단하기 짝이 없는 조직적 유대로 묶여서, 언제나 밀접하고도 신속하게 서로 연락될 뿐 아니라,

수많은 나라들의 상업 중심지에 터전을 잡고 있다. 유럽에 관해서 이 야기한다면, 지난 몇 세기를 지나오는 동안 금융에 관한 경험을 축적해온, 단일하고 특이한 민족에 의해 컨트롤되고 있다. 이렇게 해서 이 국제 금융자본은 국가의 정책을 좌우할 수 있는 특이한 지위에 터를 잡게 되었다. 그들의 동의 없이는, 그리고 그들의 대리인을 통하지 않고는 대규모 자본 이동이 불가능하다. 만일 로스차일드가와 그 측근이 단호히 외면한다면, 유럽의 어떤 나라가 감히 큰 전쟁을 일으키거나 대량의 국채를 공모할 수 있을 것인가. 이런 사실을 의심하는 자는 한 사람도 없을 것이다."

홉슨은 옥스퍼드대학교에서 고전학을 공부하고, 경제학을 연구했다. 밀John Stuart Mill, 스펜서Herbert Spencer 등의 영향을 받았으며 경제학뿐만 아니라 정치학, 사회학, 윤리학 분야에 걸쳐 저서를 남겼다. 그가 보어 전쟁을 취재하고 돌아와서 쓴 《제국주의론》에서 제국주의를 선진제국의 대외투자를 둘러싼 투쟁으로 파악했다. 그 뒤 《실업의 경제학》에서는 소득분배의 불균형이 과잉저축과 과소소비를 초래하고, 그것이 경기후퇴와 실업을 초래한다는 등 제국주의와 경기 변동론에 관해 이론적으로 공헌했다. 그의 이론은 제국주의를 연구한 후기의 사상가, 연구자들에게 중대한 영향을 미친 고전이 된다.

《제국주의론》,
레닌 이론의 알맹이가 되다

홉슨의 제국주의 비판의 입장은 한마디로 오늘날 영국 노동당의 점진적 사회주의의인 '페이비언 사회주의'가 되었으며, 그의 과소소비설을 중심으로 하는 학설은 전통파경제학에 대해 비판적이고 이단적이었다. 때문에 당시 영국 경제학계에 수용되지 않았을 뿐만 아니라 홉슨 자신도 이단적 경제학자임을 인정하고 여생을 저술가로서 마쳤다.

홉슨이 죽은 뒤 《제국주의론》은 레닌의 《제국주의론》(1916)에 비판적으로 섭취되어 레닌 이론의 알맹이가 되었다. 이 저작은 1917년부터 현재에 이르기까지 모든 공산주의 국가에서 제국주의에 관한 기초적 교의를 형성하고 있다. 레닌은 이를 토대로 러시아에서 공산주의 혁명에 성공해 공산주의를 탄생시킨다. 또한 제3세계의 많은 나라들이 1950년대부터 1960년대에 걸쳐 독립을 획득함에 따라, 레닌의 이론은 이들 나라에서도 다양한 형태로 제국주의와 식민지주의에 대한 태도를 형성했다. 그리고 홉슨의 과소소비설은 J. M. 케인스의 높은 평가를 받았다. 케인스 유효수요이론의 원형이 홉슨의 '과소소비론'이다. 다이아몬드가 홉슨을 통해 공산주의를 탄생시키고 자본주의 핵심이론도 탄생시켰으니 대단한 돌멩이다.

홉슨, 세계대전을 예견하다

홉슨은 또 세계대전을 예견했다. 전쟁은 자본주의가 일으키는 산물이라고 역설하며 머지않은 미래에 세계대전이 일어나리라고 예견했다. 영국이 보어인들을 몰아내기 위해서 일으킨 보어전쟁을 예로 들었다. 영국군은 3만 명에 이르는 군인들이 전사하는 등 피해를 입었지만, 끝내 트란스발, 오렌지자유국을 장악했다. 큰 피해를 입으면서도 이곳을 점령한 이유는 바로, 당시 국부의 상징인 금과 다이아몬드가 가장 많이 생산되는 지역이었기 때문이다.

영국은 경제적 수탈을 일삼고, 외국에 서슴없이 마약을 팔아 자국의 국부를 착실히 늘렸다. 이에 반발하는 국가나 지역에 대해서는 한 치의 부끄러움도 없이 많은 병력을 보내 진압하거나, 경제적으로 보복했다. 이 과정에서 '원주민들의 원시적 무기에 희생된 백인 젊은이들은' 조국을 위해 싸우다 숨을 거둔 애국자로 '칭송'을 받았다. 이러한 짓을 서슴없이 저지른 국가들은 19~20세기에 제국주의를 지향하던 유럽열강들이다. 하지만 유럽의 경제학자들은 그런 것에 관심도 없었다. 단지 애국적 열정, 군사적, 정치적 야심에 영토를 넓혀가는 자국의 명분에 힘을 실어주기 위해 노력했다.

제국주의가 유럽을 휩쓸었을 때, 그리고 대부분의 국민들이 이 제국주의에 열광할 때, 제국주의의 본질을 파악하고 그를 비판한 학자가 바로 존 홉슨이다. 그는 이러한 주장을 펼친 '대가'로 변변찮은 강사자리에서도 쫓겨났지만, 그래도 포기하지 않고 외쳐 영국 노동당의 사상적 기초를 닦은 사람이다. 그는 제국주의를 '국가 내의 부유층이 사치를 유지하기 위해 정부의 통치를 강탈해서 외국의 몸에 빨판을 박아 그들의 부를 빼내려고 제국을 팽창시키는 기생적인 사회과정'이라고 강도 높게 비판했다.

종속이론

존 앳킨슨 홉슨은 선진국 정부와 다국적기업들이 후진국들에 대해 경제적 침투와 수탈을 해온 결과 후진국 경제는 결국 선진국 경제에 종속된다는 '종속이론'을 내세웠다. 종속이론에는 여러 유형이 있지만, 가장 관심을 끈 이론은 다국적기업이 후진국들을 지속적으로 수탈해온 결과 후진국 경제가 선진국 경제에 종속되고 만다는 이론이었다.

홉슨은 쿠바 설탕 산업의 대미 종속화를 실제 사례로 들었다. 20세기 초 이후로, 쿠바의 주력 산업인 설탕 산업은 미국 다국적기업들에 의해 수탈되었고, 쿠바 공산혁명이 일어나기 전까지는 미국 기업들이 쿠바 설탕 산업을 좌지우지했다는 것이다. 쿠바 설탕 산업은 한 나라의 주력 산업이 선진국에 철저히 종속되는 과정을 여실히 보여준 실례라고 주장했다.

독점 괴물의 탄생, 드비어스

로스차일드 자금으로 설립된
드비어스

본격적인 다이아몬드 생산은 1866년 남아공 오렌지 강 유역에서 21캐럿짜리 '유레카' 다이아몬드가 발견되고 나서부터다. 이 원석은 1년 후 파리 박람회에 전시되었고 이어 대규모 다이아몬드 광상이 발견되어 근대적 채굴법이 채택되었다. 이로써 대량 발굴된 다이아몬드는 널리 대중화되었다. 그 뒤 남아공에 다이아몬드 러시가 시작되었다. 영국인 세실 로즈Cecil John Rhodes가 로스차일드가家의 자금을 받아 1888년 드비어스De Beers사를 설립해 아프리카 남부를 지배했다.

드비어스는 원래 남아공 촌부인 원주민 형제의 이름이다. 평범한 농사꾼이었던 형제는 남아공의 어느 농장을 50파운드에 매입했는데 우연히 그 농장에서 키운 농작물 밑에서 다이아몬드가 발견되었다. 1871년의 일이었다. 드비어스 형제는 뜻하지 않은 복덩어리 농장을 매입가의 무려 126배인 6,300파운드에 팔았다. 더욱이 형제는 이 농장을 팔면서

| 세실 로즈.

농장의 명칭을 자기들의 이름인 '드비어스 광산'으로 영구히 붙여줄 것을 요구했다. 오늘날 다이아몬드 시장을 장악하고 있는 드비어스는 이렇게 탄생했다.

드비어스 형제로부터 다이아몬드 농장을 사들인 사람이 유명한 세실 로즈다. 로즈는 농장 밑에 묻혀 있던 엄청난 다이아몬드 원석으로 큰돈을 벌어 재력가가 되었다. 다이아몬드 사업의 요체는 채굴권으로 집약되었다. 다이아몬드 산업이 발달한 계기는 고도의 기술을 요하는 깊은 갱에서도 채굴을 할 수 있게 막대한 자금을 모아, 이에 투자하는 광산 금융회사라는 새 제도를 채용한 데 있다. 이 제도 자체를 세실 로즈가 생각해낸 것이다. 유대인들은 그 이전부터 줄곧 보석, 특히 다이아몬드와 금괴의 거래에 관여해왔기 때문에, 남아공의 깊은 갱도 채굴과 이를 위한 자금을 모집하는 금융제도 양쪽에서 큰 역할을 해왔다. 유대인 자금의 대표적인 로스차일드가※가 이러한 기회를 놓칠 리 없었다.

이후 세실 로즈는 정계에 진출해 1890년 남아공 케이프 주 식민지 수상(총독)이 되었다. 그는 자신의 권력을 이용해 각종 정책과 법을 영국인과 드비어스사에 유리하게 만들었다. 그 사이 다이아몬드 광산을 통합 독점하고 거부가 되었다. 인근 지방에 대한 무력정복도 서슴지 않았다. 로즈는 군대를 동원해 보어 원주민들과 전쟁을 일으킨 '침략자'였다. 그는 아프리카 남부 일대에 '제국'을 건설했는데, 그가 정복한 지역은 그의 이름을 따서 '로디지아'라고 불렸다. 로즈의 땅이란 뜻이다.

이 지역이 1980년 영국에서 독립한 짐바브웨다.

로즈는 정계에서 은퇴한 뒤 자신의 이름을 따 '로즈 장학재단'을 설립했다. 클린턴 전 미국 대통령, 블레어 전 영국 총리를 비롯한 많은 영재들이 받은 '로즈 장학금'이 바로 로즈 재단에서 지급한 장학금이다.

유대인 오펜하이머,
금과 다이아몬드 모두를 장악하다

건강이 나빠진 세실 로즈는 1902년 49세의 나이로 후계자 없이 죽었다. 그 뒤 드비어스사에서 일하고 있던 독일계 유대인 어니스트 오펜하이머Ernest Oppenheimer가 주인 없는 회사의 주식을 늘려가기 시작했다. 마침내 1916년에 오펜하이머가 미국의 JP모건으로부터 투자를 유치해 '앵글로아메리카'라는 광산회사를 설립해 남아공의 다이아몬드 광산을 지배하기에 이르렀다. 그 뒤 3대째인 니콜라스 오펜하이머Nicholas Oppenheimer에 이르고 있다. 오래전부터 세계의 금 업계도 오펜하이머 일가가 움직여왔다. 이 오펜하이머가 다이아몬드 시장도 장악하고 있는 것이다.

1880년 독일에서 유대인 담배 상인의 아들로 태어난 오펜하이머는 17세에 영국으로 건너가 유대인 다이아몬드 중개상의 수습사원으로 입사해 일을 배웠다. 1902년 영국 보석상의 대리인으로 남아공의 킴벌리 광산에 파견되어 원석을 선별하고 구매하는 일을 맡았다. 이후 남아프리카에 정착한 오펜하이머는 드비어스사에 들어가 능력을 인정받는

| 어니스트 오펜하이머(위쪽)와 니콜라스 오펜하이머.

다. 정치에도 관심이 많았던 그는 1912년 킴벌리 시장을 지냈다. 1916년 JP모건과 합작으로 광산회사 '앵글로아메리카'사를 설립한 후 앙골라, 콩고, 남아공 등지로 사업을 확장해갔다.

다이아몬드가 값비싼 이유가 있다. 다이아몬드 대부분은 지표 아래 깊숙이 고온의 고압의 용암 속에서 형성되어 격렬한 화산 폭발과 함께 화산 분화구를 통해 분출되어 주위로 흩어져 산의 바위나 돌 틈에 있다. 아주 드물게 강가에서 채취되기도 한다. 거의 모든 다이아몬드는 킴벌라이트라 불리는 독특한 형태의 감람석에 의해 지표로 운반된다. 세계적으로 다이아몬드는 중앙아프리카와 러시아에 가장 많이 분포되어 있다.

보통 1캐럿carat, 2그램 다이아몬드 한 개를 생산하기 위해서는 약 250톤의 자갈과 바위를 캐내야 할 만큼 어렵고 힘든 작업을 거쳐야하기 때문에 그 가치가 더욱 높다. 평지나 강가에서는 1캐럿의 원석을 얻으려면 무려 1,500톤의 흙을 파헤쳐야 한다. 그런데 오펜하이머는 중노동에 시달리는 흑인 노동자의 임금을 쥐어짜 이들을 착취했다. 또 공급량 조정과 가격 조작으로 경쟁사의 몰락을 유도하고 망한 경쟁사를 헐값으로 사들여 악명을 높였다. 흑인 노동자가 불만을 갖고 임금인상 투쟁을 하자 그는 이들을 모두 내쫓고 더 값싼 중국인 노동력을 투입했다.

| 다이아몬드가 있는 킴벌라이트.

그의 무자비한 경영으로 드비어스사는 대형 기업으로 성장했다. 그러면서 꾸준히 드비어스의 주식을 사들여 1929년 마침내 드비어스 회장 자리에 올랐다.

곧 대공황이 닥쳤다. 오펜하이머는 유대인답게 이 위기를 기회로 바꾸었다. 전 세계 거의 모든 다이아몬드를 헐값에 사들였다. 동시에 파산한 광산회사들을 사들여 독점을 위한 토대를 닦았다. 이로써 드비어스는 공급 물량을 독점적으로 조절하기 시작했다. 수요 내에서만 공급함으로써 고가정책을 실현할 수 있었다. 생산 - 유통 - 재고관리 - 판매의 모든 과정을 장악하고 고가정책을 기본 모토로 삼았다.

2차 세계대전이 발발하자 공업용 다이아몬드의 수요가 급증해 사세는 더욱 커졌다. 무엇보다 런던에 자회사인 중앙판매기구CSO라는 신디케이트를 만들어 전 세계 다이아몬드 원석의 생산, 유통, 판매를 폐쇄

구조 안에서 독점적이고도 체계적으로 통제함으로써 드비어스 신화를 완성할 수 있었다. 이렇게 드비어스는 남아공에 본사를 두고 영국 런던에 판매본사를 두고 있다.

오펜하이머는 킴벌리 시장과 남아공 국회의원을 역임한 정치가이도 했다. 그는 정계와 경제계를 오가며 인맥을 넓히고 영향력을 확대했다. 자체 정보기관을 운영했고, 일종의 외교담당부서를 두어 각국의 정권과도 직접 접촉했다. 적대적 인수합병, 주가조작, 가격 조정 등 갖가지 방법을 동원해 사업을 키웠다. 그가 사망할 무렵 드비어스는 세계 다이아몬드 시장의 80~90%를 장악하기에 이르렀다.

20세기에 들어와 남아공, 보츠와나, 나미비아에서의 생산과 기타 국가에서의 다이아몬드 원석을 독점 매집하면서 드비어스는 거의 100여 년간 전 세계의 다이아몬드 생산과 유통을 장악해 다이아몬드 산업을 주물러왔다. 나미비아는 아프리카 남서부 대서양 연안에 있는 나라로 세계 3위의 다이아몬드 생산국이다. 아프리카 최고 갑부인 오펜하이머 일가는 2010년 현재 재산이 60억 달러로 이들은 전 세계 다이아몬드 시장을 독과점하고 있는 드비어스사의 최대주주다.

다이아몬드, 자유 시장에 맡기면
돌 값으로 폭락할 수 있어

보석 산업의 특징은 생산과 유통, 판매에 이르기까지 일련의 유통구조가 대부분 폐쇄적으로 운영되고 있다. 한마디로 독과점 체제로 이루어진 것이다. 그래야 수급 조절을 마음대로 조정할 수 있기 때문이다. 수급을 조절할 수 있어야 고가정책을 유지해 마진폭을 키울 수 있다. 만약 이들 유통 조직이 갖고 있는 다이아몬드가 모두 시장에 풀리면 다이아몬드 가격은 하루아침에 돌 값으로 폭락한다. 다이아몬드와 같은 보석류는 상상 이상의 마진이 붙는다. 다이아몬드 원석에는 정확한 값이란 게 없다. 원석 채취 비용은 지역에 따라 편차가 크기 때문이다. 드비어스의 사이트홀더sightholder들은 큰 원석을 절단도 하지 않고 그냥 한번 살펴본 뒤 입찰한다. 도박 같은 다이아몬드 사업에도 한 가지 법칙은 있다. 다이아몬드 가격은 채굴업자에서 사이트홀더와 소매업자를 거쳐 소비자까지 이르는 사이 단계별로 가격이 껑충 뛴다는 점이다.

다이아몬드 원석은 품질과 유형에 따라 가격은 천차만별이지만 남아공에서 10캐럿짜리 다이아몬드 원석을 채취해 채굴업자는 캐럿당 15달러 곧 150달러 내외로 이 원석을 드비어스에 넘겼다고 치자. 드비어스는 품질이 좋을 경우 이것에 100배의 가격을 매겨 사이트홀더에 넘긴다. 사이트홀더는 1만 5천 달러를 지불한다. 원석을 깎은 뒤 외면상 생각했던 것보다 품질이 나쁘거나 모양이 제대로 나오지 않으면 본전치기에 바쁘다. 하지만 운이 좋아 비교적 흠집 없는 3.5캐럿짜리 보석이 만들어질 수도 있다. 그러면 소매업자는 이것을 7만 5천 달러에 사 최종 소비자에게 12만 5천 달러에 판다. 그것도 30% 폭탄 세일이라는 가격으로 말이다.

역사적으로 보석 산업은 유대인이 주도했다. 15세기 말 앤트워프에서 보석 산업이 탄생한 이후로 지금까지 변함이 없다. 유대계 신디케이트인 '드비어스'는 다이아몬드의 대명사라고 해도 지나친 말이 아니다.

다이아몬드 생산은 전 세계에 걸쳐 있지만 주로 남아공과 러시아가 주산지였다. 그러나 현재는 호주, 콩고민주공화국, 캐나다 등이 새로운 공급원으로 떠오르고 있다. 가공 지역은 값싼 것은 저임금의 인도에서, 고급품은 주로 벨기에의 앤트워프와 뉴욕에서 이루어지고 있다. 여기에 유대인의 본거지인 이스라엘을 합해 다이아몬드 4대 가공지라고 부른다.

유대인들이 주도하는
맨해튼의 다이아몬드 거리

세계에서 가장 큰 다이아몬드 시장은 누가 뭐래도 미국이다. 전 세계 다이아몬드 시장의 절반을 차지하고 있다. 뉴욕에만 2천 명의 다이아몬드 딜러 클럽Diamond Dealers Club 자격증을 가진 딜러들이 주로 드비어스 사이트홀더(등록상인)들을 통해 다이아몬드를 공급받고 있다. 이곳은 세계에서 가장 연마 기술이 좋은 곳이다. 크고 질이 좋은 고급 다이아몬드, 특히 2캐럿 이상을 많이 연마하기 때문이다.

연간 거래액 약 300억 달러, 우리 돈으로 무려 30조 원 이상의 귀금속이 거래되는 곳이 뉴욕 맨해튼 5번가와 6번가 사이의 47번 거리다. 약 300미터 거리 한 블록은 언뜻 보면 맨해튼의 여느 빌딩숲과 다르지 않다. 이 블록 안에 있는 다이아몬드 상점은 대략 2,600개다. 건물마다 오밀조밀한 한두 평짜리 독립부스 형태의 점포가 가득 차 있다. 전 세계에서 거래되는 다이아몬드의 절반가량이 여기서 거래된다. 때문에

| 맨해튼의 다이아몬드 거리 전경.

뉴요커들은 이 거리를 아예 '다이아몬드 거리'라고 부른다. 이 일대는 세계에서 가장 큰 보석상 거리다. 영화 〈티파니에서 아침을〉의 배경이 되는 보석상 티파니도 이곳에 있다.

이 보석 거리는 1940년대 유럽에서 피난 온 유대인들에 의해 형성되었다. 이 거리에서는 검은 코트에 검은 중절모를 쓰고 긴 수염을 휘날리며 바쁘게 걷고 있는 전형적인 유대인부터 인도인, 중국인 보석상들을 쉽게 만날 수 있다. 한국인 보석상들도 있다. 한 블록 250미터 정도의 거리 양쪽으로 2천 개가 넘는 보석상이 밀집해 있는데, 상인의 80% 이상이 유대인이었다. 특히 정통 양식의 종교적 복장을 한 네덜란드계 유대인들이 많았다. 2000년대 들어 인도계의 약진이 두드러져 지금은 인도인들이 많이 차지하고 있다.

15세기 말 스페인에서 추방된 유대인들이 앤트워프와 암스테르담에 정착하면서 보석 거래를 시작했다. 이때 다이아몬드도 거래되었다. 당시 유대인들끼리는 수만 달러 상당의 보석도 계약서 한 장 없이 신용만으로 거래되었다. 이 전통이 뉴욕 다이아몬드 거리에도 살아 있다.

하지만, 뉴욕 다이아몬드 거리에는 까다로운 심사절차를 통과해야만 가입할 수 있는 '다이아몬드 딜러스 클럽'이 있다. 이 클럽은 다이아몬드 업계에서는 알아주는 상인들의 모임이다. 회원은 전 세계에 약 2천 명인데, 98% 이상이 유대인들이다. 이 안에서 다이아몬드 세계의 질서가 정해진다. 유대인을 영어로 '주Jew'라고 하는데, 이는 보석을 뜻하는 '주얼리Jewelry'와 말 뿌리가 같다.

다이아몬드는 다이아몬드 딜러스 클럽 안에 있는 거래소에서 거래된 가격이 전 세계 가격의 기준이 된다. 실제 회원인 라파포트Rapparport사가 일주일에 한 번씩 작성하는 다이아몬드 시세표인 '라파포트 리스트'가 가격 교과서 역할을 한다. 필자가 1990년대 중반에 뉴욕에 근무하면서 직접 본 바에 따르면, 라파포트 가격이 우리 국내 소매시세보다는 약 30% 정도 쌌다.

20년 전만 해도 맨해튼 47번가 다이아몬드 거리에는 1,200여 명의 다이아몬드 커팅·연마전문가가 있었다. 최근 몇 년 동안 그들의 수는 계속 줄었다. 뉴욕의 고비용에 밀려 인건비가 싼 인도와 중국에서 다이아몬드가 가공 처리되기 때문이다. 지금은 열두 개 정도의 업체에 300여 명만 남아 크고 비싼 원석만을 전문으로 다룬다. 그러다보니 드비어스가 다이아몬드 원석 독점 구매권자인 사이트홀더 35명을 명단에서 제외하면서 다이아몬드 커팅·연마전문가의 감소세가 두드러졌다. 탈락한 사이트홀더 가운데 상당수가 뉴욕 다이아몬드 거리 도매상들이

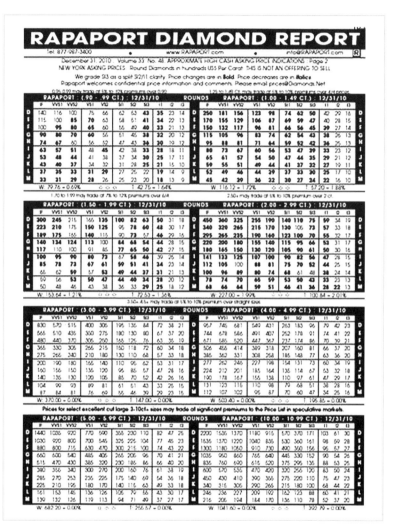

| 매주 발표되는 다이아몬드 시세표, 라파포트 리스트.

다. 그리고 많은 가게들이 인도인으로 대체되고 있다. 이제는 그 유명

한 뉴욕의 다이아몬드 거리도 점차 황혼 빛에 저물어 가는 양상이다.

드비어스가 장악한
다이아몬드 유통업계

드비어스는 1888년부터 현재에 이르기까지 많을 때는 다이아몬드 시장의 90%까지 장악하기도 했다. 그 누구도 이 아성에 도전할 엄두를 내지 못했다. 조금이라도 그런 조짐이 보이면 이 '다이아몬드의 제왕'은 가차 없는 공격을 퍼부으며 시장에서 다이아몬드 왕국의 명예를 지켜왔다. 어쩌면 드비어스의 이런 마케팅 전략은 영국의 못된 식민지 정책에서 그 모델을 찾을 수 있을 것이다.

고대 그리스인들이 '신의 눈물'이라고 굳게 믿었던 탄소 결정체 다이아몬드는 이제 한해 1천억 달러가 넘게 거래되는 거대한 산업의 대상이 되었다. 오랜 세월 '사랑'과 '헌신'으로 각인된 '다이아몬드'지만 한꺼풀 벗겨보면 이 업계는 모순투성이다. 10여 년 전까지만 해도 드비어스가 전 세계 다이아몬드 공급의 80% 이상을 장악했다. 이 회사는 가격결정 주도권을 빼앗기지 않기 위해 원산지를 불문하고 마구잡이로 사들여 수급을 조절했다. 창고에 40억 달러 이상의 원석이 쌓여 있지만 전 세계 물량 조절을 위해 계속 사들인 것이다. 당연히 무리가 뒤따랐다.

다이아몬드 원석 거래방식도 비합리성 그 자체였다. 드비어스는 다이아몬드 광석을 등급별로 분류해 가공 직전 단계의 원석을 파는 회사다. 그런데 이 거래방식이 매우 희한하다. 일 년에 딱 열 번만 이뤄지는 이 판매기회는 전 세계적으로 150여 '고정 지정고객'에게만 구매권한이 주어진다. 이들이 '사이트홀더'다. 유대인이 주류를 이루고 다음으로 인도계가 30명대로 가장 많다. 한국은 한 업체도 없다. 독점이다 보니 완전히 공급자 위주 시장이었다.

지정고객들은 다이아몬드 원석에 대한 선택권이 전혀 없다. 회사 측에서 가격과 물량을 제시하면 불만 없이 '현금'으로 구입해야 했다. 가격에 불만을 나타내면 다음부터 초청되지 않는다. 완전히 '횡포가 심한' 판매자인 것이다. 그런데도 지정고객이 못되어 안달이었다. 마진이 큰 중간 도매를 할 수 있기 때문이다. 지정고객이 되기 위한 물밑 경쟁이 항상 치열했다.

드비어스는 영국의 독점자본으로 출발해 남아공, 중앙아프리카, 앙골라, 보츠와나 등 영국의 과거 식민지에서 착취의 형태를 띠고 발전했다. 그러면서 전 세계 150여 개의 보석가공회사에 마치 비밀결사 조직을 방불케 하는 공급 시스템을 갖추고 가격이 내려가면 유통량을 줄이고 가격이 올라가면 유통량을 늘리는 등 가격을 자유자재로 조절했다. 다이아몬드에 관한 한 절대 권력을 휘두른 셈이다.

러시아의 등장과 제3의 변수들

러시아가 변수로 등장

드비어스의 아성과 권력에도 누수가 생기기 시작했다. 그것은 뜻하지 않게도 1991년 구소련의 해체로부터 비롯되었다. 러시아는 1954년 레나 강 지류에서 처음 다이아몬드가 발견되어 1980년부터 본격적으로 다이아몬드를 생산했다.

현재 주 생산지인 러시아 사하공화국 야쿠츠크에서 연간 20억 달러어치의 다이아몬드 원석을 캐내고 있다. 사하공화국은 1954년 레나 강 지류에서 다이아몬드를 함유한 킴벌라이트 암석이 발견된 뒤 현재 러시아 지역에서 생산되는 다이아몬드 생산량의 98%를 담당하는 세계 최대의 다이아몬드 생산지다. 사하공화국은 러시아연방 가운데 최대 면적을 보유한 자치공화국으로 극동아시아 지역의 대표적 자원부국이다. 세계 다이아몬드 생산량의 25%가 이 지역에서 나오고 석유와 가스, 광물자원이 풍부하게 매장된 것으로 알려져 있으며 자원매장량이 러시아 내에서도 손꼽힐 만큼 풍부하다. 그리고 최근 관심의 대상이 되고 있는

| 사하공화국의 다이아몬드 광산.

희토류 자원도 매장량이 풍부하다고 알려져 있다.

러시아의 다이아몬드는 광산이 위치한 사하공화국이 전체 생산량의 10%, 러시아 국영기업인 알로사Alrosa가 90%의 유통을 관장하고 있다. 구소련은 붕괴되기 전까지 보츠와나에 이어 세계 2위의 다이아몬드 생산국이었다.

시베리아에서 원석을 채굴하기 시작하자 당시 드비어스의 회장이었던 해리 오펜하이머Harry Oppenheimer가 공산당과 밀약을 맺고 전량 수입하는 데 성공했다. 그러나 1991년 공산정권이 붕괴되면서 러시아는 드비어스 외에 다른 회사에도 다이아몬드 원석을 공급했다. 즉 구소련의 절대권력 해체가 드비어스의 절대독점을 무너뜨리는 계기를 불러왔던 것이다.

다이아몬드는 속성상 비즈니스에 관여하는 모든 사람이 한 가족처럼 철저하게 서로 신뢰할 수 있어야 한다. 보통 비즈니스처럼 피고용자의 입장에서는 다이아몬드를 거래하기가 어렵다. 원석이나 가공품의 가치를 판별하는 과정에서 한순간의 실수가 쉽게 수만 달러에서 심지어 수십만 달러까지의 이익과 손실이 오갈 수 있기 때문이다. 그래서 다이아몬드 비즈니스는 주로 유대인의 가족 사업으로 많이 이루어지고 있다. 세계 다이아몬드 시장은 드비어스를 비롯해 도소매업도 유대인들이 이끌고 있다. 비록 드비어스의 다이아몬드 영향력이 과거에 비해 크게 위축되고 있기는 하지만, 2009년 기준으로 전 세계 다이아몬드 총생산의 41%에 해당하는 4700만 캐럿을 생산하고 있다. 2008년 한해 4800만 캐럿을 생산했던 드비어스는 2011년부터 한해 생산량을 4천 만 캐럿 이하로 줄일 것으로 보인다. 실제 2011년 생산량은 2010년보다 5% 줄어든 3100만 캐럿으로 줄였다. 불황 탓이다. 그들은 이렇게 생산량을 조절해 가격을 유지한다.

강력한 라이벌, 레프 레비에프

비합리적인 독점거래는 언젠가는 무너지는 법이다. 드비어스의 독점 체제가 도전받는 근본적인 이유는 강력한 경쟁자 레프 레비에프의 등장이다. 최근 들어 다이아몬드 시장에서 유대인들 사이의 싸움은 치열하다. 드비어스를 상대로 1990년대 말부터 급부상하고 있는 이스라엘 다이아몬드 거상 레프 레비에프는 우즈베키스탄 출신의 유대인으로 현재 국적도 이스라엘인이다. 그는 세계 다이아몬드 원석 최대생산국인 러시아와 앙골라에서 이미 시장을 많이 잠식했다.

레비에프는 원래 드비어스의 '150명 지정고객' 가운데 한 명이었다. 레비에프는 사이트홀더를 다루는 드비어스의 고압적 태도에 격분했다. 드비어스는 사이트홀더들에게 몇 상자의 원석을 제멋대로 정한 값에 떠넘겼다. 드비어스의 횡포가 계속되자 다이아몬드 가공업체 사장인 그는 드비어스의 사업 분야인 원석개발에 주력하기 시작했다.

레비에프는 우즈베키스탄의 수도 타슈켄트에서 자랐다. 가족은 공산주의 치하에서 살았지만 유대교를 믿었다. 남자들은 비밀 할례의식도 치렀다. 레비에프의 아버지는 성공한 직물상이었다. 그의 가족은 7년을 기다린 끝에 1971년 이스라엘로 이주하면서 재산을 100만 달러 상당의 다이아몬드 원석으로 바꿨다. 그러나 이스라엘로 건너간 가족들은 다이아몬드의 질이 낮아 20만 달러밖에 안 나간다는 말을 들었다. 당시 열다섯 살이었던 레비에프는 이러한 잘못을 바로잡겠다고 맹세했다.

아버지의 반대에도 불구하고 유대교 학교를 중퇴하고 다이아몬드 커팅을 배우기 시작했다. 1977년 레비에프는 다이아몬드 커팅공장을 설립했다. 당시 막 꿈틀대던 이스라엘 다이아몬드 시장의 투기 바람은 대단했다. 커팅업자 대다수는 가격이 계속 치솟으리라는 예상에 재고를 많이 확보했다. 그로부터 3년 뒤 시장이 붕괴되자 은행들은 대출을 더 이상 연장해주지 않았다. 그 결과 많은 커팅업체가 파산했다. 재정상태가 양호했던 그는 이후 5년에 걸쳐 열두 개 소규모 공장으로 사업을 확장했다. 그는 원석을 충분히 확보하기 위해 런던, 앤트워프, 남아공, 러시아로 뛰어다녔다. 게다가 레이저 기술과 당시 혁명적이었던 커팅 소프트웨어를 도입해 더 많은 부가가치를 창출해냈다. 1987년 드비어스는 레비에프에게 사이트홀더 자격을 부여했다. 당시 레비에프는 이스라엘에서 내로라하는 다이아몬드 세공업자로 성장해 있었다.

2년 뒤 레비에프는 러시아 국영 다이아몬드 채굴·판매 업체 곧 현재의 '알로사'로부터 커팅공장 설립을 도와달라는 요청을 받는다. 그는 러시아에 최초로 첨단 기술 연마공장을 설립했다. 그는 러시아산 다이아몬드를 러시아에서 연마한 최초의 사람들 중 하나이며 그 결과 당연히 드비어스의 사이트홀더 자격을 상실했다.

원석 생산에서부터 세공까지 마무리하는 최초의 합작회사 '루이스 Ruis'는 그렇게 탄생되었다. 당시 거래를 인연으로 레비에프는 러시아 원석 공급량의 일부를 확보하게 됐다. 드비어스가 발끈한 것은 물론이다. 하지만 1995년 사업에 탄력이 붙으면서 레비에프는 드비어스의 굴레로부터 벗어날 수 있게 됐다.

120억 달러 규모의
다이아몬드의 행방

레비에프는 당시 드비어스의 보복에 대비해 보석·금·예술품·고미술품 창고라고 할 수 있는 러시아 재무부 산하 국가귀금속준비국의 원석을 미리 확보했다는 게 통설이다. 러시아 정부는 1955년부터 비축해 놓았던 원석과 세공 다이아몬드 일부를 매각하기로 결정했다. 당시 물량은 무려 120억 달러 규모였다. 금고에 쌓여 있던 다이아몬드 중엔

100캐럿이 넘는 진귀한 것도 포함돼 있었다. 국가귀금속준비국의 다이아몬드 비축량 중 상당 부분은 1997년 무렵 고갈되고 말았다.

그렇다면 이중 상당 분량이 어디론가 팔려나간 것이다. 게다가 매각 수익이 정당하게 사용되지 않았을 것이다. 레비에프가 이 거래를 중개했다면 떼돈을 벌었을 것이다. 레비에프는 러시아 국가귀금속준비국의 다이아몬드 처분에 대한 연루설을 "사실무근"이라며 전면 부인했다. 하지만 최소한 원석들은 루이스사를 통해 가공되어 팔려 나갔을 것으로 추정된다.

현재 레비에프는 루이스 지분 100%를 보유하고 있다. 루이스는 연간 1억 4천 만 달러 상당의 다이아몬드를 가공한다. 러시아인들이 볼 때 레비에프는 좋은 사람이었다. 왜냐하면 그의 성공을 보고 많은 사람들이 러시아에서 다이아몬드를 연마하기 시작했으며 이로 인해 대규모 고용이 일어나 러시아의 경제에 부가가치가 창출되었기 때문이다.

앙골라 진출

레비에프와 푸틴Vladimir Vladimirovich Putin의 관계는 1992년 시작됐다. 당시 상트페테르부르크 부시장이었던 푸틴은 시장이 주저하던 유대교 학교 설립을 허가했다. 레비에프가 자금을 지원한 유대교 학교는 50년 만에 처음 세워진 것이다. 그는 이런 인연을 계기로 푸틴 대통령과 알게 되었다. 한편 푸틴 대통령과 앙골라 두스산투스Jose Eduardo dos Santos 대통령은 매우 끈끈한 관계를 가지고 있었다. 레비에프에게는 좋은

| 뜰채로 다이아몬드를 찾고 있는 소년들.

기회였다.

앙골라는 다이아몬드가 평화를 위협한 지역으로서는 최초로 세상의 이목을 집중시킨 곳이다. 1990년대 중반 앙골라 내전 당시 다이아몬드 광산 지역을 장악하고 있던 반군으로부터 12억 달러 상당의 다이아몬드 원석을 밀반출시킨 드비어스에 대한 앙골라 정부의 반감이 높았다. 이것이 레비에프에게는 다이아몬드 시장에 진출할 수 있는 절호의 기회였다.

다이아몬드는 앙골라의 유일한 수출 품목이었다. 레비에프는 1996년 앙골라에 6천만 달러를 투자해 현지 최대 다이아몬드 광산의 지분 16%를 받아냈다. 이로써 연간 8억 5천 만 달러에 이르는 앙골라 카토카 광산의 다이아몬드에 대한 마케팅 독점계약을 맺게 되었다.

앙골라와 콩고, 시에라리온과 같은 아프리카 중서부의 이른바 '피 묻은 다이아몬드Blood Diamond' 국가들은 향후 정치만 안정이 되면 캐나다, 러시아를 능가할 만큼의 잠재성이 무궁한 나라들이다. 레비에프가 이들 나라 대통령에게 환심을 사는 방법은 '일자리 창출과 다이아몬드 산업 부흥'이다. 그는 "원석을 캐내자마자 영국의 본부로 가져가 그곳에서 비밀리에 거래하는 드비어스의 사업방식은 원산지 국가에 전혀 도움이 안 된다"며 각국 정부를 설득했다. 생산지에서 원석 가공도 해 부가가치를 높이고 일자리도 창출하겠다는 것이다.

ㅣ 아프리카 대륙 내 앙골라 위치.

보츠와나의 실업률이 21%에 이르고 남아공이 31%, 나미비아가 35%, 앙골라가 50%에 이르는 이때 왜 아프리카산 다이아몬드를 인도와 중국에서 연마해야만 하는가? 아프리카인들은 자신의 다이아몬드를 커팅할 능력이 없는가? 광산업체들은 아프리카인들에게서 노동기회 및 천연자원을 이용한 부가가치 창출 기회를 앗아감으로써 아프리카 국가들의 발전을 저해하고 있지 않은가? 각 정부가 이 질문에 대해 어떠한 결론을 내느냐에 따라 그들의 흥망이 갈릴 것이다. 레비에프는 이러한 문제를 이슈화했고, 이것이 먹혀들었다.

레비에프는 나미비아, 앙골라, 보츠와나, 남아공 등에 첨단 기술 연마공장을 설립했다. 이 공장들은 다이아몬드 연마 산업이 투자 유치를 통해 정부의 보조금 없이도 아프리카에 부를 창출할 수 있고 또 창출할 것이라는 사실을 각 정부들에게 보여주기 위한 본보기였다. 그는 공

| 앙골라에서 반군이 탱크, 총 등의 무기를 살 수 있는 원동력은 다이아몬드다.

공연히 만일 보츠와나가 원석을 자신에게 준다면 그는 보츠와나에 수
만 개의 일자리를 창출할 수 있다고 공언했다. 각국 대통령과 수상들은
레비에프의 말을 경청하고 있으며 일부는 그를 믿고 있다. 레비에프가
나미비아에 세운 새로운 공장의 규모는 겨우 6백 명의 노동자를 수용
할 정도지만 이는 아프리카에서 가장 큰 규모다. 또한 나미비아에서 파
산한 '남코르Namcor'라는 해저에서 다이아몬드를 채굴하는 회사에 3천
2백만 달러를 투자해 살려냈다. 그는 나미비아산 다이아몬드를 나미비
아에서 커팅해 이윤을 얻고 있으며 나미비아 정부에는 일자리와 부가
가치를 안겨주었다.

또, 러시아에선 푸틴과의 돈독한 우정을 과시하며 국영이던 알로사
민영화에 참여해 대주주가 됐다. 러시아는 생산시장에서 파장을 일으

키고 있다. 2005년 원석 생산량이 1억 75만 캐럿에 달했다. 알로사는 드비어스에 이어 세계 2위다. 알로사는 2005년 원석 31억 달러의 매출을 올려, 원석 시장점유율을 전년도의 18%에서 25%로 늘렸다. 이로써 러시아의 다이아몬드는 굳이 드비어스 유통 시스템을 거치지 않아도 되었다.

앙골라에서는 반군의 다이아몬드를 구입해줌으로써 자금줄 구실을 했던 드비어스가 쫓겨났다. 레비에프는 이 틈을 이용해 앙골라의 다이아몬드 광산 개발에도 안착했다. 나미비아에서는 새로 지은 다이아몬드 공장에 대통령을 초청해 500여 명의 젊은 직원들이 유니폼을 입고 세공하는 것을 보여줌으로써 '국내 산업 발전'에 이바지한다는 이미지를 심었다.

레비에프가 이끄는 이스라엘의 LLG ^{Lev Leviev Group} 그룹은 러시아, 앙골라, 나미비아, 보츠나와 등의 광산 개발 주도권을 쥠으로써 드비어스 위상을 위협하고 있다. 그는 푸틴 대통령과의 특별한 관계를 이용해 러시아와 이스라엘의 외교관계 강화에도 크게 기여하고 있다. 그는 현재 그룹 홀딩사인 '아프리카 이스라엘 인베스트먼트'의 대주주로서 국내외 부동산 개발, 미국 유통업체, 이스라엘 현지 러시아어 TV방송국 등의 다방면에 걸친 비즈니스를 하고 있다. 그는 이스라엘 최대 비즈니스맨 가운데 한 명이다. 2006년 기준 그의 재산은 26억 달러에 이른다.

제3의 변수들

드비어스 입장에서 러시아의 배신은 단지 시작에 불과했다. 호주의 아가일 광산을 소유하고 있는 리오 틴토Rio Tinto는 레비에프가 드비어스에 맞서는 데 자극받았다. 1996년 틴토는 사상 처음으로 다이아몬드 4200만 캐럿을 드비어스를 거치지 않고 벨기에 앤트워프의 한 세공업체에 직접 판매했다. 대규모 중저가 다이아몬드를 안정적으로 공급하던 아가일 광산이 직접 판매를 선언하고 드비어스의 그늘을 벗어난 것이었다. 특히 최근에는 호주가 전 세계 생산량의 40%를 차지해 최대 생산지로 등극했다.

호주는 연간 4천만 캐럿의 다이아몬드를 생산해 세계에서 가장 많은 양의 다이아몬드를 생산했다. 그러나 전체 생산량의 90%가 공업용에 속하고 나머지 10%의 80%마저 낮은 품질의 갈색 다이아몬드들이기 때문에 가치 면에서는 전 세계 생산의 약 3~5%에 불과하다. 하지만 드비어스를 제치고 직거래에 성공함으로써 세계 다이아몬드 시장의 질서를 재정립한 것은 큰 의미를 지니고 있다.

그뿐만 아니라, 캐나다 등지에서 연달아 드비어스의 영향권에서 벗어난 독자적인 다이아몬드 광산이 발견됐다. 캐나다는 노스웨스트 테리토리스에서 엄청난 다이아몬드 매장량이 발견되자 지난 1998년부터 다이아몬드를 생산하기 시작했다. 현재 전 세계적으로 가장 유망하고 고속 성장하는 다이아몬드 원산지로 손꼽힌다. 캐나다 북서부 지방인 에카티·다이빅·윈스피어 등 세 곳에서 대규모 광산이 발견되면서 캐나다가 제3의 다이아몬드 생산국으로 등장해 드비어스를 더욱 곤혹스

| 직접 판매로 세계 다이아몬드 시장 질서를 재정립한 호주 아가일 광산.

럽게 만든 것이다.

　드비어스의 위기는 미국과 유럽연합의 반독점법 규제와 맞물려 더욱 심각한 지경에 이르렀다. 또 아프리카의 내전이 대부분 마약과 다이아몬드가 그 원인인 것으로 알려지면서 다이아몬드 산업 자체에 큰 부담을 안기기도 했다. 이렇듯 여러 악재가 겹쳐 드비어스의 시장 지배력은 조금씩 줄어들고 있다.

오펜하이머, 가족 지분을
앵글로아메리카에 넘기다

드비어스는 1888년 창업 이후로 100여 년에 걸쳐 다이아몬드의 유통량과 가격을 결정해왔다. 그러나 영원할 것만 같던 오펜하이머 가문의 다이아몬드제국 전성시대가 점차 종말을 고하고 있다. 오펜하이머 가문이 드비어스 가족 지분을 앵글로아메리카에 넘겼다. 오펜하이머 가문의 투자회사인 '오펜하이머&선 인터내셔널'의 드비어스 지분 40%를 51억 달러에 글로벌 광산회사인 앵글로아메리카에 넘긴 것이다. 이로써 앵글로아메리카는 보츠와나 정부 지분 15%를 제외한 85%의 지분을 소유하게 되었다. 하지만 오펜하이머 가문은 예전부터 앵글로아메리카의 대주주였기 때문에 이를 경영에서 완전히 손 뗀 것으로 보기는 어렵다.

　그간 드비어스의 위세에 눌려 있던 경쟁업체들은 새로운 다이아몬드 광산을 잇달아 개척하면서 바야흐로 다이아몬드 시장의 춘추전국시대를 열고 있다. 호주의 BHP빌리턴과 리오 틴토, 러시아의 알로사 등 글로벌 광산업체들은 아프리카와 러시아, 캐나다 등에서 노다지를 캐내고 있다. 러시아와 캐나다는 이미 보츠와나에 이은 세계 2, 3위의 다이아몬드 생산국으로 급부상했다.

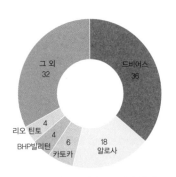

| 2011년 세계 다이아몬드 시장점유율.
　(자료: 킴벌리 프로세스)

다이아몬드 잔혹사

지난 2001년 영국의 국제인권단체 글로벌 위트니스Global Witness가 다이아몬드를 둘러싼 아프리카 내전의 실상을 폭로했을 때 전 세계는 충격에 휩싸였다. 시에라리온·라이베리아·앙골라·콩고민주공화국 등 일부 아프리카 국가들에서는 다이아몬드가 피를 부르는 결정적 요인으로 작용했다. 이들 분쟁 지역 국가들의 무장 세력은 다이아몬드를 무기와 맞바꿔 무장을 강화하고 다이아몬드 밀매로 벌어들인 수입으로 세력을 키웠다. '피의 다이아몬드'로 불리는 그 참상의 중심에는 시에라리온이 있었다.

다이아몬드가
피를 부른 시에라리온

테일러Charles Taylor 전 라이베리아 대통령은 리비아의 카다피Muammar Gaddafi 대통령이 후원하는 게릴라 훈련캠프인 타주라 군사훈련학교에

| 라이베리아와 시에라리온.

서 1985년부터 1989년까지 4년간 수학했다. 이어서 그는 1989년에 라이베리아민족애국전선NPFL을 창설했다. 테일러는 오랜 기간 무장 게릴라 활동을 벌인 것을 바탕으로 국민들의 압도적 지지를 등에 업고 1997년 대통령 선거에서 당선됐다.

라이베리아와 시에라리온 등이 위치한 아프리카 북서부 지역은 전 세계 다이아몬드의 20%가량이 생산될 만큼 광물자원이 풍부한 곳이다. 예로부터 이 지역에 내전이 끊이지 않았던 것은 다이아몬드 광산이 창출하는 막대한 이권 때문이라는 지적이 끊이지 않았다. 테일러 전 대통령 역시 권좌에 오른 뒤 라이베리아보다 훨씬 풍부한 매장량을 자랑하는 이웃 나라 시에라리온의 다이아몬드 광산에 눈독을 들였다.

테일러는 자국의 다이아몬드를 팔아 생긴 돈으로 이웃 나라 시에라리온 반군인 혁명연합전선RUF에 무기를 지원하기 시작했다. RUF의 지도자 산코Foday Sankoh는 그와 타주라 군사학교에서 동문수학하던 '혁명동지'였다. 테일러 대통령의 지원에 힘입은 RUF는 파죽지세로 시에라리온의 주요 다이아몬드 광산 지역을 점령해가기 시작했다. 1991년부터 계속된 시에라리온 내전은 걷잡을 수 없는 혼전 양상으로 빠져들었다.

세상에서 가장 잔인한 전쟁

처음에 다이아몬드는 반군들이 활동자금을 마련하기 위한 '수단'의 성격이 강했다. 하지만 점차 그 자체가 '목적'이 되면서 참극을 낳기 시작했다. RUF는 교전 과정에서 반대 진영 주민들의 손목과 발목을 도끼로 자르는 만행을 조직적으로 저질러 세계를 공포의 도가니로 몰아넣었다. 그 손으로 현 정부에 투표했다는 것이 이유였다. 농경사회인 아프리카에서 손목이 잘린다는 것은 생계수단을 잃는 것을 의미했다. 여행가이자 국제기구 긴급구호팀장인 한비야는 손목이 잘린 한 아이를 만난 뒤 《지도 밖으로 행군하라》(2005)에 이렇게 썼다. "나는 앞으로 사랑의 징표나 결혼 예물이 되어 누군가의 손가락에 끼워져 있을 다이아몬드를 볼 때마다, 잘려서 피가 뚝뚝 흐르는 아이의 팔목을 생각하지 않을 수 없을 거다."

소년병 징집도 일상화됐다. 열 살 미만의 아이들이 반군에 납치돼 군사훈련을 받고, 교전에 동원됐다. 반군은 겁에 질린 소년병들에게 세뇌교육을 시켰고, 때로는 마약을 먹였다. 아이들은 영문도 모른 채 자기가 살던 마을에 총질을 했다. 자기 손으로 부모와 형제를 죽여야 했던 아이들은 심각한 트라우마를 앓았다. 돌아갈 곳을 잃은 아이들은 어느새 어엿한 반군의 일원으로 성장해 있었다. 납치된 여자아이들은 낮에는 허드렛일을 도왔고, 밤에는 성적 노리개로 이용당했다.

그렇게 10년 동안 계속된 시에라리온 내전은 최소 5만 명에서 많게는 20만 명의 목숨을 앗아갔고, 50만 명이 넘는 사람들이 신체 절단이나 고문 피해를 입었다. 내전은 국민 500만 명 가운데 200만 명 이상

| 시에라리온 내전으로 손목이 절단된 소년병들.

을 난민으로 만들었다. 내전으로 삶의 공간은 처참히 파괴됐고, 주민 들의 삶의 질은 바닥에 떨어졌다. 유엔개발계획^{UNDP}이 국가별 평균수 명과 교육수준, 국민소득 등을 종합 평가해 매년 내놓는 '인간개발지 수'에 따르면, 시에라리온은 2007/2008 조사에서 전세계 조사대상국 177개국 가운데 최하위인 177위를 차지했다. 국민소득은 806달러, 기 대수명은 41.8세에 불과하다.

10년 간 20만 명 사망, 25만 명의 여성 유린, 7천 명의 소년병 양성, 4천 명의 사지절단, 그리고 인구의 삼분의 일인 200만 명이 난민으로 전락해버린 서아프리카의 작은 나라 시에라리온. '피의 다이아몬드'라 불리는 분쟁 지역 다이아몬드에 숨겨진 참혹한 인권 유린사다.

우리가 1950년 6월 25일을 기억하듯, 시에라리온인들은 '1999년, 1월 6일'을 기억한다. 그날은 RUF 반군이 대대적으로 수도 프리타운 을 공격한 날이었다. '생물절멸작전'이라는 무시무시한 작전명만큼이나 20세기 가장 참혹한 전쟁으로 기록되던 그날, 죽음의 위험을 무릅쓰고 그날의 참상을 기록한 한 젊은 시에라리온 저널리스트 소리우스 사무라Sorious Samura가 있었다. 그는 시에라리온 국민의 90%가 한번도 본 적 없는 다이아몬드 때문에 그날, 슬프게 울었다고 회고했다. 몇 년 후, 그는 〈울부짖는 프리타운CRY FREETOWN〉이라는 이름의 다큐멘터리로 그날의 참상을 세상에 공개했다.

이러한 다이아몬드의 비극이 소개되면서 가장 타격을 입은 것은 '다이아몬드=영원한 사랑'이라는 신화를 퍼뜨린 다이아몬드 회사들이었다. 특히 한때 전 세계 다이아몬드 시장의 85%를 독점했던 드비어스는 싼 값으로 다이아몬드를 사기 위해 이런 살육과 테러를 방조, 이용했다는 사실이 폭로되면서 위기에 빠졌다. 그래서 등장한 것이 '클린다이아몬드 운동'이다. 다이아몬드 회사들은 국제적인 비난에 맞서기 위해 자체 감사기구를 구성하고 모든 다이아몬드에 '미분쟁 원산지 증명'을 부착하는 킴벌리 회합을 성사시켰다.

한편 전쟁 범죄로 국제 법정에 기소된 찰스 테일러 전 라이베리아 대통령은 징역 50년형을 선고받았다. 재판장은 "인류 역사에서 가장 극악무도한 범죄 중 하나인 시에라리온 내전 당시 피고가 이를 사주하고 도운 책임이 있다고 입증됐다"며 선고의 이유를 밝혔다.

그러나 지금까지도 시에라리온을 비롯한 아프리카 등지에서는 다이아몬드 밀거래가 계속되고 있으며 수십만 명의 광산 노동자들이 하루에 1천 리온(약 350원)의 값싼 임금을 받으며 매일 10시간씩 다이아몬드를 캐느라 땀을 흘리고 있다.

중국과 인터넷,
새로운 강자가 나타나다

중국이 떠오르다

중국의 다이아몬드 연마 산업은 1940년 상하이에서 시작되었으나 1990년대 초까지는 미미한 수준이었다. 1990년대 중반 들어서 중국 커팅 산업은 빠르게 성장했다. 그 이유는 세 가지로 설명할 수 있다. 첫째, 이스라엘이나 벨기에 같은 기존 연마국들의 임금 상승은 연마업자들로 하여금 값싼 노동력을 찾도록 했다. 둘째, 홍콩의 대규모 다이아몬드 도매업자들이 경쟁력을 얻기 위해 중국에서 다이아몬드를 연마하기 시작했다. 셋째, 중국의 거대한 소비 시장을 목표로 하는 외국 회사들이 중국에 연마공장을 설립하기 시작했다. 중국의 연마업체의 80%는 광둥 성, 저장 성, 산둥 성에 위치하고 있으며 이들 업체들의 인력은 6만 명에 이른다. KMPG가 2009년 발행한 보고서에 따르면 2015년에는 중국이 전 세계 다이아몬드 연마 산업에서 차지하는 비율이 21.3%에 이를 수 있으며, 반면 인도의 시장점유율은 57%에서 49%로 떨어질 것으로 예상했다.

세금 인하로 보석 산업 키우다

중국의 다이아몬드 무역은 2006년에 중국 정부가 다이아몬드 원석 수입에 대해 부과하던 부가세를 없애고 다이아몬드 나석에 대한 세금을 17%에서 4%로 인하하면서 성장 탄력을 받기 시작했다. 이로써 중국의 다이아몬드 수입이 그간의 밀수 관행에서 탈피해 양성화되면서 보석가공업이 본격적으로 뿌리를 내리기 시작했다. 참고로 우리나라는 관세 5%, 부가세 10%, 200만 원 이상 물품의 경우 개별소비세(특별소비세) 14%다. 이것이 우리나라가 보석 산업이 클 수 없는 이유이자 밀수가 근절되지 않는 이유이기도 하다.

최근에는 중국 정부가 다이아몬드 원석 수입에 열을 올리고 있다. 중국이 아프리카 각국 정부를 상대로 도로 등 인프라 개발을 약속하면서 현지 다이아몬드 원석을 대량 확보하자 인도 정부가 화들짝 놀랐다. 중국은 아프리카 앙골라, 콩고 등 국가에 수십억 달러 규모의 인프라를 지원하는 대신 이에 상응하는 자원을 받기로 합의한 것이다.

인도는 다이아몬드 원석 절단 및 세공 부문에서 세계 시장점유율 60%를 자랑하는데, 이런 기세를 몰아 해외시장 개척도 활발하다. 유대인의 본거지였던 앤트워프도 인도인의 공략 앞에 속절없이 주인들이 바뀌고 있는 판국이다. 앤트워프 다이아몬드 시장의 전체 거래량 중 인도인이 취급하는 비중이 65%를 넘은 반면 유대인들이 취급하는 비중은 25%로 줄었다. 이러한 인도 다이아몬드 업계도 중국이 원석 물량 확보에 나서자 바짝 긴장하고 있다. 인도는 2009년 175억 달러 규모의 다이아몬드 세공품을 수출한 반면 중국은 30억 달러에 그쳤다. 아직은 중국의 숙련 기술공이나 기술수준이 인도에 경쟁이 되지 못하지만 중국이 다이아몬드 산업의 잠재 대국으로 인도에 주요한 위협이 되고 있는 것은 사실이다.

중국 시장, 세계 1위로 부상

앤트워프 세계 다이아몬드 센터AWDC 부회장 앱스타인Ari Epstein은 중국 시장의 점유율을 제고하기 위해 중국에 다이아몬드 판매 센터 건립 계획을 발표하며, 앤트워프가 세계 다이아몬드 시장에서 선두 자리 유지에 어려움이 있자 중국 및 아시아 시장을 개척하기 위한 대안으로 베이징 또는 상하이 등을 센터 설립 장소로 검토하고 있다고 밝히기도 했다.

2011년 앤트워프, 텔아비브, 뭄바이, 상하이 등 4대 다이아몬드 거래소의 다이아몬드 거래액은 565억 달러, 208억 달러, 630억 달러, 47억 달러로 전년 동기대비 각각 35%, 23%, 16%, 63% 증가했는데 상하이 거래소의 약진이 눈에 띈다.

앱스타인은 2008년 금융위기 이후 중국 다이아몬드 수요량이 세계 5위에서 2009년 세계 2위로 급등했으며, 여전히 그 수준을 유지하고 있다고 언급하면서 2015년 하반기에는 그 수요량의 순위로 볼 때 1위를 차지할 것이라고 전망했다. 중국은 자국에서 황색 계열의 다이아몬드를 생산하고 있고 랴오닝 성 인근에서 최근 다이아몬드 광산이 개발되었다고 보도된 바 있다.

중국은 이외에도 금의 최대 시장으로 인도를 제치고 부상했으며 기타 보석의 시장도 큰 폭으로 증가하고 있다. 중국 경제 성장에 따른 수요 측면이 제일 강하지만, 돈이 있어도 은행 등 금융기관보다는 스스로 보관하려고 하는 중국 전통의 문화적 요인도 작용하고 있다.

그렇기 때문에 2016년이면 중국이 미국을 제치고 세계 최대의 다이아몬드 소비국이 될 것으로 보인다. 중국인들은 주로 결혼 예물용으로 다이아몬드를 구입하며 일부는 투자수단으로 다이아몬드를 선호하고 있다. 2011년 앤트워프가 수출한 총 50억 달러어치의 다이아몬드 중 홍콩 및 중국 본토로 수출된 것이 약 사분의 일에 달했다. 2011년 중국의 다이아몬드 수입액은 전년대비 56% 늘어난 20억 달러에 달했다. 급격한 증가 추세. 한편 중국은 2012년 인도를 제치고 세계 최대 금 소비 시장으로 부상했다.

블루나일,
다이아몬드의 인터넷 판매 효시

다이아몬드 인터넷 사업은 미국에서 시작되었다. 나스닥에 등록된 블루나일BlueNile.com 인터넷 쇼핑몰은 연간 판매액이 4억 5천만 달러에 달하며 미국 인터넷 보석 시장의 10%를 차지한다. 이 회사의 출현으로 미국의 천여 개에 달하는 중소 보석 소매기업들이 문을 닫았다.

1999년 처음 사업을 시작한 블루나일은 약혼반지 전문화에 성공한 경우다. 블루나일은 위탁 판매로 시작해 소수의 직원으로 영업을 했다. 값비싼 매장을 임대할 필요가 없어 블루나일은 다이아몬드를 최대 40%까지 싸게 판매하고 있다. 이 회사는 세계 경제위기가 닥친 2008년도를 제외하고는 놀라운 성장세를 지속하고 있다. 최근에는 1만 달러 이상 고가 제품을 원하는 사람들까지 블루나일에 몰리고 있다. 블루나일의 반지 평균 판매 단가는 6,200달러에 달해 일반 점포에서 파는 평균 3,200달러를 훌쩍 뛰어넘었다.

온라인 비즈니스 모델을 통한
고객가치 명확히 설정

블루나일은 상대적으로 낮은 가격에 다이아몬드를 공급할 수 있는 전략을 채택해 오프라인 다이아몬드 상점들보다 평균 30%에서 40% 정도 낮은 가격으로 다이아몬드를 공급하고 있다. 블루나일은 1,200 달러에 생산된 1캐럿의 다이아몬드 원석이 몇 단계의 유통단계를 거쳐서 7,080달러짜리로 돌변하는 것에 주목했다. 이 회사는 보석세공업자와의 직거래로 유통단계를 단축해 같은 품질의 상품을 4,733달러에 공급하고 있다.

　그렇다면 어떻게 유통단계의 단축만으로 이러한 가격 인하가 가능했을까? 이들은 온라인 거래의 장점을 최대한 활용해 피터 드러커^{Peter} ^{Ferdinand Drucker} 교수가 말한 '마의 30%'를 훨씬 상회하는 비용 우위를 창출한다. 그것은 온라인 거래가 가상재고에 의한 운영이 가능하다는 것이다. 즉, 실물 없이 온라인 카탈로그에 의한 거래가 가능하고, 주문과 동시에 대금을 미리 받고 지불하기 때문에 재고비용을 획기적으로 낮추고 기업의 운용주기Operation Cycle를 단축하는 이점이 있다. 기본적으로 온라인 거래는 반품이 생기지 않는다면 채권회수 기간이 없는 거래다.

블루나일은 델컴퓨터를 모방해 주문제작 방식으로 연간 1천만 달러 이상의 재고비용을 완전히 없앴다. 이러한 비용 우위는 온라인 전자상거래의 본질적 특성을 이용한 가치 창출이 가능했기 때문이다. 이를 고객과 나눔으로써, 즉 고객들에게 기존 경쟁자들보다 40% 이상 저렴하게 상품을 제공해 고성장을 지속하고 이익 창출에 성공하고 있다.

중국의 인터넷 보석 쇼핑몰들

중국은 이미 세계 2위의 다이아몬드 소비시장으로 부상했다. 중국 보석협회 조사에서도 현재 중국의 다이아몬드는 더 이상 사치품이 아닌 일반소비품목으로 인정됐다. 결혼을 앞둔 젊은 여성들에게 다이아몬드 반지의 유무는 결혼을 결정하는 주요한 요소의 하나가 되었다. 중국 정부 통계에 따르면 매년 약 1400만 쌍이 결혼식을 올린다. 이 가운데 약 30%는 다이아몬드 반지를 구매해 다이아몬드 연간 소비량은 400만 개를 초과했다. 이러한 수요로 수천 억 위안의 다이아몬드 반지 시장이 형성되었다.

최근에는 인터넷 쇼핑몰의 발전으로 중국에서도 다이아몬드를 인터넷상에서 판매하게 되었다. 다른 사업 분야의 창업자들처럼 중국 보석 쇼핑몰 회사들도 블루나일 같은 미국 보석 쇼핑몰의 대표적 기업들을 모방했다.

많은 사람들이 인터넷을 통해 다이아몬드에 관한 지식을 접하고, 가격을 비교하고 구매하기 시작했다. 인터넷으로 다이아몬드를 산다는 것은 이미 희한한 일이 아니다. 타오바오Tao bao 등 중국 대표 인터넷 쇼핑몰에는 적지 않은 다이아몬드 판매상들이 있다.

초기에는 사치품인 다이아몬드의 품질, A/S 등의 원인으로 매매기 활발하지 않았으나 2007년부터 전문적인 다이아몬드 쇼핑몰이 인터넷에 나타나기 시작했다. 인터넷 다이아몬드 구매 열풍을 이끈 것은 '지버드닷컴'이라는 사이트였다. 이 회사는 설립한 지 10년도 안 되어 중국 최대의 온라인 다이아몬드 소매업체로 자리를 잡았다. 온라인 판매로 관리비용이 절감돼 일반매장보다 40~50% 저렴하게 다이아몬드를 판매했다. 회사에서는 고객이 눈으로 직접 확인할 수 있도록 중국 12개 도시에 오프라인 매장도 열었다. 하지만 최종 판매는 웹사이트www.zbird.com를 통해 이루어진다.

이외에도 중국에는 규모가 비교적 큰 다이아몬드 전문 쇼핑몰들이 오픈해 불꽃 튀는 경쟁이 일기 시작했다. 인터넷 쇼핑몰들의 다이아몬드 시장점유율도 20% 이상 육박할 것으로 예측하고 있다.

다이아몬드 판매가 인터넷에서 이뤄질 수 있는 것도 다른 상품들과 마찬가지로 가격이 저렴하기 때문이다. 같은 품질의 다이아몬드가 백화점에서 150만 원에 팔린다면 인터넷 쇼핑몰에서는 80만 원이면 살수 있다. 보통 그 차이가 40~50% 차이가 난다.

같은 품질의 다이아몬드가 어떻게 인터넷 쇼핑몰과 매장 사이에서 이렇게 큰 차이가 날까? 세 가지 이유가 있다. 하나는 중국 시장의 다이아몬드 가격이 원래 국제시세보다 가격이 조금 높았다. 둘째는 큰 인터넷 쇼핑몰에서 직접 해외 다이아몬드 연마회사에서 나석을 구매하기 때문에 원가를 절감했다. 세 번째는 인터넷 쇼핑몰은 임대료, 인테리어 비용, 직원 월급 등의 지출을 줄임으로써 소비자에게 직접적인 혜택을 줄 수 있다. 그리고 GIA, IGA, HRD 등의 국제감정서와 국내감정서의 다이아몬드로 품질보증을 하고 있다.

전통적인 소비관념으로 봤을 때 중국인은 직접 보지 않고 쉽게 다이아몬드와 같은 고가의 제품을 구매하지 않는다. 또한 다이아몬드는 주로 결혼 전 예물로 구입하기 때문에 인터넷에 익숙하지 않은 부모들과 함께 구입하는 것이었다. 그러므로 인터넷 쇼핑몰 회사에는 직접 다이아몬드를 보고 구매할 수 있는 오프라인 공간이 필요했다.

하지만 이렇게 하면 기존 매장들과 같이 높은 임대료와 인건비 부담이 있게 되고 결국 이것은 소비자들에게 고스란히 전가가 될 수밖에 없다. 그렇다면 저가의 가격으로 소비자들을 공략하던 인터넷 쇼핑의 장점이 자연히 없어지게 되지 않을까? 이런 우려에도 불구하고 오프라인 체험 전시장의 오픈으로 다이아몬드 판매량이 몇 배 더 증가하게 되었다고 쇼핑몰들은 밝히고 있다. 오프라인 매장에서 다이아몬드를 고르고 세팅까지 마친다. 특별주문을 하지 않으면 30분 정도면 반지를 찾을 수 있다고 한다.

지버드는 상하이 번화가의 오피스텔에 첫 체험점을 오픈했다. 1, 2층 임대료보다 십분의 일밖에 안 되는 가격으로 18층에 오프라인 매장을 개설했지만 손님들이 직접 다이아몬드를 보고 구매하는 데 아무런 지장이 없다. 현재 이 회사에서는 한 도시에 하나의 체험점을 개설한다는 목표로 계속해서 새로운 곳으로의 진출을 계획하고 있다.

체험점을 운영하는 지버드나 나인다이아몬드9diamond와 달리, 팝다이아몬드Popdiamond는 미국의 블루나일과 비슷하게 실제 체험 점 없이 인터넷으로만 거래를 하고 있다. 고객이 인터넷에서 주문하면 원석 공급회사에서 공장에 다이아몬드 원석을 보내주고 공장에서 생산한 제품은 회사에서 검품을 하고, 감정소에서 감정한 후 감정서와 함께 제품을 소비자에게 전달한다. 체험점을 가지고 있는 회사에 비하면 장점이 없는 것 같다. 하지만 이 회사는 세계 26개 다이아몬드 연마회사와 인터넷으로 연결돼 실시간으로 다이아몬드 재고 정보를 얻어서 재고량을 최저로 줄이고 있다.

다이아몬드 가격도 이제는 각 인터넷을 통해 많은 부분 노출이 되었다. 그리고 전통 매장과 인터넷 쇼핑몰, 그리고 크고 작은 인터넷 쇼핑몰 간의 가격경쟁도 이제는 피할 수 없게 되었다. 전통 보석 브랜드들도 시장이 커져 가는 것을 보고만 있지 않을 것으로 보인다. 이렇듯 앞으로의 치열한 경쟁에서 누가 마지막까지 웃을지는 지켜봐야 알겠지만 최종적으로 여기에서 혜택을 얻는 것은 수많은 소비자들이 아닌가 싶다.

우리나라에도 다이아몬드 인터넷 쇼핑몰들이 있다. 하지만 미국이나 중국에 비해 아직 그 인터넷 쇼핑몰의 시장점유율이 크지 않다. 향후 발전 가능성이 높은 분야라 할 수 있겠다.

세상을 바꾼 상품 **4**

SPICE

향신료

대항해를 촉발하다

후추, 의료용으로 쓰이다

후춧가루 등 향신료는 경제사에서 상상 이상의 중요성을 갖고 있다. 콜럼버스의 아메리카 대륙 발견, 바스코 다 가마Vasco da Gama의 인도항로 개발, 마젤란Ferdinand Magellan의 세계일주 등이 모두 후춧가루를 구하기 위한 것이었다. 당시 동양의 향신료가 부의 원천이었다. 이를 계기로 대항해가 시작되었다.

향신료의 역사는 인류의 역사와 그 시작을 같이했다. 향신료가 언급된 5천 년 전 수메르인의 두루마리가 발견되었다. 고대 이집트에서는 미라를 만들 때 방부 처리를 하려고 혼합 향신료를 사용했다고 한다.

인도에서는 기원전 3000년경부터 이미 후추와 정향 등 많은 향신료가 사용되었다. 이러한 향신료들은 살균력이 있어 재료 저장에 필수품이었다. 또한 부패를 방지하는 효능은 그 향기가 병마를 퇴치한다고 믿게 되어 향을 피워 사용하는 용도로 쓰는 경우도 많았다.

기원전 330년경 알렉산더 대왕Alexander III이 페르시아를 정복했을 때

| 각종 향신료들.

다리우스 2세Darius II의 궁전에서 300명에 가까운 요리사와 향신료만을 담당하는 수많은 노예들을 보았다. 그 뒤 알렉산더 대왕이 인도의 인더스 강 유역까지 정복해 그때 동양의 향료가 유럽에 전해졌다. 특히 그는 원정 때 친구인 식물학자를 대동해 점령지의 많은 향신료를 수집하게 했다.

이후 후추를 유럽에 판매한 것은 아랍 상인들로 추정되는데, 이들은 다마스쿠스를 지나 홍해를 건너는 고대 향료길을 이용한 것 같다. 이렇게 해서 전래된 후추는 당시 그리스에서 요리용이 아닌 의료용, 그것도 대개 해독제로 쓰였다.

금가루보다 비쌌던
중세의 후추

유럽인들이 인도산 후추와 계피 등 향신료를 본격적으로 사용하기 시작한 것은 로마가 이집트를 정복한 뒤부터다. 인도에서 무역풍을 타고 인도양과 홍해를 거쳐 이집트에 오는 항로가 개발되었기 때문이다. 1세기에 유럽 수입품의 반 이상은 향신료였고 대부분은 인도에서 들여온 후추였다.

후추는 실크로드나 해로로 상업 중심지 호르무즈나 아덴에 옮겨진 후 그곳에서 다시 베네치아와 알렉산드리아로 운반되었다. 당시 후추는 너무 귀해 로마에 도착하면 같은 무게의 금과 가격이 같았다.

중세에 이슬람이 실크로드와 바닷길을 장악해 8세기경부터 지중해는 이슬람의 바다가 되었다. 그 뒤 향신료는 모두 아랍 상인의 손을 거쳐 공급됐다. 술탄이 과도한 관세를 부가해 더욱 비싸졌다. 게다가 이를 베네치아의 유대인 상인들이 아랍 상인들로부터 사서 막대한 이윤을 붙여 유럽 각지에 팔았다. 그러다 보니 후추의 소비자 가격은 금가루와 같았다. 그래서 금의 무게를 잴 때 후추가 사용되기도 했다. 매우 귀했기 때문에 화폐로 통용된 때도 있었다. 이쯤 되자 후춧가루는 베네치아를 제외하고는 유럽 각국에서 왕실의 전매품이 되었다.

후추무역의 중심지,
베네치아

중세에 아시아와 교역할 때 바그다드를 지나 흑해의 남부 해안을 경유해 콘스탄티노플에 이르는 경로를 이용했다. 향신료는 콘스탄티노플에서 항구도시 베네치아로 운반되었다. 15세기 말에 중세가 끝날 때까지 400년 동안 거의 모든 무역은 베네치아에서 이루어졌다.

6세기부터 베네치아는 인근 갯벌에서 생산한 소금을 갖고 동방무역을 시작했다. 당시 소금 역시 귀하고 비쌌다. 이후 베네치아는 수 세기 동안 동방무역으로 번영을 누렸다. 베네치아 상인들은 11세기 후반에 시작해 거의 200년간 진행된 십자군 원정 덕분에 세계 향료 시장에서 제왕의 지위를 공고히 할 수 있었다. 동방무역을 독점할 수 있었기 때문이다. 게다가 베네치아 공화국은 서유럽에서 온 십자군에게 수송선, 전함, 무기, 자금을 직접 공급해서 바로 이득을 챙길 수 있었다.

유럽의 무역업자들은 향신료 특히 후추를 사려고 베네치아로 몰려들었다. 15세기 향료무역은 베네치아 상인들의 독점으로 다른 나라들이 비집고 들어갈 틈이 없었으며 베네치아 상인들이 챙긴 이윤은 어마어마했다.

대항해시대

다른 나라들은 인도에 갈 수 있는 새로운 길 특히 아프리카를 빙 둘러

| 리스본 타호 강변에 있는 발견 기념비. 맨 앞이 엔리케 왕자.

가는 바닷길의 개척 가능성을 진지하게 검토하기 시작했다. 포르투갈 왕 주앙 1세John I의 아들 엔리케 왕자Infante Dom Henrique는 해양학교를 설립해 운영하면서 크고 튼튼한 상선을 대규모로 만들어 선단을 조직했다. 바야흐로 대항해시대의 시작이었다.

15세기 중반 포르투갈 탐험가들은 아프리카 서해안의 베르데 곶까지 내려가서 콩고 강 어귀까지 도달했다. 4년 뒤인 1487년 포르투갈 항해가 바르톨로뮤 디아스Bartolomeu Diaz는 희망봉을 돌았다. 2년 뒤 1498년에는 포르투갈 탐험가 바스코 다 가마는 디아스가 개척한 항로를 따라 인도에 도착했다.

인도 남서 해안을 다스리고 있던 캘리컷 지역의 지배자는 후추열매를 주고 금을 받기를 원했다. 세계 후추무역을 지배할 꿈에 부풀어 있던 포르투갈인들은 후추를 사기 위해 금이 필요할 줄 꿈에도 몰랐다. 5년 뒤 총과 군대로 무장한 바스코 다 가마는 캘리컷을 정복해 후추무역을 포르투갈의 지배하에 두었다. 이것이 포르투갈제국의 시작이었다. 이로써 후추교역에서 포르투갈시대가 전개된다. 이후 포르투갈제국의 영토는 아프리카를 포함해 동쪽으로 인도와 인도네시아에 이르렀고 서쪽으로 브라질에 이르렀다.

스페인도 향료무역 특히 후추에 관심을 두고 있었다. 1492년 크리스토퍼 콜럼버스는 서쪽으로 항해하면 인도에 도달하는 더 짧은 항로를 찾을 수 있을 거라 확신하고 스페인의 이사벨라 여왕Isabella I을 설득해서 재정지원을 받았다. 이후 콜럼버스는 신대륙을 발견한다.

이렇듯 후추는 베네치아를 거대한 도시국가로 만들었고 대항해시대를 주도했으며 콜럼버스가 신대륙을 찾아 나서도록 했다.

유럽인은 왜 비싼 향신료를
그토록 선호했을까?

당시는 냉장고가 없던 시대라 주식이 빵과 감자 그리고 소금에 절인 저장육과 생선 정도였다. 소금에 절인 염장식품에 신물이 난 귀족과 세도가들은 후춧가루를 친 신선한 스테이크를 좋아했다. 또 맛없는 음식에 정향이나 육두구 같은 향료를 넣으면 맛있게 먹을 수 있었다. 당시 육두구는 후추보다도 비싼 아주 귀한 재료였다. 영어 이름 '너트맥nutmeg'은 사향 향기가 나는 호두라는 뜻이다. 고기음식을 즐기는 서구

| 육두구.

인들은 고기 비린내를 제거하고 육류를 저장하는 데 향료를 사용했다. 또한 서양인들은 육식을 많이 해 몸에서 나는 체취가 문제였다. 이것이 조미료의 강한 향기를 요구하는 요인이기도 했다.

향료는 음식의 풍미를 더하는 데 머물지 않고 성욕을 돋우는 강장제와 의약품으로 여겨졌다. 특히 전염병을 예방하는 살균효과가 있다고 알려져 부유층들이 앞다투어 샀다. 전염병이 돌 때는 후추가 악취를 없애고 소독하는 약품으로도 쓰였다.

후추 수입으로 떼돈을 벌다

후추는 로마시대부터 귀하게 여겨져 은제 항아리에 넣어 소중하게 다뤘다. 인도 남부에서 생산되는 후추는 유럽 귀족의 입맛을 완전히 바꿨다. 중세 게르만 사회에서는 세금이나 관료의 급료, 땅의 매매나 임대, 결혼 지참금 등에 후추가 쓰였다.

후추는 열대성식물이라 유럽에서는 재배가 어려워 동서무역을 하는 대상들로부터 비싼 값에 사들일 수밖에 없었다. 대상들은 동양으로부터 후추를 사들여 비싼 값에 되파는 중개무역으로 큰 부를 쌓았다.

후추가 이처럼 귀하고 비싸지자 사람들은 대상을 거치지 않고 목숨을 건 모험을 감행했다. 당시 인도 현지에서 산 향신료를 싣고 배가 무사히 돌아오면 보통 100배 이상의 시세차익을 보았다. 선장과 선원들은 고향에서 영웅이 됐고, 항해에 자금을 댄 상인들은 떼돈을 벌었다.

역사를 바꾼 대항해의 시작

14세기 초 동서교통로를 보호해주던 원나라의 힘이 약해진 틈을 타 오스만제국이 발흥해 유럽과 동방의 무역로를 차단했다. 그러자 유럽에서 후추 가격이 폭등했다. 생산지 가격의 100배는 보통이고 육두구의 경우 600배까지 치솟았다. 동양의 향신료만 얻을 수 있으면 그야말로 대박이었다. 그러자 유럽 각국들은 동방 향료를 구하기 위해 혈안이 되었다. 인도로 가는 새로운 항로 개척이 시급해진 것이다.

지리상의 발견이 시작된 것도 바로 후추를 구하기 위해서였다. 향신료무역을 이슬람을 통하지 않고 직접 하려고 시도한 것이 스페인과 포르투갈의 대항해였다. 그 촉발제는 마르코 폴로의 《동방견문록》이었다. 이 책이 《성경》 다음의 베스트셀러였다. 그만큼 당시 사람들은 동방에 대한 관심이 지대했다.

이 책에는 향신료 산지에 대한 기록이 자세히 적혀 있었다. "중국보다 동쪽에 황금의 나라가 있다. 그곳 사람들은 후추를 물 쓰듯 한다"는 대목을 읽은 유럽인들의 눈은 휘둥그레졌다. 황금과 후추가 그렇게 흔

| 마르코 폴로.

하다니 모험가들이 몸이 달아오를 수밖에 없었다. 마르코 폴로는 항저우시 하루 후춧가루 소비량이 4,740킬로그램이나 된다고 그 놀라움을 적었다. 《동방견문록》에는 과장되거나 불확실한 부분도 있으나, 베네치아 상인답게 향신료 산지에 대한 기록은 비교적 정확히 남겼다. 이렇게 되자 신항로 개척의 필요성은 한층 절실해졌다.

스페인과 포르투갈의 향신료 획득 전쟁에서 결국 항로를 동쪽으로 향한 포르투갈이 서쪽으로 향한 스페인을 이기고 무역권을 독점하게 된다. 그들은 인도의 고아에 식민기지를 마련하고 말라카 왕국과 향료의 주산지인 몰루카 제도를 점령해 단번에 향료무역을 독점했다. 반면 항로를 서쪽으로 잘못 잡은 스페인은 신대륙을 발견했다. 콜럼버스는 지구가 둥글다고 믿었기 때문에 서쪽으로 가도 인도에 도달할 수 있다고 믿었다. 그 역시 후춧가루를 찾아나섰던 사람이다.

포르투갈 사람들이 구한 향료는 인도 말라바르 해안의 후추와 스리랑카의 계피를 비롯해 몰루카 제도의 정향, 반다 섬의 육두구 등이었다. 포르투갈이 가져간 향료가 큰 인기를 끌고 엄청난 이윤을 내자 네덜란드와 영국도 동인도회사를 속속 설립해 향료무역에 뛰어들었다. 유럽의 발전은 후추가 이끈 셈이다.

유럽을 깨운 향신료

십자군 전쟁을 일으킨 교황 우르바노 2세^{Urbanus II}는 검소한 교황이었지만 육식을 즐겼다. 이슬람의 세력 확대로 지중해 동쪽이 이슬람에 넘어가자 후추 수입에도 큰 타격이 있어 품귀 현상이 일고 값도 엄청나게 올랐다. 어쩌면 교황이 십자군 전쟁을 일으킨 이유가 성지 탈환뿐 아니라 후춧가루에도 그 원인이 있을지 모른다. 종교 이념이 지배하고 육체와 감각이 천시되었던 중세 유럽의 어둠을 향신료가 깨우기 시작했다.

중국의 정화 함대가 서양과 비교할 수 없는 대함대를 이끌고 먼저 세계를 누볐다. 하지만 당시 중국 왕조는 지방의 토호 세력들이 그 무렵 막강했던 해상 세력과 손잡고 반란을 일으킬 것을 우려해 해금령을 내렸다. 일절 바다 출입을 금한 것이다. 게다가 모든 배를 파괴하고 불살라버렸다. 섬에 사는 사람들도 모두 육지로 불러들여 섬들을 모두 무인도로 만들었다. 조선도 해금령에 동참했다. 이로써 동양은 바다와 벽을 쌓고 동양의 시대는 막을 내렸다.

이를 계기로 서양의 대항해가 세계의 해상무역을 주도하게 되고 서양이 동양을 추월하게 된다. 세계사에서는 이를 기점으로 중세와 근대를 나눈다. 세계사적으로 대변혁기였던 시기, 육류를 즐긴 서양의 향신료에 대한 욕구가 서서히 유럽을 깨우기 시작해 세계사의 운명을 바꾼 것이다.

세계사를 바꾼
콜럼버스가 쫓은 것은?

유대인으로 추정되는 콜럼버스

크리스토퍼 콜럼버스가 1492년 10월 12일 신대륙을 발견했다. 그러나 신대륙의 첫 번째 발견자는 아메리카 원주민들이었다. 그들은 아시아에서 베링 해협 육로를 통해 2만 년 전에 아메리카로 건너온 것으로 추정된다. 그 뒤 두 번째 발견한 유럽인은 바이킹이었다. 그러나 1000년경에 일어난 이 사건은 세상에 별로 알려지지 않았다.

콜럼버스는 유대인이라는 설이 끊이질 않는다. 그는 제노바 근처 사보나에서 모직물 무역상 도미니코 콜롬보Domenico Colombus와 스페인계 유대인 어머니 수산나 폰타나로사Susanna Fontanarossa 사이에서 태어났다. 법적으로는 제노바 사람이었으나 이탈리아어가 아닌 스페인어를 썼다. 그의 아버지도 스페인계 유대인으로 추정된다. 중세에 상인이라 함은 유대인과 동의어였다. 그 무렵 장원제도하에서 대부분이 농사를 짓고 살았는데 떠돌아다니며 장사하는 상인은 유대인이었기 때문이다.

| 신대륙을 발견한 콜럼버스 일행.

게다가 모직물 무역상은 대대로 유대인 고유의 직업이었다.

　콜럼버스는 영어식 성이고 그의 실제 성은 콜론Colon이다. 당시 '콜론'
은 이탈리아에 살고 있었던 유대인들의 성으로 스스로도 다윗 왕과 관
련 있다고 자랑했다. 그가 개종 유대인인 '마라노'라는 설도 있다. 마라
노는 종교재판을 피해 가톨릭으로 거짓 개종한 유대인을 부르는 경멸
어다. 최근 유대 연구가들에 따르면 콜럼버스는 1391~1492년 사이에
스페인에서 추방된 유대인이라는 주장이 제기되고 있다. 당시 스페인
에서는 마녀사냥식 종교재판이 성행해 많은 유대인들이 추방되거나 스
스로 탈출했다.

《동방견문록》에 심취하다

콜럼버스는 어릴 때부터 항해에 관심이 많아 10대 후반부터는 아버지를 따라 직물과 포도주를 팔러 지중해 연안은 물론 아이슬란드까지 항해했다. 1474년 에게 해 키오스 섬에 유향을 사러 가는 항해에도 참가했고, 20대 후반에는 스페인 남부 마데이라 섬으로 설탕을 사러 간 적도 있었다. 이렇게 그는 어릴 때부터 해상무역을 하던 무역상이었다.

당시 동서무역의 주역 또한 유대인들이었다. 왜냐하면 기독교와 이슬람이 첨예하게 대립하던 시절이라 양 지역을 오가며 교역할 수 있는 상인은 유대인뿐이었기 때문이다. 기독교도나 이슬람은 상대 지역에 들어갈 수 없을 뿐 아니라 항해 자체가 위험했던 시기였다.

ㅣ 중세 사람들은 지구가 평평해 먼 바다로 나가면 절벽 아래로 떨어진다고 생각했다.

콜럼버스는 제노바 상선대 선장이 된 뒤에는 마르코 폴로와 프톨레마이오스 등의 책을 읽고 지구가 둥글다는 믿음을 갖게 되었다. 그는 마르코 폴로의 글을 읽으면서 흥미로운 대목 옆에는 메모를 남길 정도로 탐독했다. 마르코 폴로는 몽골의 대칸이 지배하는 영역이 대인도, 중인도, 소인도 '세 개의 인도'로 구성되어 있다고 했다. 콜럼버스는 마르코 폴로가 이야기한 '인도' 곧 원나라를 향해 출항한 것이다. 그가 휴대한 이사벨라 여왕의 친서 수신인은 '위대한 칸'이었다.

어렵게 여왕의 후원을 얻다

17년간 후원자를 찾아 헤매던 콜럼버스가 우여곡절 끝에 1486년 1월 스페인 이사벨라 여왕을 처음 알현했다. 그는 탐험계획을 설명하고 마르코 폴로의 《동방견문록》에 소개된 '대칸의 나라'를 찾아가겠다며 도움을 청했다. 이 계획안을 특별 심사위원회에 올렸으나 쉽게 결론나지 않았다.

당시 궁전에는 세 명의 마라노 곧 개종 유대인들이 있었다. 그들은 이사벨라 여왕에게 왕실 재산의 궁핍을 설명하고 만일 콜럼버스가 성공하기만 한다면 거대한 부를 거둘 수 있다고 거들었다. 당시 유럽에는 왕실 내에 '궁정 유대인'이란 특이한 직종이 만들어지기 시작할 무렵이었다. 유대인들이 워낙에 재정 관리와 금융 섭외에 유능했기 때문이다. 궁정 유대인은 오늘날의 재무장관 격이었다.

콜럼버스의 요구가 많아 처음에는 부정적이었던 여왕은 결국 그를

| 엠마누엘 로이체, 〈여왕 앞에 선 콜럼버스〉(1843).

지원하기로 결정했다. 이사벨라 여왕은 자금 외에도 팔로스 시ᅲ로 하여금 선박 두 척을 내주게 하고, 과거의 죄를 사면한다는 조건으로 승무원 모집도 거들었다. 드디어 1492년 8월 3일 산타마리아호를 포함한 세 척의 배에 120명의 선원을 태우고 출발했다.

음양으로 도움 준 유대인들

당시 콜럼버스 항해를 적극 지지했던 궁정의 후원자들은 주로 개종 유

| 산타마리아호.

대인들이었다. 그리고 선원은 물론 통역관, 지도 작성자, 항해기구 제작자 등 대부분이 유대인이었다. 유대인 천문학자 아브라함 자쿠토Abraham Zacuto가 작성한 항해지도를 썼고, 유대인 요세프 베치뇨Joseph Vechino가 개발한 도구를 썼다. 특히 통역관이었던 루이스 데 토레스Luis de Torres는 4개국 언어에 능통한 랍비 출신이었다.

콜럼버스의 항해에는 음양으로 유대인 과학자들의 도움이 컸다. 유대인 과학자들은 남들보다 1세기 먼저 지도와 나침반을 만들어 먼 거리 항해를 준비했다. 마르코 폴로의 글이 유럽인의 지리 지식을 어떻게 바꾸어 놓았는지를 잘 보여주는 것이 1375년 스페인 마요르카 섬에서 제작된 유럽 최초의 세계지도였다.

이 지도에는 《동방견문록》에 의해 처음 알려진 지명들이 자세히 기

| 1375년 아브라함 크레스쿠가 만든 지도.

록되어 있었다. 모두 여덟 장으로 이루어진 지도는 동방에 네 장을 할
애했다. 유대인 아브라함 크레스쿠Abraham Cresques가 바로 이 지도를 만
들었다.

남반구 항해를 가능케 한
유대인의 천측력

콜럼버스가 항해를 떠나기 5개월 전인 3월에 이사벨라 여왕은 유대인
추방령을 내렸다. 당시 추방을 당한 사람 중에는 랍비이자 천문학자인

아브라함 자쿠토도 있었다. 그 무렵 항해가들은 아프리카 서해안을 따라 탐험했는데 북반구에서는 북극성의 고도를 측정하면 대략의 위도를 구할 수 있었다. 경도는 연안을 따라 항해했기 때문에 큰 문제가 아니었다. 그러나 남반구로 내려가면 북극성을 관측할 수 없어 위도를 구할 수 없었다. 이를 해결한 사람이 바로 자쿠토였다. 그는 해의 고도를 측정하는 방법을 고안해 위도와 태양의 적위를 계산한 '천측력'을 유대어로 간행했다. 이로써 위도를 구할 수 있게 되어 남반구 항해가 가능해졌다.

자쿠토는 스페인에서 추방당하자 포르투갈로 건너가 포르투갈 왕실 천문학자로 일했다. 콜럼버스가 대항해를 결심하게 된 배경에는 자쿠토의 영향이 컸다. 그의 멘토였던 자쿠토는 지구가 둥글다는 사실을 콜럼버스에게 확실하게 각인시킨 인물이었다.

마지막 난관은 선원 모집이었다. 저 넓은 바다 끝에 가면 벼랑 아래로 떨어져 죽을 것이라는 공포감 때문에 배를 타겠다는 사람이 없었다. 콜럼버스의 끈질긴 노력으로 선원의 사분의 일은 승선을 조건으로 사면받은 죄수들로 채워졌다.

콜럼버스의 첫 항해에 탑승한 선원들 중 우수한 뱃사람, 독도사, 통역, 외과의사 등 중요 승무원은 대부분 유대인이었다. 콜럼버스가 이런 유대인 선원들을 만났다는 것은 행운 중에 행운이었다.

콜럼버스,
서인도제도에 도착하다

출발한 지 70일 만에 마침내 콜럼버스는 신대륙에 도착했다. 그가 도착한 곳은 바하마 제도의 구아나아니 섬이었다. 그는 자신이 인도의 한 곳에 도착한 것으로 확신하고 신에 대한 감사의 뜻을 표시하기 위해 이 섬을 '산살바도르'라고 명명했다. '구세주'라는 뜻이다.

콜럼버스가 그곳을 인도라고 착각한 이유는 있었다. 《동방견문록》의 애독자였던 그가 원래 가고자 했던 나라는 칸이 다스리는 원나라였다. 그런데 그는 해류 때문에 원나라 남쪽 인도에 도착했다고 생각했다.

그는 진정 자기가 도착한 곳이 인도인줄 알았다. 그래서 그곳 사람들을 '인디언'이라고 불렀다. 후세 사람들도 아메리카 원주민들이 인도 사람이 아닌 줄 뻔히 알면서도 콜럼버스를 따라 계속 인디언이라고 불렀다. 콜럼버스는 죽을 때까지 자기가 인도를 찾아냈다고 믿었다. 그의 이러한 슬픈 신념을 애도하기 위해 후세 사람들은 그가 찾아낸 카리브 해의 섬들을 인도하고는 전혀 상관이 없었지만 서쪽의 인도라는 의미로 '서인도제도'라고 불러주었다.

콜럼버스가 도착해 맨 처음 한 일은 돈이 될 만한 토산품을 찾아내는 일이었다. 그러나 여러 섬을 돌아다녀 보아도 어디에도 후추 같은 돈 될 만한 게 없었다. 그런 가운데 어느 섬에서 사금이 나는 걸 발견했다. 그 뒤 스페인은 금과 은에 집착하게 된다.

콜럼버스는 첫 귀환 길에 앵무새와 아메리카 원주민을 대동해 사람들을 놀라게 했다. 그 뒤에도 신기한 동식물들을 많이 갖고 들어왔다.

콜럼버스의 위대한 업적 가운
데 하나가 일차 항해에 유럽에
감자와 옥수수, 고구마, 토마토
등 남미산 작물을 가지고 왔다
는 것이다. 훗날 바로 이 감자
와 옥수수가 유럽을 기근에서
구해주었다.

| 콜럼버스가 유럽에 전파한 작물 중 하나인 감자.

고추의 발견과 전파

콜럼버스는 두 번째 항해 때 서인도제도의 아이티에서 매운 맛이 나는
새로운 향신료 '고추'를 발견했다. 고추의 원산지는 중남미 열대 지방
으로 인류는 9천 년 전부터 고추를 먹어 왔다. 고추는 자신이 알고 있
는 후추와는 전혀 다른 향신료였지만 콜럼버스는 개의치 않았다.

그 뒤 고추는 동양과의 무역을 독점했던 포르투갈인을 따라 동쪽으
로 전파되어 인도 너머 일본까지 건너갔다. 이렇게 고추는 50년 만에
세계로 퍼져나가 지역 요리와 빠르게 결합했다. 그리고 1592년 임진왜
란 때 일본을 통해 우리나라에 들어와 우리 민족의 입맛을 바꾸었다.
매운 음식을 좋아하는 사람들은 콜럼버스에게 감사해야 한다.

신대륙 명칭이 아메리카인 이유

| 베스푸치 동상.

콜럼버스는 자기가 찾은 땅을 인도라고 믿은 반면, 이탈리아 출신의 지도제작자이자 탐험가인 아메리고 베스푸치 Amerigo Vespucci 는 1502년 남미 탐험 이후 콜럼버스와는 달리 이곳은 인도가 아닌 신대륙이라 믿었다. 그래서 베스푸치는 그의 확신을 담은 《신대륙》이라는 여행일지를 출판했다. 이에 사람들은 신대륙을 처음 인정한 그를 기려 신대륙의 이름을 아메리카라 불렀다.

그리고 1856년 파리에 살던 중남미 지식인들이 멕시코 이남의 나라들은 라틴 전통을 공유하고 있다며 당시의 명칭인 '앵글로색슨 아메리카' 대신 '라틴 아메리카'라고 부르기 시작해 국제적으로 통용되었다.

향신료 전쟁

대항해시대의 개막과 식민지 획득 경쟁은 바로 향신료를 찾기 위한 것이었다. 이 시대 자체가 향신료의 역사라고 할 수 있다. 유럽에서 육류의 맛을 내는 데 동양의 향신료가 필수적이었다. 향신료 중에서도 인도의 후추, 스리랑카의 계피, 동인도제도의 육두구, 몰루카 제도의 정향이 대표적이었다.

그런데 14세기 초 무역을 중시해 실크로드를 보호하던 원나라의 힘이 떨어진 틈을 타 오스만제국이 발흥해 유럽과 동방의 무역로를 차단했다. 그러자 유럽에서 후추 등 동방상품의 가격이 폭등했다. 생산지 가격의 100배는 보통이었고 육두구의 경우 600배까지 치솟았다. 동양의 향신료만 얻을 수 있으면 그야말로 대박은 따 놓은 당상이었다.

바스코 다 가마의 인도 항로 발견

1498년 바스코 다 가마의 포르투갈 함대가 향신료를 찾아 아프리카 남단 희망봉을 돌아 처음으로 아프리카 동쪽 해안에 이르렀다. 거기에는 많은 이슬람 상선들이 입항해 있었다. 그곳에서 단숨에 계절풍을 타고 인도양을 가로지를 수 있었던 것은 아랍인 뱃길 안내자 덕분이었다. 이렇게 그는 인도 캘리컷에 도착했다. '진짜' 인도에 도착한 것이다.

그 무렵의 인도는 유럽보다도 훨씬 풍요로운 국가였다. 특산물인 향신료 이외에도 갖가지 수공업이 발전되어 있었다. 무명만 하더라도 캘리컷의 무명은 매우 고급품이어서 유럽인들이 한눈에 반했다. 이때 유럽인들은 이 직물에 '캘리코calico'라는 이름을 붙였다. 이후 영국의 산업혁명은 이 캘리코에 자극 받아 면직물 산업에서부터 시작하게 된다.

바스코 다 가마 일행은 향신료와 캘리코 등 귀중한 동양 산물을 가득 싣고 귀국했다. 리스본에 2년여 만에 도착했을 때 처음 170명 가운데 생환자는 겨우 55명뿐이었다. 하지만 인도에서 가져온 상품 견본들은 포르투갈 상인들의 호기심을 끌기에 충분했다. 바스코 다 가마 일행은 이때 6천 %의 이득을 남겼다. 아주 놀라운 이윤율이었다. 중세 말 지중해 향신료무역에서 얻을 수 있었던 이윤율은 40% 정도였다. 그 뒤 신항로의 개척으로 동방 산물이 이슬람 상인이나 이탈리아 중개상을 거치지 않고 유럽에 들어오면서 포르투갈 상인들은 엄청난 수입을 보장받았다.

이때부터 서구 열강의 동양 진출이 본격화되었다. 포르투갈은 1505년에 인도 고아에 총독을 두고 이곳을 중심으로 식민지 개척 전략을 펴나갔다. 1511년 실론과 말레이 반도의 말라카도 정복했다. 그리고 1515년 페르시아 만의 항구 호르무즈의 점령으로 포르투갈의 동아시아시대는 활짝 만개되었다.

이로써 본국까지 가지 않고도 여기서 아랍 상인들과 거래해 짐을 처분할 수 있었다. 1517년에는 중국에 진출해 마카오를 선점했다. 명나라는 포르투갈이 남중국해의 해적을 소탕하겠다고 했던 것에 호감을 가졌다. 마카오는 광둥 성의 거대한 비단 시장을 끼고 있었기 때문에 중계무역으로는 최적의 입지였다. 이렇게 해서 포르투갈은 16세기 전반에는 큰 이익을 보장하는 후추와 비단 등 동방무역을 독점해서 거대한 부를 얻었다.

마젤란의 세계일주

이때 경쟁국이 등장한다. 1519년부터 3년여에 걸쳐 마젤란^{Ferdinand Magellan}의 스페인 함대가 동남아시아를 거쳐 유럽으로 돌아가는 세계일주에 성공했다. 이번에는 스페인도 '진짜' 인도 항로를 찾은 것이다.

후추 외에 소중한 향신료는 또 있었다. 바로 육두구와 정향이다. 육두구와 정향은 후추보다 더 귀했다. 육두구 나무는 몰루카에 속한 반다 제도에서만 자랐다. 반다 제도는 자카르타에서 동쪽으로 약 2,500킬로미터 떨어진 반다 해 위에 외롭게 떠있는 일곱 개의 섬이다. 반다 제도의 섬들은 작아 가장 큰 섬의 길이가 10킬로미터가 되지 않고 가장 작은 섬의 길이는 겨우 2~3킬로미터다. 반다 제도의 섬들과 비슷한 크기의 섬이 몰루카 제도 북쪽에도 있는데 테르나테 섬과 티도레 섬이다. 이 두 섬은 세계에서 유일하게 정향나무가 자라는 곳이었다.

수 세기 동안 몰루카 제도 주민들은 육두구와 정향을 재배해서 이곳

스페인

마젤란 사망 장소
(1521년 4월 27일)

필리핀 제도

대서양

대평양

마젤란 해협

| 마젤란의 세계일주 루트.

을 방문하는 아랍, 말레이, 중국 상인들에게 팔았다. 이로써 육두구는
아시아와 유럽으로 전파되었다. 당시 육두구와 정향은 유럽 소비자에
게 전달되는 데 12단계의 유통경로를 거쳐야 했다. 각 유통단계를 거칠
때마다 향신료의 가격은 두 배로 뛰었다.

　스페인도 향료무역에 눈독을 들였다. 1518년 포르투갈 항해사 페르
디난드 마젤란은 자신의 탐험계획이 조국에서 받아들여지지 않자 스페
인 왕실을 찾아갔다. 그는 서쪽으로 가면 향료제도에 도착할 수 있을
뿐 아니라 항해기간도 단축할 수 있을 거라는 자신의 계획을 설명하고
설득했다. 스페인은 마젤란의 계획을 지원할 이유가 충분했다. 동인도
로 가는 서쪽 항로가 개척되면 스페인 선박들은 포르투갈 항구를 이용
할 필요도 없어지고 아프리카와 인도를 경유하는 동쪽 항로를 이용할
필요도 없어지기 때문이다.

여기서 잠깐 교황 알렉산더 6세^{Alexander VI}의 포고령 이야기를 하고 넘어가자. 케이프베르데 제도 서쪽에서 500킬로미터 떨어진 곳에 가상의 경선이 있다. 교황의 교령에 의해 포르투갈은 이 경선의 동쪽 영토를, 스페인은 서쪽 영토를 하사받았다. 이런 모순된 교령이 나올 수 있던 것은 당시 교황이 지구가 둥글다는 사실을 몰랐거나 이를 간과했기 때문이다. 어쨌든 스페인이 서쪽으로 가서 향료제도에 도착할 수만 있다면 스페인은 향료제도에 대한 합법적 권리를 주장할 수 있었다.

마젤란은 스페인 왕실에 자신이 아메리카 대륙을 통과할 견문을 갖추고 있음을 확신시켰고 자신도 그렇게 생각했다. 1519년 9월, 마젤란은 스페인을 떠나 남서쪽으로 내려가 대서양을 건너 지금의 브라질, 우루과이, 아르헨티나 해안을 따라 내려갔다. 라플라타 강어귀를 만나자 마젤란은 드디어 태평양으로 가는 길을 찾았다고 생각했다. 하지만 라플라타 강어귀를 따라 200여 킬로미터를 나아갔을 때 나타난 것은 지금의 부에노스아이레스였다. 마젤란의 의심과 실망은 이루말로 표현할 수 없었다.

마젤란은 실망할 때마다 다음 곳만 돌면 대서양에서 태평양으로 가는 통로가 나올 것이라 확신하며 계속 남으로 내려갔다. 다섯 척의 작은 배와 265명의 선원으로 시작된 항해는 악화일로에 있었다. 남쪽으로 갈수록 낮은 더 짧아지고 강풍은 더 끊임없이 불어닥쳤다. 갑작스러운 조수로 인한 위험한 해안, 거대한 파도, 끊임없는 우박과 진눈깨비, 얼어붙은 삭구에서 미끄러져 배에서 떨어질지도 모른다는 생명의 위협 때문에 항해의 비극은 더해만 가고 있었다.

항해 도중 선원들이 폭동을 일으키기도 했다. 폭동을 진압한 마젤란은 남위 50도에 이르러서도 태평양으로 가는 해협이 보이지 않자 겨울의 나머지를 그곳에서 보냈다. 다시 항해를 계속한 마젤란은 드디어 오늘날 우리가 알고 있는 마젤란 해협을 마침내 발견하고 이를 무사히 통과했다.

1520년 10월, 마젤란 선단의 배 네 척이 마젤란 해협을 통과했지만 보급품이 떨어지자 마젤란 휘하의 장교들은 돌아가야 한다고 주장했다. 하지만 정향과 육두구의 유혹 때문에, 그리고 동인도제도의 향료무역이 가져올 부와 영광 때문에 마젤란은 항해를 멈출 수가 없었다. 마젤란은 세 척의 배를 이끌고 서쪽으로 항해를 계속했다. 어느 누구도 상상하지 못했던 광대한 너비의 태평양을 건너는 일은 남아메리카 남단의 마젤란 해협을 통과하는 것보다 훨씬 힘든 일이었다.

1521년 3월 6일 탐험대가 마리아나 제도의 괌에 상륙하면서 선원들은 굶주림과 괴혈병으로 인한 죽음의 공포에서 잠시 벗어났다. 10일 뒤 마젤란은 필리핀 제도의 조그마한 섬, 막탄에 상륙했다. 이것이 그의 마지막이었다. 주민들과 사소한 충돌로 마젤란이 살해된 것이다.

마젤란 본인은 몰루카 제도에 도달하지 못했지만 그의 배와 선원들은 정향의 원산지, 테르나테 섬에 도착했다. 스페인을 떠난 지 3년, 18명으로 줄어든 생존 선원들은 마젤란 선단의 마지막 배, 빅토리아호의 오래되고 낡은 선체에 26톤의 향신료를 싣고 강을 거슬러 세비야로 돌아왔다.

이어 포르투갈과 스페인 사이의 경쟁이 본격화되었다. 곳곳에 두 나라의 중계기지와 식민지가 생겨났다. 이처럼 두 나라가 식민지 개척에 열을 올린 것은 모두 향신료와 동방상품에 혈안이 되어 있었기 때문이다.

네덜란드의 향신료교역,
100배 이상의 수익을 내다

그런데 이변이 일어난다. 스페인의 무적함대가 그간 우습게 보던 영국과 네덜란드 연합군에 패한 것이다. 이로 인해 동인도 항로의 주인공이 바뀐다. 16세기 말부터 영국과 네덜란드가 스페인과 포르투갈을 몰아내고 이를 대체한다. 특히 네덜란드의 동양 진출이 활발했다. 유대인들이 주도하는 네덜란드 동인도회사의 경우, 17세기 중엽에는 말레이 반도에서 자바, 수마트라 등을 비롯해 대만, 일본과 독점 무역권을 수중에 넣어 동남아시아 해상무역을 장악하게 된다.

초기에 영국은 인도를 중심으로 거래를 했고, 네덜란드는 인도네시아를 위주로 무역을 했다. 마르코 폴로에 의해 인도네시아 동부 몰루카 섬들이 향료 섬이라는 사실이 알려지자 네덜란드인들은 직접 그 원산지를 찾아 나선다.

마침내 1595년 네덜란드인들은 향료무역의 중심지인 지금의 자카르타 바타비아에 근거지를 세우고 포르투갈 사람들을 축출했다. 그리고 실론과 케이프타운에 중간 통상거점을 세우고 거대한 아시아 무역망을 발전시켰다.

네덜란드 동인도회사 유대인들은 이렇게 독점 체제를 완성해 구입 가격과 판매 가격을 맘대로 조정했다. 생산지 가격은 최저로 억누르고 유럽에서의 판매 가격은 최고 수준으로 유지하며 독점이윤을 실현했다. 이 같은 방법으로 헐값에 산 향신료들을 가득 싣고 배가 무사히 돌아오면 보통 100배 이상의 시세 차익을 볼 수 있었다. 선장과 선원들은 고향에서 영웅이 됐고, 항해에 자금을 댄 상인들은 떼돈을 벌었다.

이렇게 향료무역은 성공하면 대박이었지만 그에 못지않게 많은 비용과 희생도 따랐다. 향료 구입에 필요한 자금 외에도 훌륭한 대포가 장착된 배와 능력 있고 경험이 풍부한 선장과 선원들을 확보해야 했다. 게다가 위험도 많았다. 17세기를 전후해 세 번에 걸쳐 동인도로 파견된 약 1천 2백 명의 영국 선원들 가운데 무려 8백 명이 항해 도중 괴혈병과 장티푸스로 죽었다. 풍랑과 암초를 만나 배가 침몰하기도 했다. 또 현지 저항도 만만치 않을 수 있었다. 게다가 향료를 싣고 오던 배가 적대관계에 있는 국가의 무장 범선을 만나 약탈당하고 심지어 잔인한 학살극이 일어나기도 했다. 힘든 항해를 마치고 본국에 돌아오는 선원들과 상인들의 수는 소수에 불과했다.

이런 까닭에 해상무역을 하는 회사는 무엇보다도 군사적으로 적들보다 강해야 했다. 그리고 식민지를 개척하고 운용해야 했다. 1602년에 설립된 네덜란드 동인도회사는 본국과 멀리 떨어진 곳에서 사업을 수행하기 위해서 아예 '주식회사와 국가가 결합된 형태'가 되었다. 그래서 동인도회사에 주어진 권한은 정부 권한에 버금갔다.

유대인이 주도하는 동인도회사,
막강 권력을 갖다

네덜란드 정부는 1602년 유대인들이 대주주로 있는 동인도회사에 아시아 독점 무역권을 보장했다. 해상교역권 이외에도 식민지 개척 및 관리권도 주었다. 그리고 이에 필요한 협상의 권리와 교역 상대국 안에서 독립적인 주권도 보장해주었다. 아울러 식민지 개척을 위해 회사가 군대를 가질 수 있게 했다.

이와 함께 동인도회사는 관리 임명권은 물론 식민지 개척과 운영에 필요한 치외법권과 전쟁선포권도

Ⅰ 네덜란드 동인도회사의 기. 네덜란드 국기를 차용했다. 가운데가 동인도회사 로고이고 바탕색 빨강은 용기, 하양은 신앙, 파랑은 충성심을 상징한다.

갖게 되었다. 더불어 조약체결권과 화폐발행권도 주어졌다. 그밖에 식민지 건설권, 요새 축조권, 자금 조달권 등을 주었다. 그뿐만 아니라 외국 경쟁자와 싸울 때는 정부의 전폭적인 지원을 받았다. 동인도회사가 마치 한 나라에 비견되는 막강한 권리를 갖게 된 것이다. 이 모든 것이 동인도회사의 대주주들에게 자유재량권이라는 이름으로 모두 위임되었다. 한마디로 유대인 대주주들이 동인도회사의 정책과 식민지 정책을 주도한 것이다. 이렇게 자본주의의 상징인 최초의 주식회사 동인도회사는 한 손에는 무역, 다른 한 손에는 총을 갖고 시작했다.

유대인, 삼각무역에 주력하다

17세기에 이르러 네덜란드 동인도회사 유대인들은 일본까지 해상교역을 넓혀 나갔다. 네덜란드는 1609년 일본 히라토平戸에 최초의 네덜란드 무역관을 설치했다. 일본과는 차, 도자기, 비단과 더불어 은과 구리

도 취급했다. 당시 일본에서 네덜란드와 경쟁관계였던 포르투갈의 사령관 로푸 드 카르발류Lopo Sarmento de Carvalho도 유대인이었다. 유대인들끼리의 각축이었다.

이후 1619년에 네덜란드는 자바 섬 서쪽의 수마트라를 침략했다. 그리고 포르투갈로부터 몰루카 제도를 빼앗은 후, 말라카와 실론까지 점령했다. 실론은 오늘날의 스리랑카다. 이 과정에서 네덜란드의 동인도회사는 17세기 중엽에 이르기까지 폭력적인 점령으로 곳곳에 식민지를 세워 약 20여 곳에 무역관을 개설했다.

당시 동인도회사 유대인들은 삼각무역에 주력했다. 인도네시아의 향신료와 인도의 후추, 무명 및 다이아몬드를 본국에 팔아 은을 마련했다. 당시 은은 국제 화폐였다. 그 은으로 인도네시아 가는 길에 인도에들러 후추와 무명을 샀다. 당시 인도 케랄라에는 6세기에 설립된 유대인 상인조직에 있어 그들과 주로 교역이 이루어졌다. 유대인들은 인도에서 산 후추와 무명을 갖고 인도네시아에 가 향신료와, 일본에 가서은과 구리와 바꾸었다. 그리고 일본의 은을 중국에 가서 금과 비단으로바꿨다. 한 행차에 몇 번의 거래를 해 수익을 크게 늘릴 수 있었다. 삼각무역은 오랜 기간 진행되었다.

동인도회사, 날개를 활짝 펴다

네덜란드 동인도회사에 중요한 전기가 도래한다. 아시아 상품이 직접거래되던 페르시아 만 어귀 호르무즈 해협의 호르무즈 항구를 이용할 수 있게 된 것이다. 원래 이 항구는 1515년 포르투갈이 선점하면서 그들이 동인도무역을 독점할 수 있던 항구였다. 호르무즈는 고대부터 동양과 서양을 연결해주는 핵심거점이었다. 배들이 이곳까지만 오면 아라비아 대상들이 물건을 받아 서양에 넘겼다.

그 무렵 유대인을 추방한 포르투갈은 독일의 거상 푸거가*와 손을 잡았다. 그래서 푸거가가 동방무역에 대한 자금을 댔다. 그리고 그 자금으로 포르투갈 배가 동인도무역을 독점적으로 주도했다. 인도에서 돌아오는 포르투갈 배가 호르무즈에 도착할 즈음 중동 지역에서 1천~4천여 마리의 낙타로 이루어진 대상들이 은과 금, 그리고 상품을 가득 싣고 호르무즈에 모여 거래가 이루어진다. 대부분이 유대인이었던 푸거가의 매니저들은 이 거래를 통해서 돈을 벌어 리스본에서 자금이 오기까지 기다리지 않고도 유럽으로 보낼 향료를 적기에 다시 구입할 수 있었다. 무엇보다도 선박이 인도양 남단을 멀리 횡단해 아프리카를 돌아 포르투갈까지 갈 필요가 없어지자 연안항로를 이용해 일 년 내내 교역활동을 할 수 있었다.

당시 원거리 해양무역을 결정하던 가장 중요한 요소는 계절풍이었다. 무역풍이라고 불리기도 하는 이 계절풍은 반년 주기로 풍향이 바뀌는 바람이다. 이렇게 바람의 방향이 일 년에 한번 바뀌면서 무역상은 한 방향으로 될 수 있는 한 멀리 갔다가 바람의 방향이 바뀔 때까지 그곳에 머물렀다. 이렇게 해상무역 상인들의 행동반경이 제약되고, 그 다음의 일은 중개 상인들의 몫이 된다.

포르투갈은 호르무즈 지배로 계절풍이 뚜렷이 나타나는 인도양을 항해하지 않고도 동방물품을 대상들에게 인도할 수 있게 된 것이다. 게다가 본국까지 갈 필요가 없어지자 선박 운행기간이 대폭 단축되어 거래 회전수를 획기적으로 늘릴 수 있었다. 왕복에 2년 이상 걸리던 뱃길을 6개월 미만으로 단축할 수 있었다. 이렇게 호르무즈 점령으로 포르투갈의 동아시아시대는 1세기 이상 지속되었다.

1622년에 영국과 페르시아가 호르무즈를 탈환함으로써 포르투갈시대는 막을 내린다. 그 뒤 호르무즈는 누구나 이용할 수 있는 자유 교역항이 되어 네덜란드 동인도회사가 본격적으로 동아시아 교역을 주도하게 된다.

네덜란드는 중국과의 무력 충돌을 피하기 위해, 이미 기항지로 점령했던 히라토에서 물러나 중국 영토가 아닌 대만을 점령했다. 그 뒤 네덜란드는 1662년 명나라 정성공鄭成功에 의해 쫓겨나기까지 대만에서 인력수출 및 사슴 사냥 등의 사업을 영위했다. 이어 일본에서 기독교 선교 문제로 포르투갈과 스페인이 쫓겨나자 네덜란드 동인도회사가 1639년부터 일본과의 교역을 독점했다. 일본과의 무역을 독점하게 되면서 이후 아시아 교역에서 네덜란드의 전성기가 펼쳐진다.

그 뒤 네덜란드는 1641년 말라카에 향료항구를 건설하고 남반부 아래로 탐험을 계속했다. 1642년 뉴질랜드를 발견했다. 또한 네덜란드 동인도회사는 희망봉을 빼앗고, 뉴질랜드를 식민지로 만들고, 브라질을 점령했다.

네덜란드는 이번에는 미주 대륙을 공략하기 위해 서인도회사를 만들었다. 그리고 1630년부터 1654년까지 브라질 동북부를 점령해 유대인들이 사탕수수 농장을 만들어 설탕 산업을 본격적으로 키웠다. 설탕 또한 당대 최고의 부가가치 상품이었다. 그 뒤 동인도회사의 유대인들은

1696년 인도네시아에 세계 최초의 커피 농장을 만들었다. 이후 오랜 기간 동안 커피 수출을 독점할 수 있었다. 돈 되는 곳의 돈 되는 사업은 모두 네덜란드 동인도회사와 서인도회사의 유대인 손아귀에 들어왔다. 동인도회사와 서인도회사를 통해 글로벌 경제를 이룬 것이다.

네덜란드 동인도회사의 만행

포르투갈로부터 몰루카 제도를 접수한 네덜란드인들은 가격을 올리기 위해 이 섬에서만 정향을 생산하도록 했다. 약간 매운 듯하면서 향기를 내는 정향은 늘 푸른 큰키나무로 분홍 꽃이 피는데, 이 꽃이 정향의 원료다. 꽃이 피기 바로 직전에 따서 햇볕이나 불을 지펴 말린다. 말린 꽃봉오리가 마치 못을 닮았다고 해서 정향丁香이라 하며, 영어 이름인 클로브clove 역시 클루clou, 못에서 유래되었다. 정향은 고대부터 대표적인 묘약의 하나였다. 게다가 정향은 향기가 좋을 뿐 아니라, 우리가 쓰는 향료 가운데 부패방지와 살균력이 가장 뛰어나다. 현재도 정향은 햄, 소스, 수프 등 서양 요리에서 필수적인 향신료다.

  네덜란드 동인도회사 사람들은 이후에도 무력으로 향신료 시장을 넓혀갔다. 그러나 대량공급은 정향의 가격을 떨어뜨렸다. 그러자 향신료에 다른 품종을 첨가하는 부정을 저지르기 시작했다. 그 결과 소비자의 불신을 초래해 가격이 폭락했다. 1760년 암스테르담에서는 향료 가격을 인상시킬 야욕으로 산더미 같은 향료 재고를 불태워버리는 사건도 발생했다.

정향 가격이 폭락하게 되자 네덜란드인들은 극히 일부 지역을 제외한 모든 향료 섬들에 자라는 정향나무를 전부 뽑아냈다. 그 뒤 향료를 불법적으로 재배하거나 거래하는 자들은 모조리 처형했다. 오랫동안 정향에 의존해 왔던 원주민들의 수입원은 이러한 조치에 의해 몰락할 수밖에 없었다.

1770년 모리셔스의 프랑스인 총독은 몰루카로부터 어렵게 정향나무 씨앗을 훔쳐 동아프리카 농장에서 재배했다. 이후 광범위한 향료산지로부터 향료 공급이 증가되자 향료 독점권은 무너지고 가격이 하락해 일반 서민들도 쉽게 구입할 수 있게 되었다. 오늘날 동아프리카 탄자니아는 세계 정향의 9할을 공급한다. 반면에 정향나무 원산지였던 인도네시아는 오히려 정향의 최대 수입국이 되었다. 역사의 반전이다.

인도네시아가 가장 많은 정향을 소비하게 된 데는 그럴 만한 이유가 있다. 19세기 후반에 인도네시아인들은 담배와 정향을 혼합해 '크레텍 kretek'이라는 정향담배를 최초로 생산했는데 담배를 피울 때 바삭바삭하는 소리가 나서 이런 이름이 붙었다. 인도네시아에서는 현재 7만 명의 노동자가 크레텍 생산에 종사할 정도로 그 수요가 엄청나다. 오늘날 인도네시아인은 세계 정향의 절반을 연기로 날리고 있다.

커피의 역사

경제사에서 소금, 후추, 설탕 등이 끼친 영향은 역사를 바꿀 정도로 대단했다. 이 상품들 대부분이 유대인에 의해 유통되었다는 공통점도 갖고 있다. 커피 또한 예외가 아니다. 근대 초의 커피는 유대인에 의해 최초로 대량 재배되어 유통되었다. 지금도 커피 유통의 중심에는 유대인들이 있다.

오늘날 세계 무역에서 커피는 원유 다음으로 물동량이 크다. 현재 커피의 연간 거래량이 750만 톤으로 하루 소비량은 27억 잔에 이르는 것으로 추정된다. 하지만 커피가 유럽에 선보인 초기에는 너무 비싸 일반인들은 마시기 힘들었다. 프랑스의 루이 14세Louis XIV는 딸의 커피 값으로 요즘 돈으로 환산해 1만 5천 달러를 치렀을 정도다. 커피가 경제사에 등장한 과정을 보자.

525년 에티오피아가 예멘 지방을 침략한 시기에 아프리카가 원산인 커피가 아라비아로 건너갔다고 역사가들은 보고 있다. 커피라는 이름 자체가 에티오피아 커피 산지인 카파Kaffa라는 지역 이름에서 유래된 것이라 한다. 또 다른 설說은 이슬람교의 창시자인 무함마드Muhammad가 졸음의 고통을 이기려 애쓸 때 가브리엘 대천사가 나타나 주고 갔다는 이야기도 있다. 가브리엘 대천사가 주었다는 비약의 이름이 바로 카베(카와)였다.

처음에는 약으로 쓰이다

9세기에 최초로 이슬람 율법학자들이 커피를 먹었다는 기록이 등장한다. 당시 커피는 음료로 마셨던 것이 아니라 밤 기도 시간에 졸음을 쫓는 약으로 쓰였다. 그래서 그들은 커피 열매나 씨앗을 볶지 않은 상태에서 씹어 먹었다고 한다. 이렇게 약으로 쓰인 귀한 열매인 까닭에 이슬람권에서는 커피 씨앗의 유출을 막았다. 아랍인들은 커피를 지키기 위해 싹이 터서 발아할 수 있는 종자의 반출은 막고, 대신 씨앗을 끓이거나 볶아서 유럽행 배에 선적했다. 이는 커피 가공법이 발달하게 된 결정적 계기가 된다.

그 뒤 커피 열매를 씹어 먹는 대신, 그 씨앗을 볶아서 그것을 갈아 마시는 방법이 고안되었다. 이후 이슬람 율법학자들은 밤늦게까지 기도하며 신과 합일을 이루고자 '각성제'인 커피를 마셨다. 이슬람 사원에서만 한정적으로 음용되던 커피는 11세기 일반 민중에까지 널리 애용되었다.

ㅣ 커피 원두.

양대 종교를 대표하는 커피와 와인

커피와 와인은 인류의 역사를 이끈 쌍두마차다. 기독교 문화가 뿌리를 내린 곳 어디서나 포도농장을 볼 수 있었던 반면, 이슬람 문화가 지배적이었던 곳에는 어디서나 커피향이 가득했다. 기독교에서 와인은 신이 인간에게 내린 가장 멋진 선물로 여겨진다. 심지어 와인은 예수의 피로 상징된다.

반면 이슬람에서는 인간을 인사불성으로 만드는 와인을 혐오했다. 이성과 절제를 추구하는 이슬람들은 정신을 맑게 해주는 커피를 애호했다. 이슬람교도들에게 커피는 종교였다. 커피는 무함마드에게 가브리엘 대천사가 전해준 음료였기 때문이다.

유럽에는 12세기 십자군 전쟁 때 커피가 처음 들어왔으나 기독교도들이 커피를 이슬람교도의 음료로 여겨 배척했다. 하지만 이슬람 세계에서는 커피가 기호식품으로 자리 잡는다. 1453년 콘스탄티노플에 커피가 소개되고, 1475년 세계 최초의 커피 하우스가 그곳에 문을 열었다. 이렇게 커피가 기호식품으로 이슬람 세계에 퍼져 나가게 된 것은 15세기 중반부터다.

그 무렵 이슬람권을 유일하게 오갈 수 있던 베네치아 유대 상인들이 이를 밀무역으로 이탈리아에 반입했다. 그 뒤 이탈리아 사람들은 커피의 매력에 빠져들기 시작했다. 그러자 천주교 사제들이 교황 클레멘스 8세Clemens VIII에게 커피가 악마의 음료라며 커피 음용 금지를 탄원했다. 하지만 교황이 이를 거부함으로써 오히려 유럽에서 커피 음용이 시작되는 계기가 되었다. 곧 커피는 유럽 전역으로 퍼져 나갔다.

아랍 지역의 유대인,
커피 수출 제한

15세기에 이르러 커피의 수요가 늘어나자, 예멘에 사는 유대 상인들은 커피 독점 공급을 관리하기 위해 커피의 수출항을 한 곳으로 정했다. 그곳이 아리비아 반도 남단의 모카 항구였다. 유대인들은 다른 지역에서의 반출을 엄격하게 제한했다.

심지어 유대인들은 에티오피아 커피까지 모카로 가져와 모카에서 수출했다. 그 무렵 예멘을 중심으로 한 아라비아 반도에는 약 3만 명가량의 유대인들이 공동체를 이루어 살고 있었다. 그 뒤 모카의 유대인들은 17세기 말까지 무려 300년간이나 커피 무역을 독점했다. 이렇게 커피가 모카 항구만을 통해 유럽 각지로 수출되다 보니 유럽 사람들이 커피를 모카커피라고 부르게 된 것이다.

이슬람 세계는 독점을 유지하기 위해 '황금알을 낳는' 커피나무의 반출을 철저히 막았다. 17세기 유럽에서 커피는 비싸 아무나 마실 수 없었는데도 품귀 현상이 일어날 정도로 인기 상품이었다. 그러나 기후조건 때문에 아라비아 땅 이외에는 커피가 잘 자라지 않았다.

서구에 커피의 독점 수입을 주도한 것은 베네치아 유대 상인들이다. 당시 유대인만이 유일하게 이슬람 사회와 기독교 사회를 자유롭게 오가며 무역을 할 수 있었기 때문이다. 근대에 유럽으로 커피를 처음 대량 수입하기 시작한 것도 네덜란드 동인도회사의 유대인들이었다.

동인도회사, 인도네시아에 대규모 커피 농장을 세우다

인도의 이슬람 승려 바바부단Baba Budan은 1600년 메카로 성지순례를 다녀오면서 이집트에 들러 그곳 커피 농장에서 종자 몇 개를 몰래 갖고 인도로 돌아왔다. 이 씨앗을 인도 남부의 카나타가에 뿌려 재배에 성공했다. '인도판 문익점'이다.

유대인들이 이러한 황금 알을 놓칠 리 없었다. 1616년 인도에 커피 나무가 있다는 소식을 들은 동인도회사는 상인을 가장한 스파이를 인도로 밀파한다. 스파이는 인도에서 커피 원두와 묘목을 본국으로 밀반출하는 데 성공했고, 네덜란드로 건너온 커피 묘목은 식물원에서 재배되어 증식되었다.

그 뒤 동인도회사는 1658년 온실재배에 성공한 커피 묘목을 스리랑카(실론)로 가져가서 대규모 농장 재배를 시도했다. 그러나 1670년에 커피나무는 해충 피해를 입고, 농장을 만들려던 시도는 실패했다.

유대인들은 여기서 주저앉지 않았다. 재배 장소를 동인도회사의 아시아 본거지인 인도네시아로 옮겼다. 마침내 1696년 인도네시아 자바의 바타비아에 해충을 이겨내는 대규모 커피 농장을 일구었다. 이렇게 커피가 최초로 대량 재배되기 시작한 곳은 중남미가 아닌 아시아였다. 이로써 유대인들이 커피 재배와 교역을 동시에 주도하게 되었다.

그 뒤 70년 동안 네덜란드의 동인도회사는 인도네시아의 플랜테이션에서 커피를 대규모로 재배했다. 1740년에는 자바에서 필리핀 지역으로까지 커피가 전파되어 재배되었다. 커피는 네덜란드의 가장 인기 있는 음료가 되었다.

1800년대 들어 동인도회사는 인도네시아 농민들에게도 커피, 설탕, 인디고﹡를 강제 경작하게 했다. 그리고 이를 거둬들여 유럽시장에 팔았다. 그 수익은 1850년대 네덜란드 재정수입의 30% 이상을 차지할 정도로 커졌다. 이를 이용해 네덜란드 정부는 부채를 갚고 운하와 도로를 건설하는 데 썼다.

반면 커피 재배의 특성상 커피 농장의 땅은 7~8년이 지나면 죽은 땅이 된다. 그만큼 커피나무는 지력을 빨아먹고 크는 작물이다. 원주민들은 식량 재배를 뒤로 한 채 돈이 되는 커피 재배에만 힘을 쏟다 결국 기아에 허덕이게 된다.

미국에서 커피가 유행한 동기

식민지시대 미국은 원래 차를 음용했다. 그러다 1773년 '보스턴 차﹡사건'이 터졌다. 이는 미국인들이 즐겨 먹는 차에 세금을 내라고 하니까 인디언으로 변장하고 영국 동인도회사 배에 있던 차를 전부 바다에 던져버린 사건으로 미국 독립전쟁의 발단이 되었다. 그 뒤 미국인들은 차 대신 커피를 애용했다. 이것이 미국에서 커피가 유행한 동기다.

이후 차 문화가 지배하는 영국 문화와 커피가 지배하는 미국 문화의 차이가 생겼다. 여유 있고 감미로운 분위기의 차와 달리 각성작용이 강한 커피는 활력 있는 분위기와 사업적 발전에 유리하다고 한다. 실제로 차 문화권에서는 쉬고 싶을 때 차를 마시는 경향이 있다. 하지만 커피

I 미국 독립전쟁의 발단이 된 보스턴 차 사건.

문화권에서는 일의 피치를 올리고 싶을 때 커피를 마시는 경향이 있다.

중국이 독점했던 차 재배

차는 원래 중국 쓰촨 성의 티베트 경계 산악지대에서만 자라는 나무였다. 이를 1560년 포르투갈의 예수회 수도사가 유럽에 전한 뒤 1610년 네덜란드 동인도회사가 본격적으로 유럽에 수입했다.

차는 보통 홍차, 우롱차, 녹차 세 종류가 있다. 차 잎을 따 온도, 습도, 시간을 잘 맞추면 잎의 효소가 산화작용으로 발효되어 잎이 검게 변한다. 이를 홍차라 한다. 반쯤 발효시킨 게 우롱차다. 따자마자 햇볕에 말려 효소를 없애면 장기간 녹색을 유지하는 데 이것이 녹차다.

원래 수출은 녹차 위주였다. 그런데 17세기에 차를 배로 수입할 때 적도의 뜨거운 태양열을 받아 녹차 잎이 자연적으로 발효해 홍차가 되었다. 그런데 의외로 그 맛이 괜찮았다. 이후 영국과 네덜란드인들은 홍차를 즐겨 마셨다.

당시 중국의 차 수출 항구가 그 지방 사투리로 테이^{Tei}였다. 여기서 티^{Tea}라는 명칭이 유래되었다. 그 무렵 차 재배는 중국이 독점하고 있었다. 중국은 차나무 묘목 반출을 엄히 금했다. 점차 영국인들이 차를 즐기자 수입량이 부쩍 늘었다. 중국과의 아편전쟁도 찻값을 지불할 방편이 마땅치 않았던 영국이 아편을 재배해 팔기 시작한 데서 비롯되었다. 이를 보면 이 시기 차의 중요성이 그만큼 컸음을 알 수 있다.

유대인, 차 재배에 성공하다

중국은 이러한 차 수출 산업을 빼앗기지 않기 위해 차나무 종자의 유출을 막고, 재배 기술과 차를 발효시키는 방법까지 모두 비밀에 부쳤다. 때문에 유럽인들은 처음에는 차나무가 중국에서만 자라는 줄 알았다.

그러던 중에 네덜란드 유대인 야콥센이 목숨 걸고 마카오를 통해 차 묘목을 몰래 빼내 길렀다. 하지만 번번이 재배에 실패했다. 그는 33년간 다섯 차례에 걸쳐 묘목을 반출해 재배를 시도했다. 그러다 마침내 1828년에 인도네시아 자바 섬에서 경작에 성공했다.

한편 유대인들은 1670년 병충해로 몰살당한 스리랑카의 커피 농장에 다시 커피나무를 심어 재배를 시도했지만 1869년에 또 다시 병충해로 커피나무가 전멸해 망하고 말았다. 이때 그곳 커피 농장주의 한 사람이었던 제임스 테일러^{James Taylor}가 커피를 대신할 작물로 차나무를 선택했다.

그 뒤 스리랑카에서 저렴하고 품질 좋은 차가 대량생산되었다. 이로 인해 당시 중국의 녹차 산업은 망했다. 지금도 실론 홍차는 유명하다.

이는 1696년 네덜란드 동인도회사 유대인들이 인도네시아 자바에서 처음으로 커피나무를 대량 재배하는 데 성공했던 것과 맥을 같이 한다.

세계에서 가장 비싼 인도네시아 루왁 커피

여담이지만, 세계에서 가장 비싼 커피는 야생 사향고양이 배설물에서 걸러낸 커피다. 인도네시아의 '루왁^{luwak}' 커피가 그것이다. 인도네시아와 베트남에 살고 있는 긴 꼬리 사향고양이 루왁이 커피 열매를 먹으면 껍질만 소화되고 씨앗은 배설된다. 이 씨앗을 어렵게 모아 깨끗이 닦아낸 뒤 햇볕에 말려 만든 것이 루왁 커피다. 독특한 향기와 깊고 부드러운 맛으로 유명하다. 하지만 채취 가능한 양이 매우 적다. 1년에 500~800킬로그램의 원두만 생산되어 킬로그램당 1천 달러 이상을 호가한다. 지금은 루왁 커피 생산을 위해 사향고양이들을 철창에 가두어 비인간적으로 사육한다는 데 문제가 있다. 인간의 탐욕이 동물학대로 이어진 것이다.

중남미로 퍼진 커피 플랜테이션

커피 생산의 선두주자 네덜란드는 아메리카 식민지에도 커피를 전파했다. 1715년에는 암스테르담 식물원의 커피 묘목을 가이아나에 옮겨 심음으로써 아메리카에 커피나무가 최초로 전파되었다. 이후 수리남과 카리브 해의 식민지로 옮겨 심어 커피 재배에 성공했다. 수리남에서 자라던 커피는 이후 브라질로 들어갔다.

한편 브라질에 커피가 전해진 사연은 로맨틱하다. 프랑스령 가이아나의 총독 부인이 화려한 꽃다발 속에 커피 묘목을 숨겨 잘생긴 스페인 연대장에게 선물함으로써 그 묘목은 콜롬비아에서 뿌리를 내리게 되었다. 그리고 이것이 브라질로 퍼져 나갔다. 콜롬비아와 브라질로 보내진 커피는 최상의 재배조건 위에서 잘 자라 두 나라를 세계 최대의 커피 생산국으로 만들었다. 이후 주변 남미 국가에 퍼지게 되었다.

커피 생산 지역, 지구의 허리띠

네덜란드의 커피 교역은 처음부터 국제성을 띠었다. 이른바 '커피 벨트'를 형성하는 커피 산출국이 주로 적도 부근에 집중되어 있는 반면, 커피 소비국은 대부분 북반구에 위치한 나라들이었기 때문이다. 서로 멀리 떨어진 커피 생산지와 소비지를 이어주기 위해 커피를 실은 네덜란드의 배들이 세계의 바다를 오갔다. 유대인들은 커피의 공급부터 중간유통, 판매에 이르기까지 독과점 체제를 구축해 엄청난 마진을 챙겼다. 시장이 오픈된 지금도 이러한 현상은 쉽게 개선되지 못하고 지속되고 있다.

커피 생산 지역을 '지구의 허리띠'라고 부르는 이유는 적도를 중심으로 북회귀선과 남회귀선 사이의 열대지방에서 주로 재배되기 때문이다. 이 지역은 지구를 띠 모양으로 둘러싸고 있어 '커피 벨트 혹은 커피존'이라 부른다. 이렇듯 커피나무는 서리나 냉해가 없는 기후에서 잘 자란다.

커피의 품종

커피의 품종은 크게 아라비카와 로부스타로 나뉜다. 두 품종이 전체 생산량의 98%를 차지한다. 아라비카종이 약 70%, 로부스타종이 28%, 나머지 2%는 리베리카다.

아라비카 원두는 로부스타에 비해 단맛, 신맛, 감칠맛, 향이 뛰어나 가격이 더 비싸다. 그렇다 보니 아라비카 커피는 부드럽고, 향기가 좋고 쓴맛과 자극성이 적으며 카페인 함량이 로부스타보다 적다. 리베리카종은 아라비카종보다 향미가 떨어지고 쓴맛이 지나치게 강하다. 이런 이유로 아라비카는 원두커피의 주원료로, 로부스타는 대개 인스턴트커피 원료로 쓰인다.

로부스타는 온도 변화와 병충해에 강해 씨만 뿌려놓아도 잘 자라 생산비가 적게 든다. 이에 비해 아라비카는 냉해나 병충해에 약해 상대적으로 생산비가 높게 든다. 또 아라비카는 해발 600미터 이상의 고지대에서 자라기 때문에 주로 중남미에서, 로부스타는 해수면과 비슷한 평지에서 잘 자라기 때문에 베트남 등에서 많이 재배된다. 브라질은 아라비카와 로부스타 모두를 재배하고 있어 전 세계 커피의 삼분의 일을 공급하고 있다. 따라서 브라질 커피의 작황에 따라 커피의 국제시세가 좌우된다.

'착한 가격'이 거론되는 커피

선진국에서 팔리는 커피의 소비자 가격은 생산지 가격의 200배에 가깝다고 한다. 스타벅스 등 고급 커피 체인점들이 생긴 뒤로 더 차이가 벌어졌다. 에티오피아에서 300원에 구입한 원두 1킬로그램으로 스타벅스는 소비자들에게 25만 원 이상을 벌어들이고 있다. 이쯤 되면 엄연한 착취다. 직거래 공정 무역에 의한 커피의 '착한 가격'이 거론되는 이유다.

세상을 바꾼 상품 **5**

OIL

석유

미국 석유 산업의 대명사, 록펠러

현재 우리나라는 수입품 가운데 원자재가 절반을 넘게 차지한다. 그래서 원자재가격이 급상승하면 경제가 취약해지는 구조다. 2010년도 원자재 수입액은 전체 수입액 4252억 달러의 59%로 절반을 넘었다. 2014년 하반기에는 국제 석유가격이 반토막 나 저유가시대가 도래했다. 이는 우리 경제에 크게 고무적으로 작용할 것으로 기대된다. 이들 중심에 에너지가 있다.

메이저 석유회사들

매년 《포춘》이 선정하는 세계 500대 기업 가운데 2010년의 경우 월마트에 이어 로열더치쉘과 엑슨모빌, BP, 시노펙 등 석유 메이저 회사들이 매출기준 2~5위를 차지했었다. 세계 5대 기업 중 네 개를 정유회사들이 차지한 것이다. 2011년에는 엑슨모빌이 월마트를 제치고 세계 1위 기업에 올랐다. 같은 정유회사인 쉐브론, 코노코필립스도 각각

3, 4위에 오르는 등 정유사들의 파워가 여전했다. 엑슨모빌이 전년 대비 28% 증가한 4529억 달러, 쉐브론은 매출액이 25% 증가한 2456억 달러를 기록했고, 코노코필립스는 2373억 달러로 28.3%가 증가했다.

정유사들이 세계 상위 기업을 휩쓰는 것은 어제오늘의 일이 아니다. 한마디로 석유 유통업은 돈방석이 보장된 사업이다. 일반적으로 정유사는 순이익이 매출액의 10% 이상으로 알려져 있다. 황금 알을 낳는 거위다.

소년 가장, 록펠러

미국 근대 산업사는 재벌의 역사다. 제이피 모건과 록펠러가 미국 상장 기업을 양분하다시피 했다. 이들이 당시 상장 기업 자산 총액의 70% 이상을 차지했다. 존 데이비슨 록펠러John Davison Rockefeller는 존 피어폰트 모건John Pierpont Morgan보다 두 살 아래다. 1839년 뉴욕에서 약품 판매업자의 아들로 태어난 록펠러는 1853년 오하이오로 이사가 거기서 자랐다. 록펠러는 집안이 어려워 어렸을 때부터 칠면조를 키워서 팔거나 사탕을 대량으로 사서 팔아 이윤을 남기면서부터 돈에 눈을 뜨기 시작했다. 1855년 열다섯 살 때 소년 가장으로서 고등학교를 중퇴하고 6개월짜리 비즈니스 코스에 들어간 그는 과정을 3개월 만에 마치고 조그만 곡물위탁판매회사의 경리사원 보조로 취직해 돈을 벌었다. 어려서부터 일기 대신 회계장부를 기록했던 그에게는 숫자가 하루하루의 반성이었던 셈이다.

| '석유 왕'으로 불리는 록펠러.

처음 3개월 동안 일하고 받은 급여는 50달러로, 일주일에 3.57달러를 받은 셈이었다. 회사 측은 일 잘하는 그를 정식 사원으로 채용하면서 임금을 한 달에 25달러로 올려주었다. 록펠러는 그렇게 해서 번 돈 1천 달러와 아버지한테서 빌린 돈 1천 달러를 합해 친구와 함께 1859년 열아홉 살 때 아예 곡물중개회사를 하나 차렸다. 1861년 남북전쟁이 터지면서 회사는 성공을 거둔다. 그는 북군에 소금과 돼지고기를 팔아 막대한 이득을 얻었다. 같은 해 조지 비셀George Bissell이 펜실베이니아에서 석유 시추에 성공한다.

원래 석유石油라는 이름은 바위틈에서 흘러나온 기름이라고 해서 붙여진 것이다. 석유를 뜻하는 영어 petroleum도 petra(돌)란 말과 oleum(기름)이란 라틴어 단어를 묶어서 만든 말로 '돌에서 얻은 기름' 즉 돌 기름이란 의미에서 붙여졌다. 이렇듯 예전에는 석유는 바위틈에서 흘러나오거나 지표면에 간혹 자연 분출된 것들이 소량 시중에 나왔다. 그러나 처음에는 용도가 없었다. 간혹 약국에서 상처를 치료하는 데 바르는 연고로 쓰였다. 심지어는 두통, 치통 및 류머티즘 등 만병통치약으로 팔렸다.

석유는 기원전부터 오랫동안 '역청'으로 불리며 액체, 고체 또는 기체로 변장을 하며 사람을 현혹시키는 마법의 물질이었다. 《성경》에 보면 역청이 노아의 방주에 방수용으로 쓰였다고 기록되어 있으며, 기원전 3000년경 메소포타미아 지방의 수메르인은 이미 아스팔트를 재료로 조각상을 만들었고, 바빌로니아인도 아스팔트를 건축에 접착제로 사용한 기록이 남아 있다.

비셀, 유전 개발에 성공하다

월가의 주식 전문 변호사인 조지 비셀은 휴식차 방문한 고향에서 석유 샘플을 본 순간 직감적으로 연료로서의 가능성을 알아차렸다. 그는 '약국에서 의약품으로 팔리는 석유를 조명용 기름으로 쓰면 돈을 벌 수 있지 않을까'라는 아이디어를 떠올렸던 것이다.

그리고 예일대학교 벤저민 실리먼Benjamin Silliman 교수에게 석유 성분 분석 및 용도 조사를 의뢰했다. 그는 지하의 소금 광맥을 찾아내 뽑아 올리는 중국의 염정 굴착 기술을 동원하면 석유도 찾을 수 있다고 믿었다. 1855년 4월, 보고서는 '석유는 다양한 물질로 분류될 수 있으며, 값싼 공정으로 램프에 사용할 수 있는 양질의 기름도 얻어낼 수 있다'고 결론 내렸다.

그 뒤 비셀은 보고서를 들고 투자자들을 모집, 펜실베이니아 석유회사를 세우는 데 성공했다. 석유 시추 현장책임자로 에드윈 드레이크Edwin Laurentine Drake를 고용했다. 그리고 소금광산 주변부터 찾아보도록 시켰다. 보통 석유가 솟아나는 곳은 염정 부근이었기 때문이다.

드디어 1년간의 노력 끝에 1859년 펜실베이니아 주 타이터스빌에서 처음으로 시추 석유가 나왔다. 드레이크가 기계굴착 방법으로 암반 밑 21미터까지 뚫어 유전 개발에 성공한 것이다. 그가 타이터스빌에서 최

| 에드윈 드레이크(오른쪽)
가 파낸 최초의 유정.

초로 유전 개발에 성공한 것은 그 지역이 예전부터 오일크리크^{Oil Creek,}
석유가 흐르는 강라고 불리는 데서 착안한 것이다. 유정 발견에 성공한 드
레이크는 곧 펌프를 설치해 그날부터 매일 30배럴씩 원유를 퍼 올렸다.
비록 소량이었지만 당시 시장의 수요로 보아서는 충분한 양이었다. 석
유는 배럴당 20달러로 날개 돋친 듯이 팔려 나갔다. 이것이 근대 석유
산업의 시작이다.

록펠러, 석유의 가능성을 보다

이후 석유로 인해 세상의 많은 부분이 변한다. 우선 비싼 양초와 고래 기름에 의존하던 조명이 등유로 바뀌었다. 당연히 경제사에도 일대 전환점이 되었다. 드레이크의 성공을 계기로 석유에 대한 관심은 급속도로 확산되었다. 곧 석유 발견 소식을 듣고 몰려든 투기꾼들은 드레이크의 유정 근처에 굴착 탑들을 설치하고 구멍을 뚫기 시작했다. 타이터스빌은 노다지판으로 둔갑했고 벼락부자들이 속출했다. 드레이크가 석유를 발견한 지 15개월 뒤인 1860년 말에는 약 75개의 유정이 원유를 뿜어냈다. 원유를 등유로 바꾸는 정제시설도 15개나 들어섰다. 나중에는 석유 담는 위스키 통이 부족하게 되었다. 위스키 통의 가격은 곧 석유가격의 두 배에 달하게 되었다.

사용처도 불분명한 석유 개발에 수많은 사람이 몰렸던 이유는, 꺼져가는 골드러시 열풍을 대신할 황금의 기회가 석유에 있다는 인식 때문이었다. 오일크리크 계곡의 산유량은 최초 연간 2천 배럴에서 10년 동안에 500만 배럴로 크게 늘어났으며, 19세기 말 텍사스 유전지대가 등장하기까지 펜실베이니아 유전지대는 미국은 물론 전 세계에서 가장 큰 산유 지역이었다. 이후 록펠러가 살던 오하이오 주를 비롯한 인근 주들이 빠르게 성장하는 석유 산업 지대가 되었다. 록펠러는 남북전쟁 중에 석유 수요가 급증하는 것을 보고 석유 업계에 관심을 갖게 된다.

당시 미 서부에서는 수십 미터의 지하 암반 속에서 솟구쳐 오르는 검은 액체 덕분에 수많은 백만장자가 탄생했다. 당연히 석유 탐사와 채굴 붐이 한창이었다. 그 무렵 채굴업자들은 석유 시추 기술을 철도 건설 사업장에서 일하던 중국인들한테 배웠다. 중국인들이 소금을 얻기 위해서 땅을 팠던 기술이 당시 석유 시추 기술보다 훨씬 앞서 있었기 때문이다.

중국 시추 기술이 석유시대를 열다

중국에서는 고대부터 땅에서 소금을 파내 썼다. 그들이 쓴 방법은 지하수를 이용하는 것이었다. 땅속을 깊이 파면 지하수가 나오고 더 깊이 파면 염수鹽水층이 나온다. 소금기 있는 지하수인 염수를 끌어내기 위해서는 지하로 1킬로미터 이상을 파고 들어가야 했다. 지하 1킬로미터를 파내려 가는 것은 우물 파듯이 할 수 있는 간단한 것이 아니다. 고도의 시추술이 필요한 것이다. 더구나 1.5킬로미터까지 파내려 가는 것도 예사였다고 한다. 사람이 내려갈 수 없으니 정교한 기술이 필요했고 마침 제철업의 발달로 대나무 케이블 같은 다양한 도구가 있어 이것이 가능했다. 한마디로 지하에서 소금을 캐낸 것이다. 더구나 중국인들은 그 과정에서 석유와 천연가스도 발견했다. 보통 염수층 밑에 가스층과 유전이 있었다. 그래서 연료로 사용하고 대나무로 만든 파이프로 수십 킬로 떨어진 곳까지 이동시키기도 했다.

1800년대 초까지만 해도 미국에서 제염업자들이 염수를 찾다가 석유를 발견하기도 했는데 석유를 쓸데없는 방해물로 취급했다. 염수와 함께 갈색의 기름이 분출되면 기름이 수면에 뜨는 원리를 이용해 저수조 상부에 모아두었다가 근처의 강으로 흘려보냈다. 때로는 기름에 불이 붙어 오하이오 강 유역에서는 수십 킬로미터에 걸쳐 강이 불꽃으로 덮이는 장관을 이루기도 했다.

당시 중국에서 석유가 나오는 우물을 화정火井이라 하고 석유를 석칠石漆이라 불렀다. 요즘으로 치면 유전과 석유이며, 대나무 파이프는 송유관이다. 중국은 이 기술로 기원전부터 지하에서 소금과 석유를 파내 쓰고 있었다. 미국은 철도 건설에 동원된 중국인 노동자들에게 이러한 시추 기술을 배웠다.

등유, 가정의 밤을 밝히다

록펠러는 석유를 찾아내는 일보다는 앞으로 석유가 미칠 파급효과에 관심을 쏟았다. 석유는 채취한 그대로의 광유鑛油를 등화에 사용했을 경우 매캐한 연기와 냄새를 발산했으며, 그다지 밝지도 않았다. 그러나 이를 증류해 정제해서 등유를 만들면 고래 기름 못지않게 밝은 빛을 냈다.

그 뒤 텍사스 등 미국 각 주에서 석유 생산이 이루어짐에 따라, 종래 석탄을 원료로 쓰던 정유공장들도 석유로 원료를 전환했다. 오늘날 등유를 케로신Kerosene, 그리스어로 밀랍을 의미이라고 부르는 것은 그 당시 역청질의 석탄으로부터 제조한 등유에서 연유한다. 그리고 신규 정유공장들도 속속 건립되었다. 클리블랜드, 피츠버그, 필라델피아, 뉴욕 및 텍사스 산유지가 정유 산업의 5대 밀집 지역으로 등장했다.

처음에는 석유에서 램프용 등유가 제조되고 그 부산물로 양초를 만들 수 있는 파라핀납이 나왔다. 등유는 재래의 등화연료였던 고래 기름과 식물유, 목랍(옻나무 열매기름) 등에 비해 연기와 냄새가 적을 뿐 아니라 불빛이 밝아 바로 인기를 끌었다. 그 이전까지만 해도 거리의 가로등에 고래 기름이 대량으로 사용되었다. 그래서 포경이 미국의 대표 산업이 된 것이었다. 한번 출항하면 2년 동안은 돌아오지 않는 포경선에 물, 채소, 석탄 등을 공급하는 보급기지가 필요했다. 미국의 페리^{Matthew C. Perry} 제독이 일본에 개국을 요청한 것도 포경선에 물품을 보급하기 위해서였다. 하지만 고래 기름은 쉽게 얻을 수 없어 가격이 비쌌다. 게다가 고래의 남획에 따라 공급도 점차 줄어들었다. 그러는 동안 석탄을 증류해 조명용 가스를 생산해냈다. 주 용도는 거리의 가로등에 사용되었으며 가정용으로는 거의 쓰이지 못했다. 가스관을 통해 공급되어 고정된 장소에서만 사용해야 했다. 그뿐만 아니라 연소시에 소음과 열이 많이 발생해 폭발의 위험성이 있었다.

반면 석유에서 증류한 등유는 달랐다. 가스와 달리 폭발 위험도 없고, 소음도 없을 뿐 아니라 파이프를 설치할 필요도 없었다. 원하는 장소 어디든 이동할 수 있었다. 이후 정유회사들은 검은 액체를 정제해 주로 램프용 등유를 만들었다. 이들 정유공장에서는 저렴한 양질의 등유가 대량으로 생산되어 시장 수요를 충족시켰다. 이로써 본격적인 '정유시대'를 가져왔다. 석유는 미국인들의 생활양식까지 바꾸었다. 해가 지면 잠자리에 들던 사람들이 등유 램프 덕에 밤늦게까지 책을 읽거나 다른 일을 할 수 있었다.

한편 초기의 사업자들은 원유에서 등유만 추출하고 남은 액체를 처리하는 데 골머리를 앓았다. 부산물로 생산된 휘발유는 거의 쓸모가 없어서 갤런당 불과 2센트에 팔렸고 팔리지 못한 휘발유는 찌꺼기라고 생각해 청소업체에게 돈을 주고 치우거나 몰래 내다버렸다. 특히 야간에 몰래 강에 버려지기도 했다. 때문에 당시에 석유라고 하면 등유를 가리키는 것이었다. 중유나 휘발유의 가치를 깨닫게 된 것은 19세기 후반 이후다.

록펠러의 선택, 정유 산업

록펠러는 당시 열병처럼 번지던 석유 탐사 흥분에 휩싸이는 대신 다른 미래를 그렸다. 석유 채취 사업은 유가 변동 폭이 크고, 석유 발견에 실패할 확률도 많아 안정적인 산업이 될 수 없다고 여겼기 때문이다. 그는 '진짜 돈'은 석유 채굴업이 아니라 운송과 정유를 담당하는 중간상이 번다는 것을 간파했다. 록펠러는 친구와 함께 차린 곡물중개회사를 계속하면서 1863년 오하이오 주 클리블랜드에 정유소精油所를 설립했다. 당시의 정제시설이란 뒷마당에 설치된 과학 실험실 정도 규모에 불과했다. 그러나 이게 돈이 되었다. 이후 이것이 번창해 주업이 되었다. 그 무렵 클리블랜드에만 20개의 정유회사들이 있었는데 모두 대박을 쳤다.

석유가 산업용으로 다양하게 쓰일 가능성을 보이자 유전 개발에 뛰어들기보다 한 수 앞을 내다보고 재빨리 부가가치가 훨씬 더 높은 정제공장을 차린 것이 적중한 것이다. 솟구쳐 오르는 검은 액체도 정제하지 않으면 끈적끈적한 구정물에 지나지 않았기 때문이다. 그가 석유 정제업에 손을 댄 후 검은 액체들이 그의 정유공장을 거쳐 전국으로 팔려 나갔다. 그의 냉철한 판단으로 정유 사업이 돈이 되자 록펠러는 남동생 인 윌리엄William Rockefeller과 프랭클린Franklin Rockefeller과 새뮤얼 앤드루스Samuel Andrews와 헨리 플래글러Henry Flagler 같은 경험 많은 기업가들을 자기 모험에 끌어들였다. 1867년에 이루어진 이들의 동업은 승승장구 했다.

존 록펠러는 1866년 그의 동생 윌리엄 록펠러를 뉴욕에 파견해 록펠러상회를 설립토록 했다. 이는 석유 수출 업무를 하면서 더 중요한 은행 일을 동생이 전담하게 한 것이다. 윌리엄은 뉴욕에서 제이피 모건, 시티은행의 전신 뉴욕내셔널시티은행장 제임스 스틸먼James Stillman, 철도 왕 밴더빌트Cornelius Vanderbilt 등과 교류하며 금융가들과 인맥을 쌓았다. 이것이 록펠러가 석유 왕으로 불리는 데 결정적인 도움이 된다. 훗날 막 냇동생 프랭클린은 목장 경영자가 되어 두 형과 다른 길을 걸었다.

물류비용을 줄여라!

무분별한 유전 개발로 석유가 쏟아져 나오면서 석유가격이 폭락을 거듭하고 있었다. 유전을 갖고 있는 사람들은 무작정 석유를 캐내지 말고 생산량을 할당해 가격 폭락을 막자는 데 동의했다. 하지만 어느 누구도 약속을 지키지 않았다. 유전을 갖고 있는 사람들이 난립해 있어 서로 힘을 모으기 힘든데다, 조금이라도 석유 값이 오르는 기미가 보이면 너나없이 채굴량을 늘렸기 때문이다.

철도회사들은 석유 수송이 일정하게 이루어지기를 바랐다. 하지만 석유 생산량은 들쑥날쑥해 유통량을 조절하기 힘들었다. 석유 채굴업자들의 치열한 경쟁 때문에 생산이 비조직적으로 이루어졌기 때문이다. 그래서 한 주는 정신없이 물량이 쏟아지다가, 다음 주에는 파리를 날리는 상황이 되풀이됐다. 수요가 불규칙해지는 이런 상황은 철도회사들에게 그만큼 비용이 많이 드는 것을 의미했다.

록펠러는 정유 사업에서의 관건을 물류비용이라고 보았다. 경쟁자보다 물류비용에서 우위를 점하는 것이 사업 성공의 열쇠라고 확신했다. 록펠러는 철도회사에게 일정한 원유 수송량을 보장해주는 대신 운송료를 깎아달라는 협상을 벌인다. 협상 대표는 플래글러였다. 1867년 후반 어느 날, 플래글러는 레이크 쇼어 철도회사를 찾아갔다. 플래글러는 운송료를 할인해준다면 운하를 통한 석유 수송을 중단하고 레이크 쇼어 철도회사에 매일 유조차량 60대 분량의 운송을 보장하겠다고 제의했다. 철도회사는 제안을 받아들인다.

스탠더드오일 설립

록펠러는 이에 만족하지 않았다. 철도회사와의 운송료 협상에서 유리한 고지를 차지하기 위해 주변 정유공장을 흡수 합병하는 전략을 짠다. 그 시작이 자신의 회사 이름을 바꾸는 것이었다. 이로써 1870년 1월 1일, '스탠더드오일'이라는 회사가 탄생했다. 사장은 록펠러, 부사장은 윌리엄 록펠러였고, 플래글러가 재무담당 이사를 맡았다. 오늘날

시세로 약 1100만 달러에 해당하는 자본금 100만 달러로 문을 열었다. 스탠더드오일은 정유 사업과 제조공장, 창고, 운송시설, 유조차 등 석유 관련 설비를 갖추고 있었다. 미국 전체 정유 시장에서 10%의 시장 점유율을 갖고 있었다.

스탠더드란 회사이름은 고객 지향적이었다. 당시 사람들은 등유에 불순물이 섞여 폭발이 일어나지 않을까 우려했는데, 회사 이름을 자기 등유는 균질(스탠더드)한 품질이라는 것을 상징하게 붙였다. 스탠더드오일은 미국 최초의 주식회사였고, 미국 최초로 중역회의 제도를 실시한 회사이기도 했다. 투자자들은 회사 부채에 책임을 지지 않는 주식회사에 거리낌 없이 투자했다.

독점을 향한 인수합병의 시작

록펠러는 석유 산업에 투신한 뒤 기술 개발은 물론 현장 밀착경영을 통해 원가절감 요소를 찾아냈다. 경비를 줄이면서 생산성을 올릴 수 있는 모든 경영요소를 찾아내어 경쟁력을 키웠다. 그런 방식으로 타사에 비해 경쟁우위를 확보한 뒤 철도운임협상으로 절대적인 우위를 확보했다. 그 뒤 존과 윌리엄 형제는 차례로 동료 정유업자들을 설득 혹은 협박해 담합 신디케이트를 조직했다. 그 뒤 그는 경쟁력을 바탕으로 아예 경쟁을 회피하는 독점전략을 사용했다. 높아진 자체 경쟁력을 바탕으로 당시 물류를 담당하는 핵심수단인 철도를 장악했다. 그리곤 경쟁자들을 압박해 들어갔다.

이렇듯 스탠더드오일은 설립한 지 얼마 안 되서 미국 최대의 석유 생산회사가 되었고, 록펠러는 자본력으로 전쟁하듯이 경쟁기업들을 인수하거나 쓰러뜨려 나갔다. 자본주의 병폐 가운데 하나는 자본력이 커진 기업은 돈 되는 사업은 일단 무엇이든지 집어 삼키고, 경쟁상대는 더 커지기 전에 박살내는 것이다. 록펠러도 마찬가지였다. 그는 유전과 정제시설을 아주 싼값에 매입해 막대한 이익을 남기는 식으로 재산을 모으는 이른바 '금융 비즈니스'로 석유 산업을 거의 송두리째 장악해 석유 트러스트를 결성했다. 그 과정을 보자.

록펠러는 스탠더드오일을 통해 시장 독점을 향한 자신의 꿈을 실천에 옮겼다. 그는 스탠더드오일의 귀찮은 경쟁자들을 인수합병하거나 도태시키는 계획을 차근차근 진행한다. 경쟁자들에겐 두 가지 선택을 제안했다. 경영권을 그에게 상납하고 주식을 배분받든가, 독자적으로 해 나가려다 파산하든가 둘 중의 하나였다.

록펠러는 가장 큰 경쟁업체부터 시작해서 차례로 이 선택 안을 갖고 교섭에 들어갔다. 경쟁자들과의 회동에서 록펠러는 이 계획이 모두에게 이익이 될 것이라고 설명했다. 그는 사실 '규모의 경제'를 믿고 있었다. 그리고 덩치가 커야 철도 협상도 더 수월하게 진척시킬 수 있었다. 이미 절대적인 우위를 누리고 있던 록펠러는 클리블랜드의 주요 은행 간부들에게 스탠더드오일의 주식을 일정액 양도함으로써 쐐기를 박았다. 독립을 지키려는 정유사들은 고독한 싸움에서 버틸 재정적 지원을 차단한 것이다.

록펠러의 인수전은 전격전이었다. 1871년 12월에서 1872년 3월까지 그는 일명 '클리블랜드 대학살'로 알려진 기업 인수합병 전쟁을 치렀다. 뉴욕에서 15개, 필라델피아에서 12개, 피츠버그에서 22개, 석유지대에서 27개의 정유사를 인수했다. 그중 6개사는 단 이틀 만에 인수를 끝냈다. 전쟁이 끝나자 스탠더드오일만이 홀로 우뚝 서 있었다. 찰스 다윈Charles Robert Darwin의 진화설은 동식물뿐만 아니라 사업에도 그대로 적용되고 있음을 보여준 셈이다. 록펠러는 이런 적자생존 세계에 꼭 맞는 사람이었다. 몇몇 회사들은 스탠더드오일의 독점에 휘말리지 않으려고 경쟁사를 매입했다. 하지만 결과적으로 오래 버티지 못하고 스탠더드오일에 인수돼 록펠러에게만 좋은 일을 해주고 말았다.

미국 최초의 트러스트

이렇게 해서 창업한 지 9년 만에 미국 전체 석유의 95%를 스탠더드오일 회사의 정유탱크 속에 틀어쥘 수 있었다. 이것이 그 유명한 독과점 신디케이트의 효시다. 모건이 철도 왕 밴더빌트로부터 거대 철도회사를 넘겨받은 시점이었다. 당시 미국 산업계의 백수의 왕 '사자'라고도 불린 제이피 모건에게 필적할 만한 거대한 구렁이 '아나콘다'가 나타난 셈이다.

　남에게 단 5%만 남겨주었다는 것은 실로 놀라운 독점력이 아닐 수 없다. 1880년 미국 전체 정유액 3500만 달러 가운데 3300만 달러를 장악하고, 1882년 스탠더드오일의 전 재산을 뉴욕에 집결해 미국 최초의 트러스트를 결성한 것이다. 이렇게 트러스트를 형성하기까지 10여 년간 다른 정유사를 흡수, 합병하고 수송부문과 저장시설을 독점함으로써 근대 석유 산업 체제를 성립했다. 이 유례없는 독점의 이면에는 군사작전을 방불케 하는 교활한 수법이 숨어 있었다. 스탠더드오일의 독점에 대항하기 위해서 지역의 여러 석유업자들이 다른 회사로 힘을 모아주고 보니 그 회사가 스탠더드오일의 자회사더라는 식이었다.

철제탱커의 등장

대형회사가 아니었던 스탠더드오일이 그렇게 빠른 성장을 할 수 있었던 이면의 이야기가 있다. 록펠러는 석유를 운반해주는 '유니온탱커카' 회사를 가지고 있었는데, 이를 통해 회사를 확장했다. 미국에서 1800년 대 후반까지는 석유를 주로 값비싼 포도주 통이나 위스키 통으로 운반했다. 때문에 중간에 석유가 새거나 증발되어 없어지는 일이 흔했다.

이때 공간이 밀폐된 철제탱크를 처음 개발한 것이 바로 록펠러의 유니온탱커카 회사였다. 1880년 중반, 통으로 실어 나르던 화차를 없애고 탱크로리에 석유를 적재해 화차로 운반한 것이다. 이 회사로 인해기존의 나무통으로 운반하던 다른 운송업체들이 모두 망했다. 그리고독점이 된 록펠러 운송회사가 운반 양을 줄여나가자 판매수단을 잃어버리게 된 대부분의 석유업체들도 파산 직전에 이르렀다.

록펠러는 1900년에서 1910년 사이에 이런 과정을 반복하면서 미국 전역에서 파산 직전에 이른 회사들을 거의 거저줍다시피 해 회사를 단기간에 급팽창시켰다. 스탠더드오일은 캘리포니아, 텍사스, 아칸서스, 뉴저지, 오하이오 주 등의 거의 모든 유전과 정제소를 소유했고, 미국

에너지 비즈니스의 대부분을 통제한다는 말까지 나왔다.

　록펠러는 독점에 대한 나름대로의 철학이 있었다. 스탠더드오일이 단단한 독점 체제를 유지하는 동안 등유 가격은 80% 이상 인하되었고 품질 혁신은 물론, 현대 기업의 모델이 되었을 정도로 산업 역시 비약적 발전을 이루었다.

석유가 중요한 수출품이 되다

등유는 미국뿐 아니라 세계로 퍼져 나갔다. 석유가 중요한 수출품이 된 것이다. 1861년 12월 세계 최초로 범선 엘리자베스 왓츠호는 타이터스빌의 석유통을 싣고 런던으로 수출한 이후 프랑스, 독일, 스페인 등 유럽으로 수출했다. 원유에서 얻어진 등유가 등화용으로 우수하다는 것이 알려지면서 크게 환영을 받아 등유 램프의 사용이 19세기 말에 전 세계에 크게 보급되었다. 그러자 서부 펜실베이니아 전역에 석유 시추공들이 설치되어 갑자기 공급과잉이 되었다. 생산과잉으로 원유 값이 떨어져 20달러였던 원유가격이 1달러 20센트까지 폭락해 많은 석유회사들이 파산했다.

　생산과잉을 해결할 수 있는 길은 수출밖에 없었다. 1861년 석유 수출이 시작된 이후 1880년대에는 세계적인 수요증가에 힘입어 미국의 석유 수출량이 국내생산량의 60%를 웃돌았다. 내수용보다 수출량이 앞선 것이다. 1882년에는 수출량이 816만 배럴로 전 세계시장을 거의 독점했다. 세계의 등유 수요가 늘어나 미국의 석유 수출이 1900년에는

3140만 배럴로 늘어났다.

한편 석유가 돈이 되자 유럽과 러시아도 석유 사업에 뛰어들었다. 1879년 러시아가 카스피 해 부근 바쿠 유전을 개발했다. 1880년대에는 선박왕 마커스 사무엘Marcus Samuel 등 유럽의 유대인들이 러시아 바쿠 지역 유전을 개발하기 위한 회사들을 앞다투어 설립했다. 러시아 석유 생산이 1888년에는 미국의 생산량을 앞질렀다.

러시아 황제는 1873년 이후로 외국 자본에 대해서 코카서스 지방의 석유 탐사를 인정하고 있었다. 당시에 이미 미국 펜실베이니아보다 훨씬 많은 매장량이 있다고 여겨졌던 이 지역에는 스웨덴의 다이너마이트 발명가 노벨Alfred Bernhard Novel의 두 아들이 이권을 획득했다. 자금 조달 문제에 직면한 노벨 형제는 프랑스의 로스차일드 은행을 이 사업에 끌어들여 러시아산 원유를 판매하기 시작했다. 이것이 얼마 후 록펠러의 독점을 위협하게 됐다. 여기서 노벨 형제와 로스차일드 은행은 유럽시장에 대해서는 록펠러의 스탠더드와 타협해서 시장을 양자가 분할하기로 잠정적인 합의를 보았다.

1890년대에는 인도네시아의 석유를 개발하기 위해 네덜란드에서 '로열더치'라는 회사가 설립됐다. 그들 모두는 세계 석유시장을 놓고 스탠더드오일과 경쟁했고 이 과정에서 사무엘의 '쉘'과 '로열더치' 등은 세계적 규모의 거대 석유회사로 성장했다. 또 1897년에는 영국의 사무엘이 '쉘트레딩앤드트랜스포트'사를 설립해 보르네오에서 석유 개발을 시작했다. 이들 두 회사는 1907년에 제휴해 영국과 네덜란드 자본으로 국제적인 거대석유회사 그룹인 '로열더치쉘' 그룹을 이루었다. 그동안 석유는 주로 등화용으로 이용되어 왔으나 20세기에 들어서면서 등유의 용도가 난방용으로까지 확대되었다. 20세기를 전후해 스탠더드오일, 로스차일드사, 노벨사 및 그 밖의 러시아 석유생산업자 등 사자 간의 경쟁이 계속되고 있었다.

휘발유와 중유의 시대로

등유를 생산하게 되면 불태우지 않으면 안 되는 '잉여제품' 즉 휘발유와 같이 폭발의 위험성이 있는 것과 중질유분重質溜分이라고 부르는 검고 끈적끈적한 제품이 부산물로 생산되었다. 석유 부산물로 얻어지는 휘발유와 중유는 용도가 적어 처음에는 귀찮은 존재로 천대받았다.

그러다 1882년 은행가인 제이피 모건이 그의 뉴욕 사무실에서 에디슨Thomas Alva Edison이 발명한 세계 최초의 화력발전소 스위치를 당겼다. 이 순간 지구상에 새로운 산업이 태동했다. 석유를 연료로 전기가 생산되어 가정과 공장에 공급되기 시작한 것이다. 그뿐만 아니라 세계를 변화시킨 기술혁신으로 새로운 시대의 막을 연 역사적 순간이었다. 에디슨이라는 유대인의 창의성과 유대 자본이 밤을 밝혀주는 전기를 인류에게 선사한 것이다. 1882년 '중앙발전소'와 '에디슨 전등회사'가 뉴욕에 설립됐고 이후 전기의 이용은 전 세계로 확산되어 산업 발전의 토대를 이뤘다. 에디슨 전등회사는 1892년 '톰슨휴스턴' 전기회사와 합병해 현재의 'GE제너럴 일렉트릭'가 되었다.

그리고 1886년에는 칼 벤츠가 '휘발유' 자동차를 보급하기 시작하자 휘발유의 가치가 치솟았다. 그 뒤 휘발유와 등유의 위치가 점차 바뀌었다. 게다가 1901년 텍사스에서 대규모 유전이 발굴되고 같은 해 '올즈모빌' 자동차가 생산되어 보급되기 시작했다.

이어 1903년 에디슨 조명회사의 선임기술자였던 헨리 포드Henry Ford가 포드자동차 회사를 설립하고, 라이트 형제Wright brothers가 12마력의 휘발유 엔진에 프로펠러를 장치한 글라이더로 비행에 성공함으로써 휘발유시대의 도래를 예고했다. 특히 1908년 포드자동차에서 'T형 포드'의 대량생산을 계기로 휘발유 사용이 극적으로 증가하면서 1911년에는 휘발유 소비가 등유를 웃도는 중요 제품으로 등장했다. 처음에는 가치 없고 귀찮은 부산물로 간주되던 휘발유는 불과 수년 사이에 원유에서 가장 많이 요구되는 석유제품이 된 것이다. 이는 석유 산업이 비약적으로 발전하는 계기가 되었다.

디젤엔진의 출현

한편 석탄 자원이 빈약한 나라에서는 석탄 대신에 등유의 부산물인 중유라고 하는 공짜와 다름없는 연료를 사용하는 방법을 연구했다. 또한 비중과 끓는점에 따라 등유 바로 다음에 얻어지는 경유를 도시가스의 '증열용增熱用'으로 사용하는 방법을 연구했다. 이 디젤 기름을 오늘날에도 '가스오일'이라고 부르게 된 것은 이 때문이다. '증열용'이란 혼합해 가스의 열량을 높이는 용도란 뜻이다.

그로부터 얼마 뒤 1892년에 루돌프 디젤Rudolf Diesel은 중질유의 분사삭용에 의한 디젤엔진의 특허를 냈다. 디젤 이론은 사실 상당히 간단한 원리다. 공기가 압축이 되면 온도가 올라간다. 20배 정도 압축하면 연료를 태울 수 있을 만큼의 온도를 얻을 수 있다. 이때 연료를 주입해 폭발을 일으켜 그 힘을 이용하는 것이다.

처음 디젤엔진은 가게에서 동력기계power machine로 사용하기 위해 발명되었다. 1910년경에는 배에 올려 사용할 수 있을 정도로 개발이 진척되었다. 하지만 작은 승용차에 처음 적용이 된 것은 1927년에 보쉬Robert Bosch가 소형 연료주입장치fuel injection mechanism를 발명하면서 비로소 가능하게 되었다.

이로써 중질유 가운데 경유(디젤)가 자동차 연료로도 사용되었다. 경유는 현재 대부분 디젤엔진의 원료로 쓰이고 있어 디젤유Diesel Oil라고 불린다. 디젤은 값이 쌀 뿐 아니라 연비가 우수해 휘발유 차와 비교하면 같은 연료량으로 훨씬 더 멀리 갈 수 있어 경제적이었다. 이와 같이 각종 용도의 석유제품이 값싸게 대량으로 생산되어 그것을 연료로 사용할 수 있는 기계의 개발이 촉진되었다. 이에 따라 자동차·항공기·선박과 같은 거대 산업이 탄생되는 계기가 되었다. 1912년에는 원유에 열을 가해 끓는점에 따라 휘발유, 등유, 경유, 중유를 차례로 생산해내는 최초의 현대식 정유공장이 미국에 세워짐에 따라 다양한 종류의 석유제품 공급이 가능해졌다.

중유, 함선의 연료로 채택되다

그런데도 당시는 여전히 증기기관 시대였다. 모든 배의 엔진도 증기기관이었다. 하지만 증기기관은 매우 불편했다. 바로 석탄의 부피 때문이었다. 대기오염 물질을 엄청나게 내뿜는 문제도 있지만 특히 군사적으로는 10킬로미터 거리에서도 육안으로 탐지되는 연기가 문제였다. 즉 군사적 관점에서 증기기관은 전략 전술적으로 약점이 많았다.

이럴 때 석탄을 석유로 바꿔 쓰자는 제안이 나왔다. 쉬운 일이었다. 증기기관은 물을 끓이면 되니 연료를 석유로 바꾸고 연소장치를 석유 보일러로 바꾸면 그만이었다. 연기도 적게 나서 군사 전략상 최적이었다. 이때부터 석유는 전략적 가치가 인정되기 시작했다. 이런 이유로 석유의 지정학이 세계 전략의 핵심이 되었다.

소련은 석탄이 희소해 가격이 비싼 반면, 중유의 입수는 용이했기 때문에 1870년대에 이미 카스피 해를 항해하는 선박에 중유보일러를 채용했다. 따라서 소련함대는 영국 등 주요 강대국의 해군보다 약 25년이나 앞서서 새로운 연료인 중유를 사용했다.

경제성과 편의성에도 불구하고 석유가 모든 나라에서 열렬하게 환영을 받은 것은 아니었다. 영국·독일과 같이 석탄이 풍부한 유럽의 여러 나라는 딜레마에 빠졌다. 새로운 연료인 석유는 먼 나라에서 구해 와야 하는 대신에 석탄은 자국 내에 풍부하게 존재하고, 광부의 일자리도 마련해줄 수 있다는 이점을 가지고 있었다. 이들 나라들은 현존하는 자원과 설비를 이용한다는 방침하에 석유로의 전환을 반대했다. 특히 영국에서 석탄 대 석유의 논쟁이 가장 격렬하게 일어났다. 당시 '해가 지지 않는 제국'으로 국위를 떨치던 영국은 영토 확장을 최강의 해군력에 의지하고 있었다.

해군장관 처칠의 임무는 대영제국의 힘의 상징인 해군을 강력하게 유지해 공해상에서의 독일의 도전에 대비하는 것이었다. 당시 영국 전함들은 21노트의 속력이었는데 국방대학은 25노트 속력의 새로운 '고속 분함대'의 설치로 독일의 신형함대를 제압할 수 있을 것으로 평가했다. 즉 영국 해군은 속력을 4노트 향상시키려고 했으며 이는 석유를 연료로 사용하지 않고는 달성할 수 없었다.

석유에 대한 의존은 몇 가지 심각한 문제를 수반했다. 필요한 만큼의 석유가 국내에서는 발견되지 않았다. 석유를 먼 지역의 다른 나라로부터 해상수송해야만 했다. 반면 영국 내에는 세계에서 가장 질이 좋은 석탄이 무진장 있었다. 하지만 선박용 연료에서 다른 나라보다 신연료 도입이 지연된다면 해군력의 약화는 필연적이었다. 이에 위기감을 느낀 영국 해군은 19세기 말 군함의 연료를 석탄에서 석유로 전환하는 안을 처음으로 검토하기 시작했다. 신임 해군장관은 '석유위원회'를 설치하고 왕립해군에 중유버너를 채용함과 동시에 석유 매장량 확보에 노력을 기울였다.

그것이 가시적인 성과로 나타난 것이 1913년에 해군장관이 된 처칠이 '앵글로 페르시안 석유'(후에 BP로 개칭)의 주식 과반수를 취득해 안정적인 석유 공급원을 확보한 것이다. 이를 계기로 영국 해군은 신연료 도입 지연을 만회하는 데 커다란 진전을 이룰 수 있었다.

그 뒤 중유가 함선을 움직이는 연료로써 본격 채택된 것은 1차 대전 때였다. 이후 선박용, 공장연료, 디젤기관 등에 중유가 사용되면서부터 석유제품의 주역이 교체되었다. 이를 계기로 서양 문명이 사용하는 화석연료의 주역은 석탄에서 석유로 바뀌었다. 자동차와 항공기의 운행은 석유에 의해서만 가능했기 때문이다.

특히 1차 대전 이후 군용 항공기의 연료로서 휘발유의 중요성이 재인식되었다. 이때부터 고급 품질의 휘발유가 요구되기 시작했다. 따라서 석유 정제업에도 촉매반응을 포함한 화학반응 공정이 채택되어 고급 휘발유가 보급되기 시작했다.

'쉘'의 창업자 마커스 사무엘

유대인다운 산교육

동유럽의 유대인 박해를 피해 영국으로 이주해 와서 어려운 생활을 하던 유대인 일가가 있었다. 양친은 손수레에 잡화를 싣고 다니면서 행상으로 생계를 이어갔다. 이 집에는 열한 명의 아이가 있었는데 특히 열 번째 아들은 머리가 좋고 활력이 넘치는 아이였지만 학교 수업방식에 적응하지 못해 늘 성적이 떨어졌다.

　그가 고등학교를 졸업하자 아버지는 아들에게 선물을 하나 주었다. 유대인들은 한 시기를 매듭지을 때 반드시 선물을 하는 습관이 있다. 아버지의 축하 선물은 다름 아닌 아시아로 가는 배의 3등 선실표 편도 한 장이었다. 돌아오는 표는 없고 목적지까지 가기만 하는 표였다. 그러면서 아버지는 아들에게 두 가지 조건을 내세웠다. 금요일 안식일이 시작되기 전에 어머니를 안심시키기 위해서 반드시 편지를 쓰라는 것과 아버지 자신도 나이를 먹었고, 또 열 명의 형제자매가 있기 때문에 집안 살림에 도움이 될 만한 일을 여행 중에 생각해주기 바란다는 것이었다.

아들은 18세의 나이로 런던에서 혼자 배를 타고 인도, 태국, 싱가포르를 거쳐서 아시아의 끝으로 향했다. 도중에 내리지 않고 종착점인 일본 요코하마까지 갔다. 그때가 1871년이었다. 그의 재산은 주머니에 있는 5파운드가 전부였다. 5파운드는 오늘날로 계산하면 10만 원 정도 되는 돈이다. 일본에 아는 사람도, 기거할 집도 없었다. 당시에 일본에 살고 있는 외국인들은 요코하마와 도쿄 등지에 수백 명에 불과했다.

그는 '쇼난'이라는 해안에 도착해 빈 판잣집에 들어가서 처음 며칠 동안 지냈다. 거기에서 그는 이상한 것을 하나 보았다. 매일 일본 어부들이 와서 바닷가의 갯벌과 모래에서 조개를 캐고 있는 것이었다. 직접 손에 쥐어보니까 굉장히 아름다운 조개였다. 그는 이런 조개를 가공하면 단추라든가 담배 케이스 등 장식품이 되지 않을까 하는 생각을 하게 되었다. 그래서 자신도 열심히 조개를 줍기 시작했다.

일본 세공품으로 성공하다

그는 조개껍질을 주워 단추와 커프스, 장난감을 만들었다. 그리고 조개껍질 안쪽에 옻칠을 해서 문이나 책상을 장식할 수 있도록 세공품을 만들었다. 또 당시 일본의 민예품인 예쁜 조개껍질을 박아 넣은 작은 상자도 만들었다. 담배나 바느질 용품을 넣어둘 수 있는 것이었다.

이후에 그는 이것들을 영국으로 보냈다. 아버지는 이것을 손수레에 싣고 다니며 팔았다. 단추나 장난감, 명패는 잘 팔리지 않았으나, 검은

옻칠을 한 동양의 이국적 정서가 담긴 상자는 매우 잘 팔렸다. 그 상자는 거실에 있는 빅토리아풍의 피아노와 탁자 등 가구들과 잘 어울렸다. 그 위에 두고 자질구레한 물건을 넣어 두기가 좋았다. 당시 런던 사람들은 조개 장식을 진기하게 여겨 상자는 날개 돋친 듯이 팔렸다.

일본에서 보내온 물건들이 인기를 끌자 아버지는 수입상품을 파는 작은 가게를 열었는데 금방 전문점으로 발전했다. 조개 장식품이 의복이나 장신구 등에 사용되어 큰 유행을 일으켰다. 그 다음 가게는 번창해 2층이 되고, 3층이 되었다.

런던의 빈민가에 있던 점포를 부자동네로 옮겼다. 조개껍질을 밑천으로 시작한 장사는 나날이 번창했다. 아들은 일본에서 나전칠기 화장함을 비롯한 나전칠기 제품을 전문으로 수출하고 아버지는 이를 도매로 팔았다. 런던에서는 아버지의 사업이 날로 번성하고, 일본에서는 아들 사업이 번창했다. 이 청년이 '마커스 사무엘'이다.

석유에 눈을 돌리다

1876년에 사무엘은 요코하마에 사무엘 상회를 설립했다. 일본인들에게 상품 제작을 의뢰했다. 그리고 일본 판화를 보는 대로 사 모았다. 마커스가 수집한 판화들은 오늘날 19세기 일본 목판화의 최고 컬렉션이 되었다. 그 무렵 사업가들 사이에서 가장 큰 화제는 석유였다. 때마침 내연기관이 등장했고, 석유 수요가 급증하고 있었다. 록펠러가 석유왕이 된 것도 이 시기였다. 그즈음 러시아도 국내에서 유전을 개발했다. 그러나 일본이나 중국은 목탄만 사용하고 있었다. 마커스는 경유와 등유를 중국과 일본에 팔아야겠다고 생각했다. 러시아와 거래를 텄다. 그런데 러시아에서 일본까지 석유를 운반하는 것이 쉽지 않았다. 처음에는 2갤런 깡통으로 운반했는데 원유를 운반하다 보면 선박이 더러워져서 운반 후에 배를 청소하고 씻어내는 일도 큰 문제였다. 또 화재 위험도 커서 선박회사들이 원유 운반을 꺼렸다. 또 운반비도 엄청나게 많이 들었다.

마커스는 방법을 연구하다가 배 전체에 석유를 넣는 이른바 유조선을 고안했다. 그는 전문가에게 의뢰해 유조선의 설계도를 그려서 영국 조선회사에 세계 최초의 유조선을 발주했다. 그리고 1891년 세계 최초의 유조선 선주가 되었다. 이 배가 완성되자 마커스는 이 배를 뮤렉스murex라고 이름 지었다. 그 의미는 '뿔고둥'이었다. 요코하마 해변서 조개를 주웠던 추억 때문이었다. 뮤렉스는 처음 우려와 달리 화재가 발생하지 않았다. 기름을 가득 싣고 전 세계를 누비고 다녔다. 수에즈 운하를 지날 때는 화재를 우려하는 당국에게 할증요금을 내기도 했다.

셸의 성공

마커스의 성공은 석유시대가 온다는 그의 선견지명 덕분이었다. 그러나 그는 반유대주의가 만연하기 시작한 러시아가 자신에게 석유 공급을 계속 해주지 않을 거라고 생각했다. 러시아 정부는 러시아의 석유를 외국 배가 운반하는 것을 금지할 태세였다. 마커스는 인도네시아가 소규모 유전을 개발했다는 소식을 듣고 인도네시아 유전 개발에 투자했다. 결국 인도네시아에서 양질의 유전을 개발하는 데 성공했다.

그런데 인도네시아는 더운 나라라 석유를 난방용으로 쓸 필요가 없었다. 또 어두워진 뒤에도 계속 활동하는 생활을 하지 않았기 때문에 인도네시아에서는 석유를 팔 곳이 없었다. 그래서 그는 조개모양의 상표를 붙인 라이딩선 석유 주식회사를 설립해 석유를 일본에 판매했다. 그 무렵 일본은 석유로 난방을 하고 조명을 밝히기 시작했다. 이 장사도 대성공을 거두었다.

마커스는 뮤렉스의 성공에 힘입어 8척의 유조선을 발주했다. 이 배들이 세계 최초의 유조선단이었다. 자기 소유의 유조선마다 일본에서 캐냈던 가리비 조개의 모양을 상표로 붙였다. 그 뒤 유조선 사업이 잘되어 1897년 마커스는 쉘 무역운송회사를 만들었다. 이후 마커스는 유럽과 아시아의 석유 시장을 석권해 석유의 나폴레옹, 유럽의 록펠러라는 소리를 들었다.

그는 러시아 바쿠 유전에도 투자해 러시아 등유를 일본에 가져와 큰돈을 벌었다. 록펠러의 해외 독점이 무너지게 된 것도 흑해 남동부의 항구 도시 바툼에서 적재한 러시아산 원유를 수에즈 운하를 경유해 싱가포르와 방콕 그리고 도쿄로 안전하게 수송할 수 있는 쉘의 유조선이 생겼기 때문이다.

마커스의 사업이 성공할수록 영국인들은 유대인이 석유업계를 좌지우지하고 있다고 하면서 반발이 심해졌다. 당시 영국은 함대를 많이 가지고 있었고, 사무엘은 함대에 석유를 공급하고 있었다. 어쩔 수 없이 석유회사를 팔 수 밖에 없었던 사무엘은 회사를 팔 때 조건을 하나 내세웠다. 비록 그의 자손이 소액주주일지라도 반드시 그의 혈육이 회사의 간부가 될 것과 회사가 존속하는 한 조개모양의 상표로 사용해야 한다는 조건이었다. 사무엘은 항상 자신의 어려웠던 과거를 기억하고 싶었던 것이다.

이 조개 마크를 단 석유회사가 바로 세계 어디에서나 볼 수 있는 쉘 Shell 석유회사다. 지금도 일본에 가면 많은 쉘 석유회사가 있다. 마커스 사무엘은 자신이 어려웠던 과거를 잊어버리지 않기 위해 항상 과거에 조개를 주워서 상품을 만들어 팔았던 그 시절을 기억하면서 삶의 거울로 삼으며 살았다. 그는 "나는 가난한 유대인 소년으로 일본의 해안에서 혼자 조개를 줍던 과거를 결코 잊지 않습니다. 그 덕분에 오늘날 백만장자가 될 수 있었습니다"라고 말했다. 이 '쉘'이 '로열더치'란 회사와 결합해 '로열더치쉘'이 된다. 1902년 런던 시장에 취임한 마커스는 이후 부동산 회사인 런던랜드를 창업했다. 이 회사에는 지금도 마커스가 수집한 조개 컬렉션을 전시하고 있다.

석유 메이저의 등장

중동 석유의 역사

19세기 석유 개발업자들이 중동의 석유 매장을 확신하게 된 가장 강력한 근거는 《구약성경》〈창세기〉, 특히 '노아의 방주'와 '소돔과 고모라' 이야기에 나오는 '역청' 부분이었다. 기업들이 석유에 관심을 쏟기 시작한 것은 19세기 중반 이후 석유램프가 세계적인 히트상품이 되고부터다. 석유가 나올 것 같으면 세계 곳곳을 찾아다녔다. 영국 BP의 창립자 윌리엄 녹스 달시William Knox D'Arcy도 그중 하나였다. 금광 개발로 큰돈을 거머쥔 그는 페르시아 개발권을 인수해 유전 개발에 돌입했다.

그러나 BP는 실패 일보직전까지 가야 했다. 무려 8년 동안 찾아 헤맸지만 어디에서고 상업적인 성공을 보장할 만한 석유를 찾지 못했다. 1908년 1월 BP 본사는 페르시아 채굴 책임자에게 철수 준비를 지시했다. 4개월 후 5월 26일, BP는 마침내 행운을 거머쥔다. 지금의 이란 자그로스 산맥 인근에서 석유가 솟구쳐 올랐던 것이다. 무려 15미터에 이르는 석유기둥은 당시 시추 요원들이 상상도 못했던 일이었다. 대규모 유전이었다. 영국은 흥분의 도가니에 빠졌고, 중동 지역 석유 개발 붐이 일어났다. 이때부터 중동은 세계 최대 석유 매장 지역으로 인정받기 시작했다. 중동 석유의 역사가 개막된 것이다.

중동에서 석유가 나오자 처칠은 "이제 중동 장악이 세계 지배의 관건이 될 것"으로 전망했다. 중동을 차지하면 이기고, 빼앗기면 진다는 의미였다. 영국이 수단과 방법을 가리지 않고 중동을 장악하려 했던 이유도 여기에 있다. 석유 한 방울 나지 않는 영국이 외국에 연료를 일방적으로 의존한다는 것은 국가적 존망이 달려 있는 문제였다.

자국에서 석유가 나오지 않는 것은 적국 독일이나 오스트리아도 마찬가지였다. 1차 세계대전 중 중동을 둘러싼 한판 전쟁이 불가피했던 것이다. 석유가 많이 매장되어 있는 중동은 1914년 1차 세계대전부터 열강의 격전장이 된다. 신이 내린 축복이 이들에게는 재앙이 된 것이다. 중동은 당시 석유 자원의 혜택을 몰랐고 사용할 줄을 몰랐기 때문에 채굴 초기부터 석유 자원은 미국과 유럽제국주의 국가의 석유 메이저들의 소유가 되고 만다.

20세기 초에 형성된
석유 메이저들

석유 메이저 형성의 중요한 계기가 된 것은 1901년 미국 텍사스 주에서 하루 10만 배럴을 생산해내는 거대한 유전의 발견이었다. 이것이 '걸프'와 '텍사코'를 탄생시키는 계기가 되었고, 텍사스 주 유전 개발의 단초가 되었다.

같은 해 윌리엄 달시는 페르시아 왕국으로부터 60년 동안의 배타적인 조광권을 획득했다. 그리고 1906년 페르시아석유회사를 설립했다. 이후 페르시아석유회사는 1954년 이란의 석유국유화분쟁으로 브리티시페트롤리엄[BP]으로 개칭해 오늘에 이르고 있다.

또한 동남아시아 지역에서 성장하던 로열더치사는 1907년 수송 및 판매 부문을 전담하던 셸 무역운송회사와 통합해 로열더치셸을 발족시키고 베네수엘라, 멕시코 등으로 진출을 확대해 메이저 형성의 기틀을 마련했다.

록펠러, 세계시장 거머쥐다

록펠러는 미국 내 정유업계를 평정한 후 목표대로 세계시장을 거머쥐기 시작했다. 유럽과 남아메리카의 시장에도 손을 뻗어 국제 독과점기업을 형성했다. 1882년 스탠더드오일트러스트의 일부로 '엑슨'을 설립했다. 1888년에는 영국에서 석유를 판매하기 위해 'Esso Petroleum Co.'의 전신인 '앵글로아메리칸오일컴퍼니'를 설립했다. 그리고 2년 뒤에는 나중에 '에소[Esso AG]'가 되는 독일 회사의 지분을 인수해 대주주가 되었다. 1898년에는 캐나다의 대표적인 석유회사인 '임페리얼오일'의 지배권을 획득했다. 이렇게 미국 내뿐만 아니라 해외에서도 유전과 정유소를 소유한 거대한 회사로 성장했다.

한편 1890년대에 들어서면서 미국 내 최대 석유기업인 스탠더드오일에 반대하는 운동이 일어나, 1911년 반트러스트법에 의해 스탠더드오일은 34개사로 분할되었다. 판결이 내려질 무렵 스탠더드오일의 원유 정제 시장점유율은 78%. 굴러다니는 유조차의 절반 이상을 보유했다. 내수 및 수출용 휘발유의 85%, 철도회사가 사용하는 윤활유의 90%가 스탠더드오일에서 나왔다. 심지어 기선 78척, 범선 19척에 자체 해군까지 보유했다. 이때 분할된 뉴저지스탠더드, 소코니, 캘리포니아스탠더드 등 여러 개 회사가 다시 헤쳐 모여 현재의 엑슨모빌로 발전했다.

1926년 에소라는 상호를 여러 제품과 계열사들에 사용하기 시작했으나 다른 스탠더드오일 회사들이 소송을 제기하는 바람에 엑슨Exxon으로 이름을 바꾸었고, 계열사들도 엑슨의 이름을 사용하게 했다. 그러나 외국 계열사는 그대로 '에소'라는 이름을 유지했다. 1938년 3월 사우디아라비아에서 록펠러의 캘리포니아 스탠더드오일, 곧 '소칼'이 초대형 유전을 발견했다. 지금의 '쉐브론'이다.

그 뒤에도 세계시장 진출은 계속되어 세계 80개국 이상에서 사업 활동을 하면서 70개 이상의 정유시설을 운영했다. 그러다가 20세기 말 같은 스탠더드오일 후예 기업의 하나인 모빌Mobile을 흡수해 엑슨모빌로 재탄생했다. 이로써 로열더치쉘그룹을 누르고 세계 최대의 석유기업이 되었다.

1999년 12월 1일은 세계 석유업계에서는 아주 의미 있는 날이었다. 미국 석유업체 랭킹 1위인 엑슨과 2위인 모빌이 합병을 선언한 것이다. 두 회사가 합쳐진 엑슨모빌은 단번에 로열더치쉘과 BP를 제치고 세계 1위로 올라섰다. BP도 미국계 아모크와 합병을 발표했지만, 엑슨모빌의 덩치를 따라잡기에는 역부족이었다. 엑슨과 모빌의 합병은 석유업계 관계자들에게 큰 의미가 있다. 1911년 반독점법에 의해 강제로 분할된 뒤, 우여곡절을 겪고서야 87년 만에 재결합하게 된 것이다. 엑슨 모빌은 한때 하루 생산량이 25억 배럴을 넘어 쿠웨이트와도 맞먹는 규모를 자랑하기도 한 거대회사다.

엑슨 모빌은 2000년 들어 전 세계에 걸쳐 석유 및 천연가스 탐사, 생산, 공급, 운송, 판매 등에 관여하면서 거의 210억 배럴에 상당하는 석유를 비축하고 있으며, 정유시설에서는 매일 600만 배럴 이상을 처리한다. 그리고 엑슨, 에소, 모빌의 브랜드를 통해 118개국 4만 5천 개소의 주유소를 운영하고 있다. 또한 석유화학 제품을 생산 판매하기도 하며, 석탄 채굴, 광물, 전력 생산 기업들의 지분을 소유하고 있다.

스탠더드오일의 부활

록펠러는 '독점'에 대해 나름대로 분명한 철학을 가지고 있었다. 그는 모든 불필요한 경쟁이 사라지고 '하나의 가격'으로 통일되면 세상은 더욱 좋은 서비스를 받을 수 있을 것으로 생각했다. 석유 시장을 지배할 경우, 석유 시장을 효율적으로 잘 돌아가는 기계처럼 만들 수 있다고 확신했다.

그렇다면 34개로 갈라진 스탠더드오일은 쪼그라들었을까. 아니다. 오히려 엑슨과 모빌, 쉐브론 등 스탠더드오일에서 갈라져 나온 회사들은 국제적인 메이저로 성장했다. 해체 후 1년 만에 후계회사들의 주가는 대부분 두 배로 뛰었다. 덕분에 록펠러도 9억 달러 이상의 주가 차익을 얻었다. 오늘날 국제 석유업계의 상황은 이전과 딴판이다. 엑슨과 모빌이 합병하고 쉐브론과 텍사코, 코노코와 필리스가 합쳤다. 스탠더드오일의 부분적인 부활인 셈이다.

스탠더드오일이 여러 개 회사로 쪼개지면서 독점에 대한 록펠러의 꿈이 이루어지지 않자 그는 대신 외국 회사들과 연대해 또 하나의 카르텔을 만들었다. 세계 석유업체들이 가격담합을 시작한 것이다. 따라서 1911년부터 1975년 곧 오펙^{OPEC} 이전까지 세계 석유가격을 하나로 단일화할 수 있었다. 당시에는 세계 석유회사들이 모두 '서부 텍사스 원유 값'에 자신들의 가격을 고정시켰다. 석유는 세계 어디서 사던 거의 같은 값이었다.

이것이 이른바 지금도 세계 석유가격의 기준 역할을 하는 WTI^{West} $^{Texas\ Intermediate}$다. 서부 텍사스 원유가 세계 최대 선물거래소인 뉴욕상품거래소$^{New\ York\ Mercantile\ Exchange,\ NYMEX}$에 상장된 중심 유종이기 때문이다. 영국 북해에서 생산되는 브렌트유, 중동에서 생산되는 두바이유와 함께 세계 3대 유종으로 꼽힌다. 통상 생산비가 높고 품질이 좋아 국제 원유 시장에서 가장 높은 가격을 형성한다.

록펠러, 문어발식 확장으로
사업 범위 넓혀

록펠러의 독점에 대한 꿈은 석유 산업에 만족하지 않았다. 스탠더드오일은 다른 회사들의 주식을 지배하는 지주회사로 개편되어 체이스맨해튼은행, 선박, 철강, 석탄 등으로 사업 범위를 확대했다. 자본금 1억 천만 달러, 연간 이윤 4500만 달러, 록펠러의 재산은 2억 달러로 추정 되었다. 이후 사업 확대에 따라 철광산, 삼림 등을 지배하기 위해 제 조·운송업 등 수십 개의 회사를 거느렸다. 그는 전 세계 지구상의 유 전에 대한 독점적 지배에 표적을 두었다. 그의 재산은 20억 달러에 이 를 정도가 되었다.

그리하여 록펠러는 일찍이 38세에 미국 정유 산업의 95%, 세계 석유 산업의 62%를 차지해 세계 제일의 부자가 되었다. 1919년에는 석유 왕 존 록펠러가 최대 납세자였다. 소득세가 처음 공개된 것은 1925년으로, 존 록펠러 2세는 628만 달러, 자동차 왕 헨리 포드는 260만 달러, 그 아들 에드셀 포드Edsel Ford가 216만 달러의 세금을 납부했다. 현재 세계 최고 부자인 빌 게이츠Bill Gates와 화폐가치를 놓고 보면, 빌 게이츠의 재 산은 록펠러의 삼분의 일에 불과하다고 한다.

검은 황금을 장악한 7자매

엑슨과 모빌이 합병하기 이전에 세계 석유업계는 7개의 주요 국제 석 유회사들이 장악했다. 이들을 메이저라고 불렀고, 7개 회사를 지칭해 '세븐 시스터즈'라고 했다. 미국의 엑슨, 모빌, 걸프, 쉐브론, 텍사코, 영국의 브리티시석유와 영국-네덜란드 합작의 로열더치셸 등 7개사 였다. 대규모 자본을 앞세워 석유의 생산, 유통, 정제, 판매 등 유통망 전체를 장악한 회사들이었다. 세계 석유 산업을 지배해온 이들 7대 메이저는 세계 원유 생산량의 68%를 기록한 바 있으며, 한때는 중동 석유 생산의 99% 이상을 장악하기도 했다. 미국 메이저는 물론 유럽의 메이저들도 대부분 유대계 자본이라 한다. 석유 산업에서도 유대인들의 장악력은 계속 이어졌다.

이들 메이저는 1920년대 이후 세계 석유 산업을 지배해 1차 석유위기가 발발한 1973년에는 자유세계 원유 공급량의 64.4%, 원유 처리량의 50.9%, 제품 판매량의 60.8%를 차지했다.

1970년까지 원유는 배럴당 1달러대인 반면, 소비자들은 휘발유를 1리터당 1달러에 구입하고 있었다. 여기에 산유국의 정부 지분율은 메이저 석유회사에 비해 턱없이 부족했다. 이는 제값을 받으려는 산유국의 시도가 미국과 유럽의 메이저 석유회사의 로비를 받은 강대국에 의해 번번이 무산되었기 때문이다.

20세기 후반에 들어와서도 메이저 석유회사들은 '유전 개발 – 생산 – 정제 – 판매' 과정을 지배하면서 떼돈을 벌었다. 이에 반해 산유국들이 얻는 이익은 형편없었다. 1960년에 결성된 OPEC은 산유국들이 메이저들의 횡포에 맞서기 위해 만든 기구였다.

이들 석유 메이저는 1970년대 말까지 세계 석유 생산의 절반을 지배했다. 그러나 1979년 2차 석유위기 이후에는 메이저들의 영향력이 크게 줄어들었다. 이들이 현재 내놓는 생산량은 전체의 13%에 불과하다. 전통의 석유 메이저를 대신해 세계 석유 생산의 지배권은 산유국의 국영 석유기업들에게 넘어갔다. 사우디의 아람코Saudi Arabian Oil Company, 러시아의 가스프롬Gazprom, 베네수엘라 국영석유회사PDVSA 등이 대표적 예다. 대신 메이저들은 석탄, 원자력, 석유화학 등 다른 부문에 진출해 종합 에너지 산업 회사로 발전하고 있다.

전쟁의 이면에 있는 석유

1차 세계대전의 발발 원인 중 하나는 독일이 중동 지역으로부터 안정적인 석유 공급 확보를 위해 베를린 – 바그다드 노선을 건설하려 하자 영국이 이를 저지하기 위해서였다. 2차 세계대전 중 히틀러가 소련을 침공한 가장 중요한 목적 중 하나도 코카서스 지방의 유전을 점령하기 위한 것이었다. 흑해와 카스피 해 사이에 있는 코카서스 지방은 풍부한 석유산지로 아제르바이잔, 조지아, 아르메니아공화국 등이 있다. 일본은 그들이 장악한 동인도제도의 석유 자원이 미국의 위협으로 불안해지자 진주만 공격을 감행했다. 이렇듯 전쟁의 이면에는 석유가 있었다.

　20세기 후반의 석유전쟁은 1991년 쿠웨이트에서 발발한 걸프전이 그 출발이다. 독재로 얼룩진 불량 정부가 존재하는데도 미국은 할 수 없이 쿠웨이트를 해방시키려고 50만 병력을 파병했다. 쿠웨이트가 여섯 번째 석유 보유국이 아니었다면 미국이 이라크의 점령으로부터 쿠웨이트를 해방시켰겠는가 반문하면 답은 자명하다. 미국이 전쟁을 불사한 것은 석유 통로를 보호하려는 목적이었다. 그리고 2001년 9월 11일, 두 번째 석유전쟁 공포가 터졌다. 9·11 사태로 불리는 이 사건은 미국 세계무역센터와 펜타곤에 대한 여객기 공격이다. 오사마 빈 라덴 Osama Bin Laden이 주도하는 이슬람 원리주의자들의 대미투쟁이자 사우디에 친 빈 라덴 정권을 수립해 세계 석유의 25%를 장악하는 데 그 목적이 있었다는 것이다.

석유를 둘러싼 세 번째 공포는 2003년 3월, 부시George W. Bush 대통령이 대를 이어 이라크를 불법 침공하면서 벌어진다. 미국은 영국과 결탁해 침공 이유를 이라크의 알카에다 지원과 대량살상무기 보유 등으로 내세웠다. 그러나 결국 어떠한 증거도 발견치 못했고 국제연합UN 결의도 없이 침공을 자행한 것으로 미루어 석유 자원의 확보가 얼마나 절실했는지를 알 수 있다. 이렇듯 이라크 전쟁의 원인으로 지목받고 있는 것도 석유다.

투기 전문 세력이 지배하는
석유업계

석유 산업은 오래전부터 메이저들이 독과점 카르텔을 맺어 지배한 산업이었다. 한 나라의 혁명이나 내란에 미 중앙정보국CIA가 개입해온 것처럼, 유가변동에도 그런 공작이 있었다. 더구나 최근에는 석유 수급에 불일치가 예상되자 석유 실물자산에 대한 유대계 헤지펀드의 투기적 매점매석으로 유가를 급등시킨 바 있다. 헤지펀드는 석유 등 실물자산에 대한 투기를 일삼고 있다. 수요에 비해 공급이 딸리기 때문이다. 이로 말미암아 원유가격의 등락이 심한 편이다.

석유 수급에 문제가 생기자 모든 상품에 그렇듯이 가격 오름세를 예상하는 투기세력들이 몰려들고 있다. '투기세력 주범론'이 힘을 얻는 것은 금융자본의 투자 확대로 원유 시장의 가격상승 폭이 커졌기 때문이다. 원자재가격에 투자하는 상품지수펀드 규모가 지난 5년 동안 130억 달러에서 2600억 달러로 급증했다. 이 기간 상품지수를 구성하는 25개 원자재가격은 평균 180% 뛰었다.

원유가격은 2002년 20달러가 채 안 되었다. 그 뒤 2007년 상반기에 60에서 70달러로 오르기까지 5년이 걸렸다. 하지만 2008년, 1년 동안에 70달러 이상 뛰어 140달러까지 치솟았다.

전통적인 수급불균형의 시장요인이 지속적인 가격상승을 유도했지만, 1년 만에 가격이 이처럼 급등한 것을 설명하기에는 부족하다. 부동산 시장과 주식 시장 침체에 따라 금융자본이 원유 선물 시장으로 몰려 가격상승을 유도했다.

이들 투기자본들은 주로 선물매매를 통해 현물 시장의 초과수요를 부추겨 가격을 상승시켰다. 적어도 고점대비 삼분의 일 이상은 이들 투기자본에 의해 부풀려진 가격으로 추정된다. 이러한 투기행위를 막기 위해 투기방지법안이 미 의회에서 논의되어 상정되었으나, 석유재벌 부시의 입김으로 부결된 바 있다. 에너지 관련 헤지펀드는 2004년 180개에서 2009년 630여 개로 늘었고, 이 가운데 원유 전문 헤지펀드만 200개가 넘는다.

2008년 7월 중순 유가가 사상 초유의 기록을 세웠다. 배럴당 무려 147.17달러. 연말이면 200달러로 치솟을 것이라는 '슈퍼 스파이크'론이 현실로 다가오는 것 아니냐는 공포가 지구촌을 휩쓸었다. 그러나 불과 사흘 만에 유가는 10% 폭락했고 두 달 후엔 90달러 선까지 무려 50달러나 떨어졌다. 세계 석유수요가 별로 줄지 않았고, 더구나 중동 산유국들이 모여 하루 50만 배럴을 감산하기로 결의하고 멕시코 만 유전지대에서 생산량이 5% 줄었는데도, 유가는 떨어졌다. 또한 송유관이 지나는 조지아에서 전쟁이 일어나고 태풍 아이크Ike가 미국 정유시설의 25%를 손상시킬 거라는 보도에도 불구하고 석유가격은 속절없이 계속 추락했다. 결국 그해 연말 40달러 선을 밑돌았다.

그 추이를 조금만 주의 깊게 살펴보면 원인은 명확했다. 금융투기세력들이 급속히 석유 시장에서 철수하기 시작했던 것이다. 8월로 접어들면서 뉴욕상품선물거래소NYMEX에서는 원유 선물 거래에 뛰어들었던 투기세력의 매수포지션이 급감하고 그에 따라 전체 거래 중 순매수포지션이 절반 이하로 줄어들었다. 투기세력이 황급히 빠져나간 것이다. 그 뒤 유가는 다시 서서히 오름세로 돌아섰다.

2011년 4월, 버락 오바마Barak Hussein Obama 미국 대통령은 국제유가 100달러시대 배후로 투기세력을 지목하고 법무부에 특별조사팀을 꾸렸다. 조사팀은 석유시장 트레이더와 헤지펀드 등 투기성 거래와 선물시장의 원유 인덱스 조작 의혹 등을 조사했다. 하지만 상품 시장에서는 여전히 유가가 상승세로 돌아설 것이라는 전망이 우세해서인지 그 뒤로 투기세력이 줄어들었다는 이야기는 나오지 않고 있다.

의문의 죽음을 당한 마테이

1962년에 일어난 '마테이 사건'은 '세븐 시스터즈'와 영미의 세계 석유 시장 직접 통제의 실체를 여실히 보여준다. 1945년 이탈리아 국영 석유회사의 책임자로 임명된 엔리코 마테이Enrico Mattei는 적극적으로 탐사에 나서 석유 매장지와 가스전을 잇달아 찾아냈다.

천연가스를 산업도시인 밀라노와 토리노로 운반하고자 4천 킬로미터에 이르는 가스관을 건설하는 한편, 대량생산 체제를 갖추어 낮은 가격에 석유를 공급하는 작업에 들어갔다. 1957년 마테이는 세븐 시스터즈가 아직 '배분'하지 않은 이란 지역의 2만 3천 제곱킬로미터를 시추하고 개발할 수 있는 25년 동안의 독점권을 갖는 대신 수익의 75%를 넘기는 파격적인 내용의 협정을 체결한다.

당시 영미 메이저 회사들은 50대 50으로 배분한 뒤 운송 부문의 이익을 조작해 막대한 수익을 남기는 것이 상례였다. 또한 마테이는 1958년 소련과 원유를 구매하는 협정을 맺는데, 대금은 현금이 아니라 대구경 송유관을 인도하는 형식의 현물로 지불하기로 했다. 소련은 볼가-우랄 산맥에서 체코슬로바키아, 폴란드, 헝가리로 이어지는 거대한 송유관망을 건설하겠다는 생각이었다. 이는 막대한 물량의 소련 석유가 동유럽을 거쳐 서유럽으로 공급되는 것을 의미하고, 그 원유는 동유럽에서 소련에 필요한 공산품과 식량으로 교환될 것이다. 석유 메이저들과 영미 정부에게 마테이는 1928년 이후로 유지되어온 세계 석유 질서를 완전히 뒤엎을 수 있는 존재가 된 것이다.

1962년 9월 마테이가 건설한 제철소가 소련의 송유관 공사에 투입할 파이프를 생산해내기 시작했다. 불과 한 달 뒤인 10월 27일, 마테이의 전용 비행기는 시칠리아를 이륙해 밀라노로 가던 도중 공중에서 폭발하고 만다. '일곱 공주'라는 별명을 처음 만들어 붙이고, 이들 골리앗 카르텔과 맞서 싸우던 이탈리아의 민족주의자 엔리코 마테이의 사망 당시 나이는 56세였다.

비슷한 시기 로마 주재 미 CIA의 책임자가 홀연히 종적을 감추었고, 당시 CIA 국장이었던 존 맥콘John McCone이 석유회사 쉐브론의 주식 100만 달러 이상을 소유하고 있다는 사실이 밝혀진다. 미국 정부는 '국가안보에 관련된 사안'이라는 이유로 '마테이 암살'과 관련한 보고서를 아직도 공개하지 않고 있다.

키신저와 4차 중동전쟁, 그리고 오일쇼크

오일쇼크는 준비된 음모였다는 음모론도 있다. 판단은 독자의 몫이다. 1973년 5월 13일, 스웨덴의 발렌베리Wallenberg 은행 가문의 한적한 휴양지 '살트셰바덴' 섬에 세계 최고의 금융계, 정치계, 석유 메이저 거물 인사 84명이 비밀리에 모였다. 미국 측 참가자 월터 레비Walter Levy는 OPEC의 수입이 곧 400% 증가할 것이라는 '시나리오'를 발표했다. 이 시나리오 작성은 닉슨Richard Nixon 대통령 안보특별보좌관 헨리 키신저 Henry Alfred Kissinger가 주도했다.

그 무렵 재정적자와 달러화의 가치 하락으로 골머리를 앓고 있던 미국은 유가 상승을 원했다. 유가가 오르면 결제화폐인 달러의 수요가 그만큼 증가하기 때문이었다. 당시 모든 석유 거래는 달러로만 하고 있었다. 이는 지금도 마찬가지다. 따라서 달러 체제는 유가변동과 긴밀하게 연결되어 있는 셈이다.

또 석유 메이저들 입장에서는 북해유전 개발을 위한 탐사비용이 과도하게 지출되어 당시의 유가로는 북해유전의 경제성을 맞출 수 없었다. 투자를 회수하려면 유가가 최소한 세 배는 올라줘야 했다. 여기에 세븐 시스터즈는 월스트리트 금융회사들과 긴밀한 관계에 있었다. 미국과 석유 메이저, 금융 회사들의 이해관계는 일치했다.

결국 비밀회동 5개월 뒤 4차 중동전쟁 일어났고, 세계는 미증유의 '오일쇼크'로 대혼란에 빠진다. 시나리오대로 아랍 산유국들의 석유금수와 감산조처로 석유 값은 4배 이상 뛰었다. 세계는 대혼란에 빠지고 특히 제3세계 비산유국들 경제는 처참하게 무너졌으나, 세븐 시스터즈를 비롯한 뉴욕과 런던의 석유·금융 카르텔 세력은 전례 없는 호황을 누렸다. 오일 달러는 뉴욕과 런던으로 흘러가 체이스맨해튼, 매뉴팩처러스하노버, 뱅크오브아메리카, 바클레이스, 로이즈, 미들랜드은행 등이 석유위기라는 횡재로 생긴 이익을 향유했다.

미국의 재정적자는 메워졌고, 달러 체제는 살아남았다. 또한 수지타산이 맞지 않던 영국 북해유전이 고유가 속에 살아났다. 그러나 제3세계는 기름 값 폭등과 원자재 값 폭락, 뒤이은 미국의 고금리정책으로 완전히 빚더미 위에 올라앉았다. 언제나처럼 국제통화기금IMF이 해결사로 등장했으나 긴축정책과 통화평가절하, 규제완화와 민영화 등은 사태를 오히려 악화시켰다. 이를 통해 엄청난 부가 빈국에서 부국으로 흘러갔다. 세계 지배를 보장하는 세 가지 수단으로서 '전쟁과 금융, 그리고 석유'의 삼각동맹은 맹위를 떨쳤다.

메이저 기업, 수는 줄었지만
영향력은 그대로

1차 대전 이후 석유를 놓고 경쟁하던 미국과 영국은 동반자의 길을 걷기 시작한다. 미국의 엑슨, 모빌, 쉐브론, 텍사코, 걸프와 영국계 BP, 로열더치쉘은 이른바 '세븐 시스터즈'로 불리는 7대 석유 메이저 기업이다.

이들은 1928년 스코틀랜드의 아크나카리에서 제3세계 석유 자원을 나누어 갖는 이른바 '현상유지 협정'을 맺는다. 이후 7개 석유 메이저는 세계 석유의 채굴과 정유, 판매에 대한 독점적 권리를 행사했다. 곧 이어 유가를 담합하고, 이런 지배력을 깨뜨리려는 위협에는 가차 없이 응징했다. 미국과 영국의 석유 재벌이 세계 석유 시장을 마음대로 주무른 것인데, 배후에 두 나라 정부가 있었음은 물론이다.

7개 회사는 인수와 합병을 통해 기득권 유지를 위해 안간힘을 쏟고 있었다. 1999년 엑슨과 모빌이 엑슨모빌로 합병했고, 걸프석유회사는 쉐브론과 BP로 나뉘어 흡수되었으며, 텍사코는 쉐브론과 합쳐졌다. 세븐 시스터즈는 현재 엑슨모빌, BP, 로열더치쉘, 쉐브론 넷만 남았다.

석유 메이저의 영향력은 여전하다. 이들은 《포춘》이 2009년 발표한 글로벌 500대 기업의 상위 5위 안에 포진하고 있다. 이들 4대 메이저 석유기업의 매출 합계가 1조 5314억 달러(1838조), 이윤은 1166억 달러(140조)에 달했다. 이는 글로벌 500대 기업 전체 매출의 6.1%, 전체 이윤의 14.2%에 해당한다. 특히 석유 메이저 기업들의 절대적 이윤이 타 기업에 비해 월등히 높은 것을 주목할 필요가 있다. 참고로 글로벌 500

대 기업 중 석유기업은 49개로 10%에 육박한다.

미국, 에너지 위기를
국가안보 위기로 규정

2001년 3월 부시의 에너지장관인 스펜서 아브라함 Spencer Abraham은
국가에너지관계자회의 National Energy Summit에서 "미국은 향후 20년 중
대 에너지 위기에 직면하게 되어 있다. 우리는 1998년부터 이미 전체
석유 소비량의 50% 이상을 수입에 의존하고 있는데, 2025년이 되면
70%를 수입하게 될 예정이다. 이를 극복하지 못하면 우리 미국의 경제
적 번영이 위협 받고, 국가안보에 문제가 있으며, 말 그대로 우리가 살
아가는 방식 자체가 바뀔 것이다"라고 발표했다.

　2004년에 미국은 하루 국내 석유 소비량 약 2천 만 배럴 중에 60%
이상인 1300만 배럴을 캐나다, 멕시코, 사우디아라비아 등으로부터 수
입했다. 반면 미국 석유 생산량은 1985년 이후 계속 감소하는 추세다.
또한 미국 내 주요 석유 매장지는 머지않아 고갈될 전망이다. 알래스카
지역에 있는 신규 매장지도 환경단체의 강한 반발로 제대로 개발되지
못하고 있다. 미국의 주요 석유 수입 지역인 캐나다·멕시코·북해 지역
내 유전들도 향후 수십 년 내외에 고갈 사태를 맞게 될 것으로 추정하
고 있다.

　미국 정부는 이러한 에너지 위기를 국가안보 위기로 규정했다. 이에
미국 정부는 2001년 5월 '에너지정책보고서'와 2005년 8월 '에너지법'

을 채택함으로써 에너지 안보문제를 국가 외교·경제 정책의 최우선 과제로 결정했다.

미국은 에너지 자원의 안정적 확보 문제를 단순히 경제적 차원을 넘어서 국가안보 전략 차원에서 다루기 시작했다. 미국은 전략적으로 중요한 새로운 에너지 공급지로 카스피 해·중앙아시아 지역, 서아프리카, 러시아 등을 선정했다. 특히 카스피 해·중앙아시아 지역은 '제2의 북해유전'으로 여겨질 만큼 유럽과 미국의 미래에 중요한 석유·가스 공급원이며, 또한 중동 지역에 대한 석유 의존도를 줄일 수 있는 대체 공급지역 중 하나다. 지리적으로 중동보다 가깝기 때문에 수송비용도 적게 들고, 무엇보다 이슬람 국가인데도 불구하고 아직까지 이슬람 과격분자들이 침투하지 않고 있는 비교적 안정된 지역이기 때문이다.

아프가니스탄 전쟁과
이라크 전쟁 발발의 진짜 이유

아프가니스탄 전쟁은
왜 일어났나

"나는 카스피 해처럼 어떤 하나의 지역이 갑자기 전략적으로 매우 중대하고 긍정적인 의미를 갖는 지역으로 부상한 경우를 지금까지 본 적이 없다. 이것은 정말이지 하룻밤에 느닷없이 수많은 가능성이 나타난 것과 같다." 미 역사상 가장 강력한 부통령으로서 권한을 행사한 것으로 알려진 딕 체니Dick Cheney가 아직 부시 행정부가 들어서기 전, 중앙아시아의 카스피 해를 두고 한 말이다.

그것은 카스피 해에서 옛날 텍사스나 걸프 만에서와 같은 대규모 유전이 발견되었기 때문이다. 세계적인 석유기업 핼리버튼사의 최고경영자 딕 체니가 흥분한 것도 바로 이런 '검은 황금' 때문이었다.

실제로 중앙아시아에 위치한 카스피 해 원유의 추정 매장량은 대략 2천억 배럴 규모로 알려져 있다. 이는 배럴당 90달러로 환산할 경우 대략 18조 달러에 이르는 엄청난 양이다. 하지만 체니가 카스피 해에 흥분한 가장 큰 이유는 무엇보다 이곳 유전의 상태였다.

발견된 지 겨우 20년 정도밖에 되지 않은 카스피 해 유전은 걸프 만이나 텍사스처럼 고갈되어 가는 유전이 아닌 싱싱한 유전이었기 때문이다. 이는 전 세계 대부분의 유전이 '오일 피크Oil Peak'를 향해 치닫고 있는 상태에서 이들 노후 유전을 대치할 거의 유일무이한 대규모 유전이라는 점에서 의미심장하지 않을 수 없다. 비록 해저유전이기는 하지만 카스피 해 유전은 북해나 카리브 해, 멕시코 만에 비해 상대적으로 채굴하기가 쉬운 것으로 알려져 있다.

그런데 문제는 카스피 해의 지정학적 특성상, 이곳의 원유는 이란, 아제르바이잔, 러시아, 카자흐스탄, 우즈베키스탄, 투르크메니스탄을 거쳐 빠져나갈 수밖에 없다는 점이다. 다시 말해 중앙아시아에서 러시아나 중국으로 빠져나갈 가능성이 높았다. 이는 중국과 러시아를 잠재적 경쟁국가로 여기는 미국으로서 결코 용인할 수 없는 일이었다. 그런 까닭에 미국으로서는 어떻게든 카스피 해의 석유를 인도양 쪽으로 끌어와야만 했다.

유일한 방법은 투르크메니스탄 - 아프가니스탄 - 파키스탄으로 이어지는 파이프라인을 구축하는 것이었다. 1997년 12월, 아프가니스탄을 통과하는 원유 파이프라인 연합체의 핵심기업인 유노칼이 아프가니스탄을 장악하고 있던 탈레반 대표들을 본사가 위치한 텍사스로 초청했던 것도 바로 이런 이유에서였다.

미국은 9·11 사태가 일어나기 몇 해 전만해도 탈레반 정권과 끈끈한 관계를 맺고 있었다. 워싱턴은 처음에는 탈레반 정권을 송유관 사업의

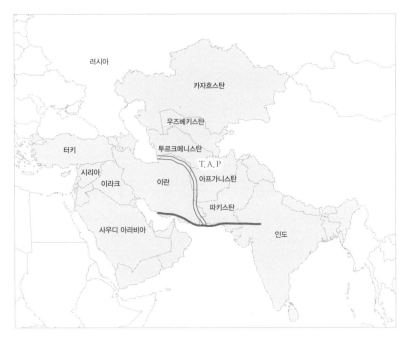

러시아

카자흐스탄

우즈베키스탄

투르크메니스탄

T.A.P

터키

아프가니스탄

시리아

이라크

이란

파키스탄

사우디 아라비아

인도

| 카스피 해 석유를 끌어오기 위한 파이프라인.

파트너로 생각했다. 부시 대통령과 체니 부통령을 재정적으로 지원했던 기업 역시 아프가니스탄을 경유하는 수십억 달러의 송유관로 협상을 은밀히 벌이고 있었다. 그 기업은 미국 역사상 최대의 기업 파산이자 사기극을 장식했던 엔론이었다.

하지만 미국과 중국, 러시아 사이에서 송유관을 놓고 캐스팅 보트를 쥐고 있던 탈레반 대표단은 유노칼이 제시한 미국 측 파이프라인 구축안을 수용하는 대가로 그에 상응하는 수준의 프리미엄을 요구했다. 그 결과 탈레반과 적절한 협상으로 카스피 해의 원유를 인도양 쪽으로 끌어들이려던 유노칼 수뇌부는 협상 결렬을 선언하기에 이르렀다.

그런데 카스피 해 유전의 파이프라인을 둘러싼 프로젝트는 당시 유노칼 단독으로 진행했던 게 아니었다. 이 프로젝트에는 엔론을 비롯해 체니가 최고경영자로 있던 핼리버튼, 엑슨, 유노칼 등 미국 메이저 석유사들이 연합 형태로 관여하고 있었다.

조지 부시 대통령은 유노칼 부사장을 아프가니스탄 대사로 임명했다. 탈레반과의 협상결렬로 고민하던 미국은 9·11 사태로 카불에 진격할 구실이 생겼다. 미국이 테러 습격을 받은 지 한 달도 안 되는 사이 미군은 그해 10월 7일 나토NATO와 기타 성원국의 부대와 함께 아프가니스탄으로 들어가 극단분자와 탈레반 동맹자들에 대한 색출 작업을 시작했다.

그러나 송유관 건설을 위해서는 걸림돌인 탈레반 정권 자체를 무너트려야 했다. 아프가니스탄 전쟁은 2001년 10월 7일부터 시작되었다. 명시된 침략 목표는 오사마 빈 라덴을 체포하고, 알카에다를 파괴하며, 탈레반이 알카에다를 지원하는 것을 단념하게 하는 것이다.

예상대로 탈레반 정권은 2002년 '가볍게' 붕괴됐다. 이어 부시는 기다렸다는 듯 석유회사 유노칼의 고문을 지낸 하미드 카르자이Hamid Karzai를 전후 폐허가 된 아프가니스탄의 대통령 자리에 앉혔다. 이후 카르자이는 투르크메니스탄에서 인도까지 이어지는 20억 달러 규모 가스 송유관 사업을 체결했다. 이쯤 되고 보면, 9·11 이후 부시의 아프가니스탄 침공이 어떤 전략적 차원에서 이루어졌는지 이해할 것이다.

이라크 전쟁의 진짜 이유?

세계에서 이라크만큼 미국의 이익을 위해 철저히 유린된 나라는 없다. 이라크는 중동에서 사우디 다음으로 석유 매장량이 많은 나라다. 1979년 대통령직을 승계한 후세인Saddam Hussein이 미국의 주요 관심인물로 떠오른 것은 이란의 친미적인 팔레비 왕조Pahlevi 王朝가 무너지고 반미적인 호메이니Ayatollah Ozma Ruhollah Kho-meini 정권이 들어선 이후다. 미국은 이라크를 완충지대 삼아 이란이 미국의 중동 이해관계 곧 석유 공급선의 안정과 이스라엘 안보에 끼치는 위협을 막으려 했다. 후세인이 1980년 이란과의 전쟁을 일으킨 뒤 미국은 대외적으로 중립을 표방했으나 이란의 견제세력으로서 후세인의 존재를 내심 반겼다.

1984년 초 이라크군이 화학무기를 사용해 국제사회가 들끓자 미국도 1984년 3월 공개 성명을 발표해 이라크를 비난했다. 그러나 최근 공개된 비밀문서들에 따르면 조지 슐츠George Pratt Shultz 국무장관은 성명 발표 며칠 뒤 이라크 외교관들을 만나 "미국은 화학무기 사용을 엄격히 반대하지만 이라크와의 우호관계에 대한 미국의 관심은 전혀 줄지 않았다"는 메시지를 전했다. 그런데도 후세인이 서운함을 감추지 않자 슐츠 장관은 당시 제약회사 경영자였던 럼스펠드Donald Rumsfeld를 바그다드로 보내 "미국의 우선 관심사항은 화학무기보다는 이라크와의 관계 개선"이란 메시지를 전달했다.

럼스펠드는 앞서 1983년 12월에도 대통령 특사 자격으로 공개리에 이라크를 방문해 후세인으로부터 환대를 받았다. 당시 레이건Ronald Reagan 행정부는 럼스펠드에게 "미국은 이란의 승리를 막기 위해 필요한 모든 지원을 아끼지 않겠다"는 점을 후세인에게 분명히 밝히라는 지침을 내리고 있었다. 답례로 이라크 정부는 "후세인 대통령은 럼스펠드 특사의 방문을 매우 기뻐했으며 그를 높이 평가했다"는 감사메모를 미국에 전달하기도 했다.

2차에 걸친 럼스펠드의 바그다드 방문이 이뤄졌을 무렵, 대국인 이란군의 공세에 밀린 이라크는 마즈눈 유전지대를 빼앗기는 등 고전을 면치 못했다. 미국은 군사정보와 물자를 비롯해 물심양면으로 후세인 정권을 지원했다. 또한 국제금융기관들에 압력을 가해 이라크의 전쟁 비용을 대주도록 했다. 럼스펠드의 방문이 있은 지 1년도 채 못돼서 미국과 이라크 양국 간의 닫혔던 외교관계가 풀렸다.

그러나 1988년 이란과 휴전협정을 맺은 후세인이 중동의 맹주가 되겠다는 야망을 노골적으로 드러내면서 미국과 갈등이 시작됐다. 후세인은 1990년 8월 쿠웨이트를 전격 침공했다. 만약 이 전쟁에서 승리하게 되면 세계 석유 매장량의 대부분이 집중 매장되어 있는 페르시아 만을 지배해 아랍에서 군림할 수 있게 된다. 하지만 1991년 1월 미군 주도의 연합군에 패퇴했다.

이어 1993년 걸프전 전승 기념식 참석차 전직 대통령 신분으로 쿠웨이트를 방문한 아버지 부시 대통령 암살기도 사건이 발생했고 미국은 그 배후로 후세인을 지목했다. 이후 유엔의 경제제재, 미국과 영국의 끊임없는 군사적 압박 속에서 후세인과 미국의 증오는 최고조로 끓어올랐다. 1990년대 중반부터 서서히 세를 불려나가던 미국의 네오콘(신보수주의자)들은 후세인을 냉전종식 이후 세계평화를 위협하는 첫 번째 공적으로 공개리에 규정했다. 1998년에는 무기 사찰을 거부한다는 이

유로 이라크에 대규모 공습을 감행했다.

후세인, 원유 거래를 유로화로

후세인 정권은 미국이 가장 싫어하는 마지막 카드를 꺼냈다. 2000년 11월 6일자로 원유 거래를 달러에서 유로화로 바꾼 것이다. 이로써 철두철미하게 미국에 등을 돌렸다. 이로 인해 '달러마저 거부하는 반미국가는 악의 축 국가'라는 등식이 성립되었다. 만일 이라크처럼 달러 대신 유로화로 결제하는 나라들이 중동 산유국 가운데 늘어나기 시작하면 OPEC의 공식 결제화폐로 달러와 함께 유로화가 지정될 수도 있었다.

이렇게 두려운 사태에 직면해 '전쟁을 통해서라도 결사적으로 저지하지 않으면 안 된다는 강박관념'이 부시 정권을 억눌렀다. 미국의 국익을 좌지우지하는 오일 달러가 한물가고 그 자리에 유로화가 들어선다는 것은 미국으로서는 끔찍한 일이었다.

에너지 문제도 그렇지만 미국이 진짜로 무서워하는 것은 자국의 경제시스템이 붕괴되는 공포 즉, 기축통화 달러의 지위 하락이다. 석유 소비량의 약 48%를 중동에서 수입하고 있는 유럽연합 가맹국들이 유로 결제를 중동 산유국 전체로 확대한다면 어떻게 될까? 중동은 유로 경제권의 지배 아래 놓일 것이고, 유로가 광범위한 지역에서 기축통화로서의 위치를 확립할 것이다.

북한도 결제화폐를 유로화로 바꿈으로써 달러를 배척하는 진짜 반미국가가 되었다. 부시가 테러 지원국가로 지명한 '악의 축'인 이라크, 북한 모두 유로 결제로의 움직임을 보였다. 많은 사람들이 이라크 전쟁 직전에 있었던 일로 9·11 사태만 떠올린다. 하지만 그보다도 훨씬 중요한 일이 바로 이 석유 결제통화 문제였다.

두 번째 전쟁 이유는 냉전체제 붕괴 이후 수요가 줄어든 군산복합체의 지원과 신무기 실험, 군사력 과시 등 군수 산업을 살려야 하는 문제도 있었다. 게다가 미국이 묵과할 수 없는 또 다른 문제가 터졌다. 바로 이라크와 중국이 중대한 협정을 맺은 것이다. 중국은 미국의 이라크 침공 직전에 이라크 남부의 유전 개발권을 후세인으로부터 양도받았다. 이것이 미국에게는 상당한 자극이 될 수밖에 없었다. 석유 저장고인 이라크가 중국과 손을 잡은 것은 미국에게는 더 이상 지체할 수 없는 결단을 내리게 했다.

"부시 행정부에는 세계를 장악하기 위해 먼저 석유를 장악해야 된다고 믿는 사람들이 있다. …… 부시가 중동 지역의 석유통제권을 확보하게 되면, 중국에 대해 경제성장 속도를 지시하고 교육체계에 간섭하게 될 것이다. 같은 방법으로 미국은 독일과 프랑스, 러시아, 일본에 개입하려 들 것이고, 종국에 가서는 영국도 마찬가지 운명에 처하게 될 것이다." 부시의 이라크 침공을 한 달여 앞둔 2003년 2월 5일, 후세인이 영국의 '채널4' 방송과 인터뷰한 말이다.

그로부터 한 달 보름이 지난 3월 20일, 미국은 전격적으로 이라크를 침공한다. 대량살상무기 보유를 구실로 침공한 것이다. 하지만 전쟁의 명분인 대량살상무기는 발견치 못했다. 그로부터 3년여의 세월이 흐른 2006년 말, 후세인은 마침내 형장의 이슬로 사라지고 말았다. 9·11 사태 이후 미국 국민들은 강한 미국을 선호했기에 이라크 침략에 대한 정당성을 인정했다. 하지만 현재는 미국 내에서조차 이라크 전쟁이 석유를 노린 비열한 침략이었다는 분위기가 고조되고 있다.

석유 시장에서 미국과 중국의 암투

1993년 중국은 석유 수출국에서 수입국이 되었다. 그 뒤 괴물처럼 석유를 먹어대는 대량 소비국이 되었다. 중국은 연평균 10% 내외라는 세계 최고의 경제성장을 하고 있다. 이에 따라 최근 세계 평균의 10배에 이르는 급격한 석유 소비 증가율을 기록하고 있다. 한마디로 '석유 먹는 하마'다. 2003년 중국은 일본을 제치고 세계 2위의 석유 수입국이 되었다. 중국의 석유소비 증가는 앞으로 20년 동안 더욱 빠른 속도로 늘어날 것이다. 당연히 중국의 대외 석유 의존도는 갈수록 높아갈 수밖에 없다. 2020년에는 연간 5억 톤을 소비해, 이 가운데 60%를 수입해야 한다. 중국의 빠른 산업화로 석유수급 불안정은 가속화되고 있으며, 세계의 제조공장으로 앞으로 더 막대한 에너지가 소비될 것이다.

중국의 국민소득 증가에 따라 자동차 등 1인당 에너지 소비도 빠르게 증가하고 있다. 자동차의 경우, 2011년 말 기준 중국의 자동차 보유대수는 1억 대를 돌파했다. 중국은 일본을 제치고 미국에 이어 세계 제2의 자동차 보유국이 되었다. 하지만 이 가운데 삼륜차와 저속화물차를 빼면 8천만 대에 지나지 않는다. 이에 따라 인구 1천 명당 자동차 보유대수도 60대에 불과하다. 이 수치는 앞으로 자동차 보급이 급상승할 것임을 뜻한다.

이처럼 중국의 자동차 보급은 국제적으로는 낮은 수준이어서 장기적인 잠재력을 갖고 있다. 앞으로 중국 자동차 시장은 성장 가능성이 매우 높다. 중요한 건 자가용시대 도래 이후다. 보통 개발도상국이 1인당 국민소득이 3천 달러를 돌파하면 해외여행 봇물이 터지며, 5천 달러를 돌파하면 자가용시대가 온다.

중국, 세계 최대 자동차 시장으로 등극

G2라는 말은 중국의 경제 파워를 의식해 나온 말이다. 그 말이 나올 때까지만 해도 실제 중국이 세계 2위의 경제대국은 아니었다. 그런데 2010년 6월 2일 중국 통계국은 2009년 국내총생산GDP 성장률을 당초보다 0.4% 높은 9.1%로 조정했다. 이에 따라 2009년 중국 GDP 규모 역시 5조 2900억 달러로 상향되어, 일본의 GDP 5조 800억 달러를 이미 넘어선 것으로 집계됐다. 명실상부하게 중국이 세계 2위의 경제대국이 된 것이다. 중국의 1인당 국민소득은 2012년 기준으로 이미 5,500달러를 넘어섰다.

필자가 2007년 초 이탈리아 밀라노 무역관에 부임할 때만 해도 이탈리아에 오는 중국인 관광객이 그리 많지 않았다. 그런데 2010년 초 귀국할 즈음에는 중국의 단체 관광객들이 눈에 띄게 많이 늘어났다. 일본과 한국의 관광객 숫자를 압도하는 것은 물론 웬만한 유럽 국가의 관광객보다도 많았다. 1인당 국민소득 3천 달러가 넘으면 해외 관광객의 봇물이 터진다는 것을 실감할 수 있었다. 이제 중국은 자가용 붐에 본격적으로 휩싸일 차례다.

이미 중국은 자가용시대를 향한 급가속을 밟기 시작했다. 2009년 중국의 신차 판매대수는 전년대비 46.2% 증가한 1364만 대로, 미국의 1042만 대를 웃돌아 최초로 세계 1위가 되었다. 중국의 연간 생산대수는 1379만 대로, 전년대비 48.3% 급증해 시장규모면에서 이미 자동차 대국이 되었다.

앞으로 중국의 자동차 수요는 2020년까지 1천 명당 200대 정도까지 보유비율이 높아질 것으로 예상된다. 인구가 15억 명까지 늘어난다고 가정하면, 보유대수는 3억 대에 이를 것이다. 우리 산업연구원 자료도 이를 뒷받침한다. 보고서에 따르면 2020년에는 연간 2천만 대 판매를 돌파할 것으로 보고, 전체 자동차 보유대수는 3억 대에 이를 전망이다. 중국이 석유 확보에 사활을 걸어야 하는 이유 중 하나다.

지금 당장 석유 수요가 공급을 크게 웃도는 것은 아니지만, 중국은 국제시장에서 석유를 사재기하고 있다. 이는 세계 2위의 에너지 사용국인 중국에서 이미 자가용시대가 열리고 있기 때문이다. 어느 나라든지 올림픽을 개최한 이후 본격적인 자가용시대로 넘어간다. 일본도 도쿄올림픽 이후 자동차 보유대수가 급격히 증가했고, 우리나라도 서울올림픽을 계기로 자동차가 필수품이 되었다. 베이징올림픽을 치른 중국도 자동차가 급격하게 늘어나고 있다. 게다가 2009년에는 중국이 독일을 제치고 처음으로 세계 최대 수출국이 되었다. 이러한 제조업을 근간으로 한 수출은 곧 에너지 소비와 직결된다. 이래저래 중국은 석유 먹는 하마가 되어가고 있다.

결국 이러한 수급 불균형은 중국의 석유 대외 의존도를 심화시킬 것이다. 과거의 추세를 보아도 1990년대 이후 10년 동안 중국은 약 9.7%의 경제성장을 이어왔고, 원유소비량도 매년 5.8%의 속도로 늘어났다. 반면 같은 기간 국내 원유공급 증가율은 1.7%로 소비증가를 따라가지 못하고 있다. 중국의 유전 개발은 1990년대 이후 정체상태를 보이고 있다. 최근 중국의 국영 석유회사들이 해외 유전 확보에 경쟁적으로 나서는 것도 이 때문이다.

2000년 이후 국제유가는 지속적으로 올랐다. 가장 큰 원인은 중국의 고도성장이다. 중국 경제가 연평균 10% 내외의 고성장을 지속하면서 에너지 수요가 폭증했다. 하지만 중국 내 유전의 원유 공급량은 연 2% 증가에 그치고 있다. 중국에서는 원유 개발 자체에 상당한 돈이 들어간다. 반면 이라크의 경우는 지표 가까이 석유가 있어 1배럴을 뽑아 올리는 데 들어가는 비용이 1달러 정도면 충분하다. 중국이 초고속 경제성장으로 몸집을 키우며 국제유가를 위협하고 있는 것이다. 중국뿐 아니라, 인도 역시 경제성장 속도가 빨라지면서 석유 소비가 급증할 전망이다.

중국의 아프리카 사랑

중국은 아프리카에 대해 무작정 사랑을 퍼붓고 있다. 세계 2위의 석유 소비국 중국은 여느 국가보다 자원외교에 사활을 걸고 있다. 2003년 12월에 중국의 원자바오溫家寶는 에티오피아의 아디스아바바에서 중국·아프리카 정상회담을 주최했다. 그 회의에서 원자바오 수상은 아프리카 31개국에 대해 무려 12억 7천만 달러의 채권을 포기하기로 약속한 것은 물론, 추가적인 경제지원을 약속했다. 중국은 일본에 대한 외채가 많다. 그런 중국이 아프리카에 대해 채권을 포기하고 더구나 경제원조까지 하겠다는 것이다.

중국은 아프리카의 인재들을 중국으로 불러들여 매년 1만 명의 기술자 양성 프로그램을 지원하기로 했다. 그리고 아프리카에서 에이즈를 퇴치하기 위해 병원과 연구시설을 세우는 데도 팔을 걷어붙였다. 그 밖에도 앙골라에 30억 달러와 나이지리아에 10억 달러 차관 제공, 적도기니에 정부청사 건물 무상건설 등을 약속하는 등 대단한 선심 공세를 펼쳤다.

중국의 목표는 자원 확보다. 이 나라들은 하나같이 중국이 필요한 자원 부국들이다. 차관 등을 주고 유전, 광산 확보에 우선권을 얻는 것이다. 앙골라에서는 차관을 아예 원유로 돌려받기로 했다. 물론 아프리카의 중국 수출품 가운데 190개 항목은 아예 관세를 없애 최혜국 대우를 일찌감치 해주었다. 그리고 또다시 무관세 품목을 440개로 확대했다.

지금 아프리카 서안에는 촘촘히 파이프가 박혀 있다. 아프리카는 세계 8대 산유 지역으로 세계 전체 산유량의 11%를 차지한다. 더구나 다른 산유 지역은 고갈현상이 심화되는 한편, 아프리카는 새로운 유전이 지속적으로 발견되었다. 나이지리아, 리비아, 알제리, 앙골라, 이집트 등 기존의 산유국에 더해, 중국 제1의 석유 수출국인 수단과 앙골라, 적도기니, 콩고, 차드 등이 새로운 산유국으로 떠올랐다. 아프리카는 이제 바야흐로 중국과의 새로운 협력시대가 열리고 있는 것이다.

문제는 미국도 중동에 의지하는 원유 수입물량을 줄이고 가급적 아프리카로 수입처를 돌리려 한다. 아프리카에서 미국과 중국의 에너지 패권을 차지하려는 이해관계가 첨예하게 대립하고 있다.

중국, 유전 보호 위해
수단에 군대 파병

미국은 '악의 축'에 수단을 포함시켰다. 왜 수단을 악의 축에 포함시켜 놓았을까? 중국이 아프리카에서 가장 먼저 진출한 곳이 미국 업체가 진출했다 철수한 수단이다. 1995년 2월 중국의 최대 석유업체인 중국석유공사는 수단과 유전개발 협정을 맺고 아프리카 공략을 시작했다. 미국의 세계안보분석연구소에 따르면, 수단에서 생산되는 원유의 60%는 중국으로 수출된다. 중국석유공사가 20억 달러가 넘는 자금을 투자해서 유전을 개발하고 있다.

중국 정부가 수많은 중국군을 수단 서북부 다르푸르에 파견했다는 사실을 아는 사람은 그리 많지 않다. 2003년 시작된 종교·인종 분쟁으로 수십만이 죽고 수백만의 난민이 생긴 곳이다. 정부군의 무자비한 학살은 유엔에서도 문제 삼았다. 학살을 막기 위해 2005년 평화유지군 파병결의안이 유엔 안전보장이사회에 상정되었다. 하지만 중국의 기권으로 무산되었다.

그런 뒤에 중국은 4천 명의 자국 군대를 수단에 주둔시켰다. 명분은 중국 기업이 지분 40%를 갖고 있는 그레이트 나일 석유회사의 시설 보호다. 중국은 수단에서 한 해 쓸 석유의 약 5%를 수입한다. 중국은 이 일로 국제사회의 호된 비난을 받았다. 중국 측에서는 치안이 나쁜 수단에서 석유 개발을 안전하게 수행하기 위한 조치일 뿐이라고 주장하고 있다. 하지만 사실 수단마저도 미국에게 빼앗기기 싫다는 강력한 의지의 표현이다.

최근 중국은 수단의 무그라드 유전 개발을 완료하고, 남부 헤그리드에서 홍해에 접한 수단 항까지 1,513킬로미터나 되는 파이프라인 건설도 마친 상태다. 바로 건너편 해안에는 사우디아라비아가 있다. 중국이 수단에 수많은 중국군을 주둔시켜 놓은 이유가 바로 미국의 이라크식 공격으로부터 수단을 지키기 위함임을 알 수 있다.

중국은 평화유지 명목으로 1990년 이후 많은 병력을 아프리카에 파견했다. 새 유전이 개발되는 곳에는 예외 없이 군사력을 지원하고 있다. 미국도 이에 질세라 2007년 초 아프리카사령부를 신설하기로 했다. 테러 방지 명목이지만 실제는 중국의 독주를 막기 위한 것이다.

2000년대 들어 중국은 아프리카 진출을 더욱 본격화했다. 2002년 6월 리비아와 진출 계약을 맺은 데 이어, 같은 해 10월에는 중국석유화학공사^{Sinopec}가 아프리카 석유 생산 2위인 알제리와 유전 탐사 및 개발을 위한 20년 계약을 맺었다. 중국은 이후 아프리카 최대 석유 생산국인 나이지리아부터 앙골라, 이집트, 적도기니 등 원유생산 상위 10개국을 포함한 20개국과 유전 탐사 및 개발 계약을 맺었다.

중국은 2006년을 아프리카의 해로 정한 뒤로, 아프리카와 교역 규모가 50조 원을 넘어섰다. 이미 아프리카에 진출한 중국 중소기업은 2008년 말 기준으로 800개가 넘는다. 아프리카 남부 지역인 앙골라에는 약 12만 명에서 20만 명에 이르는 중국인 노동자들이 일하고 있는 것으로 추정된다.

2006년 중국은 수단, 앙골라, 알제리, 나이지리아 등 아프리카 14개국의 27개 원유, 가스 프로젝트에 투자했다. 그 결과 앙골라, 수단, 콩고, 기니 4개국은 중국의 10대 원유 수입국에 포함되었고, 특히 앙골라는 중국 원유 수출에서 사우디아라비아 다음 순위로 올라섰다. 현재 중국은 아프리카 에너지 수출 총량의 13%를 수입하는데, 이는 중국 에너지 수입의 30%에 해당한다.

'에너지 사냥'은 철과 비금속 광석 확보로 이어졌다. 2008년 중국은 국제통화기금IMF의 경고에도 콩고에 90억 달러를 투자하고 코발트(60만 톤)와 구리(1천만 톤)를 확보하는 데 성공했다. 풍부한 구리 자원을 가진 잠비아에도 접근했다.

2009년 11월 8일 이집트 홍해 휴양도시인 샤름 엘 셰이크에서 개최된 4차 중국, 아프리카 협력포럼FOCAC에 참석한 원자바오 중국 총리는 푸짐한 선물 보따리를 풀어놓았다. 그 가운데 앞으로 3년에 걸쳐 100억 달러 차관을 저금리로 제공하겠다는 약속은 돈가뭄에 시달리는 아프리카 국가(49개국 참가)로부터 크게 환영받았다.

중국의 선물은 차관만이 아니다. 베이징은 아프리카 빈국들의 채무를 탕감해주는 것은 물론이고, '기후 변화' 문제를 언급하면서 태양열 발전을 비롯한 100개 클린 에너지 프로젝트를 아프리카 전역에 추진하겠다고 밝혔다. 클린 에너지 분야는 중국이 선진 기술이라 자부한다. 나아가 2006년 약속했던 아프리카 말라리아 퇴치 프로그램 지원도 거듭 확인했고, 의사 및 간호사 3천 명을 훈련시켜주고 교육 지원도 약속했다. 이 밖에 타이완과 외교관계를 맺지 않은 국가의 대중국 수출에 대해 관세면제 혜택을 주겠다고 공언했다.

이렇듯 지구상의 두 개 슈퍼파워 미국과 중국은 이미 자원전쟁에 돌입했다. 카스피 해와 아프리카에서 기득권을 가지고 있는 미국과 유럽의 연합전선에 중국이 도전하는 형국이다. 중국의 자원 확보전은 이제 시작이다. 2012년 현재 1인당 국민소득 5,500달러의 중국이 발전할수록 에너지에 대한 수요는 늘어날 수밖에 없다. 중국 역시 국가 발전을 위해 에너지 확보가 절실한 문제임을 잘 알고 있다. 문제는 제2의 중국이라는 인도 역시 산업화에 뛰어들었다는 사실이다. 이제 세계는 25억 거대한 숫자의 에너지 소비자를 새로 맞게 됐다.

아프리카에서 중국과
비교되는 한국

아프리카는 요즘 중국 상품과 중국 사람으로 넘쳐난다. 중국의 아프리카 진출은 상품 수출뿐 아니라 투자, 원조, 자원 개발, 프로젝트 수주에서도 급격한 증가를 나타냈다. 중국과 아프리카는 2000년 교역 규모가 105억 달러에서 2009년에는 1068억 달러로 열 배 이상 증가했다. 중국의 아프리카와의 교역 규모는 조만간 유럽 국가 전체의 아프리카와의 교역 규모를 넘어설 것으로 보인다. 투자 면에서는 중국의 아프리카 투자가 2009년에 80% 증가해 전 세계 외국인 투자의 10%를 차지했다.

중국은 2009년에 아프리카 정상들을 중국에 초청해 100억 달러의 소프트론 제공을 약속했다. 소프트론이란 대출조건이 비교적 까다롭지 않은 차관을 뜻한다. 중국의 아프리카에 대한 접근방식은 과거 서방 국가들과는 판이하게 다르다. 서방 국가들은 조건부론을 제공해 아프리카의 낙후된 인프라를 개선하는 데 기여했다. 하지만 이러한 방식은 결과적으로 아프리카 국가들을 빚더미에 올라앉게 했다. 이로 인해 아프리카 국가들은 더 이상 서방의 차관을 얻기가 어렵게 되었다. 서방 국가들은 아프리카 국가의 정부 보증을 토대로 차관을 제공했으나 결과는 양쪽 모두에 부정적 결과를 가져왔다.

이러한 가운데 중국은 한 발짝 더 나가 아프리카에 무상으로 인프라를 건설해주고 자원 개발권을 얻어가는 방식으로 아프리카 나라들의 가려운 곳을 긁어주고 있다. 아프리카는 중국의 이 같은 방식으로 돈 없이도 도로·통신시설 등 인프라를 개선하고 있다. 심지어 중국이 아프리카 나라들의 정부 기관 건물들을 지어주고 자원 개발권을 얻기도 한다. 중국은 2008년에는 콩고 정부, 2009년에는 기니 정부에 각각 90억 달러와 70억 달러 규모의 인프라 건설을 해주고 자원 개발권을 얻는 계약을 체결했다.

중국은 에티오피아에서 정부 소유 통신회사의 무선통신 시설 확대에 필요한 자금 15억 달러를 지원하고 도로와 수력발전시설 개발권을 취득했으며 총 40억 달러의 조건부 차관을 공여했다. 또한 카메룬에서는 당초 영국 회사가 맡을 예정이었던 수력발전 댐 건설에 8억 달러의 차관을 제공키로 하고 댐 건설을 맡았다. 가나에서는 외교부 및 국방부 건물을 중국이 지어주고 자원 개발권 획득에 유리한 고지를 점령했다.

이 같은 중국의 획기적이고 과감한 아프리카 진출에 서방 국가들은 시기와 우려의 목소리를 내고 있다. 그 선두주자가 미국을 대신한 국제통화기금이다. IMF는 콩고에서 중국이 학교, 병원, 대학 건설 등 공공 시설을 건축해주고 구리 1천만 톤과 코발트 60만 톤을 채굴하는 거래에 투명성이 결여되었다고 우려를 표시했다. IMF는 중국과 콩고 간 거래 의혹이 해명되지 않으면 부채가 많은 나라에 제공하는 부채 완화 해당 국가 리스트에서 콩고를 제외할 수도 있다고 경고했다.

한국의 아프리카 진출 전략은 과거보다는 진일보했지만 크게 달라지지 않았다. 2009년도에 아프리카포럼을 한국에서 개최했지만 중국에 비해 너무나 빈약했다. 아프리카 국가 정상으로는 세네갈 대통령만이 참석했을 뿐이다. 우리나라의 아프리카 투자는 아직도 시작 단계에 불과하다.

아직까지 아프리카 자원 개발 참여도 변죽만 울리고 있을 뿐 가시적 성과는 미미하다. 석유공사가 나이지리아 원유 개발에 참여하기로 했지만 문제가 생겨 잠정 중단 상태다. 가나에서도 석유 개발을 희망하고 있지만 그 결과는 기다려봐야 한다. 앙골라나 콩고에 대한 정부 및 업체의 관심은 높지만 중국이나 서방 국가에 밀려 구체적인 성과는 내지 못하고 있는 상황이다. 자원 개발에 대한 의욕은 높지만 중국과 같은 과감한 투자나 참여 방식이 획기적이지 못하다. 자금이 부족한 아프리카에는 파이낸싱 제공 없이는 수주가 거의 불가능에 가깝다.

건설부문에서 우리나라 업체들이 나이지리아에 진출해 있지만 미국이나 유럽 기업들이 따놓은 공사를 하청 받아 공사하는 수준이다. 우리 업체가 독자적으로 프로젝트를 수주하기에는 위험 부담이 크고 일찍이 진출한 서방업체들의 기득권을 빼앗기가 쉽지 않다. 최근 가나에 한전이 철탑 건설 부문에 6천만 달러 공사를 협의 중에 있고 중소기업인 B사가 가나 전력공사와 합작으로 철탑 제조공장 건설 합작 투자를 심도 있게 협의 중이다. 우리나라 정부의 전대차관을 제공받아 가나에 중소규모 정유공장을 건설한 적이 있고 세네갈에서는 통신부문에 3천만 달러 정도의 프로젝트를 시행 중이다. 나이지리아에서는 쓰레기 매립장, 가스발전소 건립 및 태양광발전소 건립 등이 추진되고 있다. 우리나라의 아프리카 진출에 대한 열망은 매우 높다. 정부와 업체의 세부적인 전략을 바탕으로 지금이 바로 구체적인 진출이 필요한 시점이다.

중국 세계 각처에
동시다발적 투자 진행

중국의 투자는 아프리카뿐만 아니다. 중국은 비非중동 진출 확대와 더불어 중동 내 독자적 공급처 확보라는 두 마리의 토끼를 잡아야 했다. 이를 위해 국가위원회 산하 국가경제무역위원회 직속으로 총자산 1천억 달러 규모의 국영석유회사 네 개를 만들어 세계의 유전을 대상으로 지분확보에 나섰다.

중국은 2002년 아제르바이잔의 유전 두 개를 5200만 달러에 샀다. 이는 차점 가격보다 40%나 높았다. 또 러시아 석유회사 매입에 경쟁자보다 절반가량 높은 값을 써내기도 했다. 중동의 공급처 확보와 관련해 중국은 2004년 2월 사우디아라비아에서조차 미국을 제치고 가스전 개발권을 따냈다.

중국, 세계 최대
에너지 소비국이 되다

국제에너지기구IEA에 따르면 중국은 2009년 22억 5200만 톤 SCE Standard coal equivalent, 표준석탄기준의 에너지를 소비했다. 이는 석유, 핵, 석탄, 천연가스, 수력전기 등 모든 형태의 에너지가 포함된 통계다. 미국은 중국보다 4% 가량 적은 21억 7천만 톤을 소비한 것으로 집계됐다. 이로써 미국은 100여 년 만에 세계 최대 에너지 소비국이 지위를 중국에게 내주었다.

이번 통계는 글로벌 금융위기로 인한 경기후퇴가 중국보다 미국의 산업계에 심각한 타격을 입혔으며, 중국의 에너지 소비량이 얼마나 빠르게 증가하고 있는지를 극명하게 보여준다. 10년 전만 해도 중국의 에너지 소비량은 미국의 절반 수준에 불과했다. 중국이 미국을 제치고 세계 최대 에너지 소비국으로 올라섰다는 것은 에너지 역사의 새로운 시대가 시작됐다는 것을 의미한다.

이러한 추세가 계속되어 만약 중국의 에너지 소비량이 앞으로 연간 8.9%의 증가 속도를 유지한다면 2020년 중국 에너지 소비가 80억 톤에 달해 세계 에너지 소비 가운데 절반을 차지하게 될 것으로 전망된다. 중국 정부가 목표한 대로 5년마다 GDP 단위 에너지 소비량을 20% 감축한다고 하더라도 오는 2020년 이후에는 중국의 에너지 소비량이 전 세계의 30% 이상 수준으로 확대될 것이다.

미국 지구정책연구소는 "중국이 현 경제성장 추세를 유지하면 2031년에는 현재의 전 세계 생산량보다 많은 석유와 석탄을 소비하게 될 것"이라고 주장했다. 연 8%의 성장률을 유지할 경우 2031년에는 현재 미국의 1인당 국민소득 3만 8천 달러와 비슷한 수준에 도달하기 때문이다.

석유의 흐름도 기존에 서구를 향하던 것이 이제는 동양으로 방향을 바꾸고 있다. 2009년 세계 최대의 석유 수출국인 사우디아라비아의 대미 원유 수출은 하루 평균 100만 배럴을 밑돌아 20여 년 만에 최저를 기록했다. 반면 사우디아라비아의 대중국 원유 수출은 이를 넘어섬으로써 석유도 서방에서 동방으로 이동을 단적으로 보여줬다.

러시아도 에너지
파시즘으로 패권 노려

미국과 러시아는 "석유의 수급은 경제적인 문제"라고 말하지만 이를 곧이곧대로 믿는 사람은 없다. 석유는 경제재 이전에 힘의 논리에 의해 좌우되는 특이 상품이다. 말로는 아니라고 하지만 러시아 역시 에너지를 통한 패권 확보를 반복해서 행동으로 보여줬다. 엄청난 양의 석유와 우라늄은 물론 유라시아 최대의 천연가스와 석탄 보유량을 자랑하는 러시아는 이제 새로운 에너지 초강대국이다. 러시아는 천연가스 생산에 있어 절대강자다. 러시아의 천연가스 보유량은 측정된 것만 1700조 세제곱피트에 이른다. 전 세계 천연가스 공급량의 27%를 차지하는 양이다.

러시아, 우크라이나에 가스공급 중단하다

러시아는 시민혁명으로 탈러시아 그룹에 합류한 우크라이나에 대해서 천연가스 가격의 대폭 인상이라는 무기로 강력한 경고를 줬었다. 러시아의 국영 가스회사 가스프롬은 2006년 1월 1일을 기해 우크라이나에 대한 천연가스 공급을 중단했다.

이는 2005년 12월 13일 "우크라이나가 내년부터 러시아 가스를 인상된 가격으로 사가지 않을 경우 가스 공급을 중단하겠다"는 엄포를 실행에 옮긴 것이다. 러시아가 탈러시아, 친서방 노선을 걷고 있는 우크라이나에게 본때를 보이겠다고 나섰다. 우크라이나는 옛 소련권 형제국 가운데 덩치가 가장 크다. 그런데 소련 붕괴 후 새로운 조직의 보스가 된 러시아가 느슨해진 조직에서 이탈하려는 우크라이나에 조직의 쓴 맛을 보여주겠다는 심산이었다.

그동안 러시아는 우크라이나에 천연가스를 아주 싼 값으로 공급해왔다. 사회주의 형제국에겐 시세의 20~30%에 불과한 가격으로 줬던 것이다. 유럽연합은 러시아로부터 1천 세제곱미터당 250달러 내외를 내고 러시아로부터 천연가스를 수입하고 있지만 형제국들은 50달러 정도에 받아서 썼다. 그런데 2004년 '선거혁명' 이후 과거 한 식구였던 우크라이나가 배반의 길을 걷자 맏형 격인 러시아가 천연가스라는 무기를 내세워 압박을 가하기 시작한 것이다. 이제는 시세대로 받겠다며 230달러로 올렸다. 한꺼번에 네 배 이상 받겠다고 하니 우크라이나가 반발하는 것도 당연했다. 우크라이나는 점진적으로 인상하는 것이 어떻겠느냐고 매달렸지만 푸틴 러시아 대통령은 들은 척도 하지 않았다.

2006년 새해 첫날 러시아가 우크라이나로 가는 가스 공급을 전격 중단하자 우크라이나는 서유럽으로 가는 가스를 자신들 내수용으로 돌려버렸다. 우크라이나는 1930년 당시 소련 가스 산업의 태생지였다. 이후 1960년대에 소련의 가스 산업 중심이 서시베리아로 옮겨지긴 했지만 이후에도 우크라이나는 가스 산업의 주요 도시로서 가스관과 가스 저장 시설 등이 갖춰져 있었다.

이런 이유로 러시아와 서유럽을 잇는 가스관은 대부분 우크라이나를 통과하고 있었다. 유럽 가스 소비량의 25%를 러시아가 공급하는 데 이 중 80%는 우크라이나를 거치고 나머지는 벨라루스를 통해 공급된다.

우크라이나에는 임시 가스저장시설이 있어서, 러시아에서 오는 가스를 일단 집하했다가 이를 다시 내수 및 서유럽으로 보내는 역할을 했다. 즉 가스 이동을 중간에서 조절할 수 있는 시설이 우크라이나에 있었던 것이다. 그러자 난리가 난 곳은 동구권과 서유럽이었다. 우크라이나를 통과하는 가스관을 통해 러시아산 천연가스를 수입하고 있는 유럽 국가들은 한 겨울에 날벼락을 맞은 꼴이었다. 유럽 국가들은 2006년 1월 러시아의 가스 공급 중단으로 발전소와 난방시설 가동이 멈추는 등 심각한 혼란을 겪었다. 유럽은 전체 가스 소비의 25%, 수입의 40%를 러시아에 의존하고 있다.

러시아는 유럽의 최대 천연가스 공급원이다. 당시만 해도 독일은 국내 소비량의 44%를 러시아에서 들여오고, 이탈리아, 프랑스는 각각 29%, 26%를 들여왔다. 동유럽의 의존도는 이보다 더 높아 헝가리는 72%, 핀란드는 100%를 러시아에서 사서 썼다. 나흘 만에 사태는 마무리되었지만 동구권과 유럽이 러시아의 에너지 위력을 실감한 첫 사례였다. 이 일이 있은 뒤 독일의 메르켈Angela Merkel 수상은 놀래서 러시아로 달려갔다.

이처럼 천연가스는 단순한 에너지 자원이 아니라 한 나라의 정권을

| 독일 메르켈 수상과 푸틴 러시아 대통령이 천연가스 문제로 만나고 있다.

좌지우지하는 것은 물론 국가 간의 관계를 규정하는 국제정치의 중요한 요소가 됐다. 이와 관련, 미국의 군사·안보·에너지 전문가인 마이클 클레어^{Michael Klare} 뉴햄프셔대학교 교수는 20세기가 석유 쟁탈의 세기였다면 21세기는 천연가스 쟁탈의 세기가 될 것이라고 전망했다. 그는 20세기의 에너지인 석유는 점차 고갈되고 있는 반면, 천연가스는 상대적으로 풍부한 매장량이 남아 있다며 이에 따라 산업화된 국가들뿐 아니라 개발도상국들도 점차 천연가스에 대한 의존도가 높아질 수밖에 없다고 설명했다.

러시아가 천연가스를 앞세워 응징하겠다는 나라는 우크라이나 이외에도 조지아가 있었다. 또 일찌감치 EU와 북대서양조약기구에 합류한 발트 3국, 최근 친서방 노선을 강화한 몰도바 등도 있다.

2004년 '장미혁명'으로 조지아에 친서방 정권이 들어서면서 틀어진 양국 관계는 2006년 들어 한결 위험한 방향으로 흘렀다. 러시아는 2006년 1월 22일의 두 곳에서 발생한 가스관 폭발을 이유로 천연가스 공급을 끊고 조지아의 주요 수출품인 포도주와 광천수 수입을 금지했다. 러시아는 이 사고를 단순사고라고 말했지만 미하일 사카슈빌리 Mikhail Nikolozovich Saakashvili 조지아 대통령은 BBC와의 인터뷰에서 "러시아가 고의로 폭발사고를 일으켰다"고 주장했다. 이 사건은 러시아가 조지아의 나토 가입 추진 등 친서방 노선에 대한 제재 성격이 짙었다. 특히 조지아가 미국에게 아프가니스탄 공격을 위한 기지를 제공한 것이 화근이었다.

게다가 조지아는 카프카스와 흑해에 걸쳐 있다. 즉 군사적으로는 러시아 서남부 지역에 직접 접경하고 있다. 그보다 중요한 것은 경제적으로 카스피 해의 석유 자원을 흑해로 연결할 수 있는 위치에 있다는 것이다. 즉, 미국과 유럽에게 조지아는 러시아 영토를 거치지 않고 카스피 해의 석유를 공급 받을 수 있는 통로였다. 이러한 조지아가 미국과 가까이 지내는 것이 러시아로서는 심기가 편치 않은 것이다.

러시아는 그 밖의 동구권과 서유럽 국가들에 대해서도 심심찮게 천연가스 공급 중단과 가격 인상이라는 공포의 무기를 쓸 수 있음을 은연중에 상기시키고 있다. 실제 2007년 겨울, 러시아 최대의 가스 생산업체인 가스프롬은 "국제 유가가 상승하고 있다"며 "그동안 유럽 각국에 1천 세제곱미터당 평균 250달러로 공급하던 가스 가격을 2008년부터 300~400달러 선으로 올리겠다"고 밝혔다. 또 "2015년까지 러시아

가스의 유럽 시장점유율을 33%까지 높이겠다"고 덧붙였다. 가스 소비량의 26%를 러시아산에 의존하는 유럽은 발칵 뒤집혔다. 각 국가별로 20~60%의 가격 인상이 불가피해졌기 때문이다. 러시아는 최근 몇 년 사이 이렇게 가격 인상과 주변국들에 대한 가스 공급을 수차례 중단해 '자원무기화'의 위력을 유감없이 보여줬다.

2009년 1월 초에도 러시아와 우크라이나의 가스 분쟁으로 유럽에 대한 가스 공급이 2주간 중단되면서 한파 속 유럽 각국에 가스 대란이 벌어졌다. 때마침 불가리아 등 일부 유럽 지역은 영하 20도 이하까지 내려가는 한파가 몰아쳤다. 난방시설이 꺼지고 온수가 중단되자 동구권과 서유럽 사람들은 혹독한 추위 속에 러시아 무서운 줄 새삼 깨닫게 되었다.

러시아 가스 공급 대폭 축소가 계속되면서 유럽연합 27개 회원국과 발칸반도 5개국 가운데 중남부 12개국은 공급이 완전히 끊겼고 루마니아·슬로바키아는 국가 비상사태를 선포했다. 러시아의 가스 감축으로 프랑스·이탈리아에 대한 공급량이 70~90%까지 주는 등 서유럽도 심한 타격을 받았다.

2006년 러시아 – 우크라이나 간 가스 문제가 대두되면서 유럽연합은 러시아를 거치지 않고 중앙아시아, 카스피 해안 가스를 터키, 불가리아, 루마니아, 헝가리를 거쳐 오스트리아로 실어 나르는 '나부코 프로젝트'를 추진했다. 하지만 이는 러시아의 강한 견제로 인해 현재 중단된 상태다. 가스 분쟁을 통해 유럽연합은 LNG(액화천연가스) 수입량을 대폭 늘리는 방안을 강구하고 있으나 이는 저장 탱크 건설 등 많은 시간을 필요로 해 가스의 직접적인 해결책으로 보기 어렵다. 결국 프랑스, 독일, 이탈리아를 주축으로 해 '러시아 달래기'에 나설 수밖에 없는 것이 현실이다. 유럽이 러시아의 눈치를 보고 있는 상황인 것이다.

러시아 천연가스의 93%를 생산하는 가스프롬은 세계 가스 부존량의 16%를 장악하고 있다. 드미트리 메드베데프Dmitry Medvedev 대통령이 가스프롬 회장이었다는 사실만으로도 러시아에서 가스프롬의 위상을 짐작할 수 있다. 러시아 정부가 가스프롬을 동원할 수 있는 것은 이 회사의 주식 51%를 정부가 갖고 있기 때문이다. 가스프롬은 곧 러시아이자 정부였다.

일각에서 러시아가 에너지를 앞세워 신제국주의적 야망을 실현시키려 한다는 우려의 목소리가 제기되고 있다. 맞는 말이다. 냉전 이후 러시아는 에너지를 통해 세계의 패권국가로 다시 등장하고 있다.

에너지 시장과 자본시장의
최대변수, 이란

세계 4위의 산유국인 이란의 핵개발은 유가를 급등시킨 원인으로 지목된다. 이란은 거듭된 유엔의 경고를 무시하고 2006년 4월 11일 우라늄 농축에 성공했다고 발표했다. 이에 따라 미국이 이란에 대해 무력 공격을 감행할지 모른다는 우려가 커지고 있다. 이란은 지리적으로 중동 석유의 수송로인 호르무즈 해협을 끼고 있어, 무력충돌이 일어나면 세계 경제에 미치는 충격이 이라크 전쟁보다 훨씬 클 수 있다.

또 다른 문제는 이란 핵 문제에 대한 미국의 대응이다. 미국 안보·외교의 핵심세력 상당수가 유대인이다. 이라크 전쟁의 본질은 이스라엘에 대한 잠재적 위협인물인 후세인을 제거하기 위함이었다. 하물며 이란이 이스라엘을 말살하겠다고 공개적으로 선언하고, EU의 중재가 있었는데 핵개발을 추진하는 상황을 워싱턴은 좌시하지 않을 것이다. 물론 이스라엘도 이 문제를 보고만 있지 않을 것이다.

미국의 대이란 군사공격에 대해 회의론도 만만치 않다. 이란은 미국이 침략해오면 이스라엘을 침공하겠다고 공언하고 있다. 이란 공격 때

예상되는 미사일을 이용한 이스라엘 보복은 물론이려니와, 이란에서 이라크 – 시리아 – 레바논 – 팔레스타인까지 이어지는 '초승달 벨트'의 시아파 세력이 연합공세를 펼칠 가능성이 있기 때문이다.

미국의 노암 촘스키Noam Chomsky 교수는 미국의 이중적 태도에 관해 신랄하게 꼬집었다. "지역 안보문제에 대한 합리적 대응을 거부하는 워싱턴의 태도는 결코 새로운 것이 아니다. 이라크와의 대결 때도 이러한 워싱턴의 입장은 반복적으로 드러났다."

실상을 말하자면 중동 지역 안보문제의 핵심은 이스라엘의 핵무기 보유인데, 미국은 국제무대에서 이 문제가 거론되는 것을 철저히 봉쇄하고 있다. 그런데 이스라엘 핵무기 뒤에는 해리슨Selig Harrison이 "세계 비확산 체제의 중심적 문제"라고 정확하게 지적한, 더 큰 문제가 도사리고 있다. 기존 핵무기 보유국들이 핵확산금지조약NPT 상의 의무사항, 즉 "현재 보유하고 있는 핵무기를 단계적으로 감축하겠다"는 약속을 지키지 않고 있다. 특히 미국의 경우에는 아예 공식적으로 거부하고 있다.

이란 문제에 얽힌 역사적 배경

여기에 이란의 반미 감정도 만만치 않다. 이란에서 영국과 합작으로 태어난 최초의 민주정권인 모하마드 모사데크Mohammad Mossadegh 정권을 미국이 붕괴시키고, 말 잘 듣는 꼭두각시 팔레비 정권을 세워 놓은 전력이 있기 때문이다. 이란 문제에 얽힌 역사적 배경을 살펴보자.

1차 대전이 시작되자 오스만투르크제국은 독일, 오스트리아 측에 참전했다. 훗날 터키는 이 결정이 민족의 큰 실수였다고 자탄했다. 영국은 1차 대전 중 부족한 전쟁비용을 충당하기 위해 오스만투르크제국 지배를 받는 아랍인들과 '후세인 – 맥마흔' 협정을 맺었다. 이는 전후에 아랍 국가들과 팔레스타인의 독립을 지지하는 협정이었다. 다른 한편으로는 유대인들과도 전후에 이스라엘 국가 건설을 지지하는 '밸푸어 협약'을 맺었다. 이른바 이 두 선언은 서로 모순되는 선언이었던 것이다. 또한 영국은 프랑스와 러시아와는 오스만제국의 영토를 분할한다는 밀약을 체결하는 등, 아무리 전쟁 중이지만 갈피를 잡을 수 없는 외교정책을 전개했다.

1차 대전 뒤 중동의 오스만투르크제국의 영토는 영국과 프랑스의 위임통치령이 되었다. 이라크, 요르단, 팔레스타인은 영국이, 그리고 시리아는 프랑스가 위임통치 했다. 영국은 모순된 외교를 어떻게든 수습하기 위해 '후세인 – 맥마흔' 협정의 당사자였던 후세인의 차남을 국왕으로 하는 이라크 왕국을 1932년에 독립시켰다.

이후 국제사회의 힘의 논리는 세계적인 원유 매장량과 절묘한 지정학적 위치를 지닌 이란을 가만두지 않았다. 영국과 미국은 이란의 내정에 끊임없이 개입했다. 이란에서는 1951년 최초의 민주화 정권을 이끄는 모사데크 수상이 석유국유화를 선언했다. 이란의 석유는 그동안 영국의 앵글로이라니안 석유회사가 독점하고 있었다. 모사데크 수상은 석유국유화로 국가예산을 늘려 국민의 생활 향상에 사용하려 한 것이다. 당연히 영국과 이란 사이에 갈등이 고조되었다.

이런 약점을 미국이 그냥 둘 리가 없었다. 미국은 처음에는 영국의 석유 독점을 깨기 위해 모사데크를 이용하려고 했다. 그런데 국왕 팔레비 2세와 모사데크가 대립하자 미국은 국왕을 뒤에서 지원했다. 미 CIA는 민주적으로 선출된 이란 정부를 전복하고 왕정을 부활시키는 쿠데타 공작을 꾸몄다. 이렇게 미국의 후원을 받은 국왕의 쿠데타로 이란의 석유국유화는 실패로 끝났다. 그 결과 영국 대신 미국이 이란의 석유를 지배하게 된다.

그 뒤 팔레비 2세는 미국의 지원을 받아 근대화 개혁을 추진했다. 이를 국왕에 의한 백색혁명이라고 주장했다. 사실상 친미정권이 수립된 것이었다. 이란은 이슬람 국가다. 그런데 팔레비가 추진하는 근대화는 곧 서구화이자 자본주의를 뜻한다. 빈부차이가 커지면서 급격한 서구화의 물결로 이슬람교도들의 불만이 고조되기 시작했다. 왕실에 대한 불만은 미국에 대한 반미운동으로 이어졌다. 결국 팔레비 2세의 개혁과 전제에 대항해 1979년에 혁명이 일어났다.

프랑스에 망명 중이던 호메이니가 귀국하면서 국왕은 퇴위되고 팔레비 왕조가 무너졌다. 새로이 이란 이슬람 공화국이 수립되었는데, 이를 '이란혁명'이라 한다.

대리 석유전쟁

영국을 쫓아내기 위해 뒤에서 엄청난 노력과 돈을 들여 이란의 석유를 독점하는 데 성공한 미국은 겨우 20년도 안 되어 호메이니가 이끄는 이란 국민들에 의해 쫓겨났다. 이듬해인 1980년 9월 이라크가 이란을 기습적으로 공격한다. 이것은 팔레비 친미정권을 붕괴시킨 호메이니의 이란혁명에 대한 미국의 보복이 대리전쟁의 형태로 나타난 것이다.

사담 후세인은 미국의 막대한 지원을 등에 업고 무려 8년 동안이나 이란과 역사상 최초의 석유 쟁탈전쟁을 벌였다. 이로써 발생한 것이 2차 오일쇼크다. 나중에 미국에 의해 체포되어 사형을 당했지만, 당시만 해도 후세인은 미국의 이익을 대변하는 충견이었다. 후세인이 앞장선 대규모 석유전쟁에서 최소한 100만 명 이상이 목숨을 잃거나 다쳤다.

이란 학생들, 미 대사관 점거

이란 정부는 미국이 보호하는 팔레비 2세의 인도를 요구했지만 거절당했다. 그러자 이란 학생들이 이란에 있는 미국 대사관을 점거해 대사관 직원을 인질로 삼는 사건이 발생했다. 이듬해 미국은 인질구조작전을 폈지만 실패했다. 이후 미국과 이란은 최악의 사태에 이르게 된다. 팔레비 2세는 망명지 이집트에서 사망했고, 인질 문제는 1981년이 되어서야 겨우 해결되었다.

역사는 또다시 되풀이되었다. 호메이니가 귀국하던 1979년에 같이 귀국한 사람이 있었다. 바로 하타미Mohammad Khatami 전 대통령이다. 그는 대미관계 개선을 주도했고, 여성들이 공공장소에서 노래를 할 수 있도록 허용하는 등 대표적인 온건노선을 견지해 왔다. 하타미가 젊은층의 전폭적인 지지를 받으며 대통령직을 수행했지만, 2005년 3선 금지조항에 걸려 대통령 권좌를 물려주게 되었다. 대통령 선거에서 이

변이 발생했다. 서방세계와 지속적인
우호관계를 유지해온 유력주자인 라
프산자니Akbar Hashemi Rafsanjani가 신예
인 마흐무드 아흐마디네자드Mahmoud
Ahmadinejad에게 패했던 것이다.

ㅣ 이란 아흐마디네자드 대통령.

　50대의 마흐무드 아흐마디네자드는
이란혁명 당시 미 대사관 인질사건의
주모자였다. 반미주의자인데다 핵개발
의지까지 확실하게 표명하고 있다. 과
거 1970년대 후반의 이란혁명은 중동
에서 반미주의가 싹트게 되는 중요한 의미를 갖는다. 그 이란혁명의 핵
심인물로 평가받는 아흐마디네자드가 요즘 계속 미국의 심기를 건드리
고 있다. 미국의 현재 정세나 국력으로 봐서 이란과 전쟁을 쉽게 치룰
수는 없다.

　하지만 무력사용만이 전쟁은 아니다. 국제사회와의 공조로 미국은
이란의 금융자산을 동결했다. 실제로 〈월스트리트 저널〉은 미국 법원
의 문서를 인용, 2008년 미 법원이 미국 시티그룹 계좌에 있는 이란 자
금 20억 달러 이상을 비밀리에 동결했다고 보도했다.

　이란은 전 세계 석유매장량의 9%를 가지고 있는 석유 대국이지만,
인구 8천만 명에 1인당 국민소득은 겨우 5,500달러에 지나지 않는다.
중국과 비슷한 수준으로 이는 이란혁명 이전보다도 못한 수준이다. 그
것은 지금까지 몇몇 권력자에게 부가 집중되었다는 것을 의미한다. 그
런데 그 부의 핵심고리들은 과거 라프산자니처럼 미국과 긴밀한 연결

고리를 가지고 있다. 즉 지난 여러 해 동안 유가 급등으로 넘쳐나는 오일머니는 대부분 친미세력들에 의해 주도되어 거의 미국 자산에 투자되었을 것으로 추정된다.

조금 장황하게 미국과 이란 사이에 있었던 정황들을 설명을 했다. 결론적으로 중동에서 반미주의의 시작이 된 이란혁명을 주도한 인물이 바로 현재의 이란 대통령 아흐마디네자드다. 또 다시 그에 의해 중동의 불씨가 살아나고 있다.

여기에 더해, 아랍인들은 특히 부패한 사우디아라비아가 현재 미국의 보호를 받고 있는 것을 굴욕으로 여긴다. 이유는 사우디아라비아에 이슬람 최대의 성지인 메카가 있기 때문이다. 미국이 보호하는 사우디아라비아는 지금 현대사회의 마지막 봉건국가다. 대낮에 재판도 없이 참수하는 나라가 바로 사우디아라비아다. 미국이 아프가니스탄을 치면서 여성들의 인권을 해방시켰다고 했다. 그러나 더 큰 인권 문제는 사우디아라비아에 있다. 정작 사우디 여성들은 혼자서는 운전도 못 한다. 대낮에 돌아다니지도 못 한다. 반면에 미국이 인권 운운하며 제재하는 이란에서는 오히려 여성들이 차도르는 쓰지만 남성들과 같은 직장에서 근무한다. 미국의 인권 운운은 애시 당초 어불성설이다.

남북한과 가까운 이란

이란은 남북한과도 가까운 나라다. 이란은 무기의 대부분을 북한에서 공급받았다. 또한 미사일과 잠수함을 비롯한 무기도 공동 개발하고 있

I 이란과 북한이 합작 개발한 것으로 추정되는 연어급 포켓 잠수함. 이란 대통령이 탑승해보고 있다.

다. 북한은 군사 전문가들을 이란에 파견해 군사 교육과 기술도 가르치고 있다. 이는 미국이 북한을 악의 축으로 꼽은 이유 중 하나다. 핵을 내세워 국가안보와 외교의 벼랑 끝 전술 무기로 쓰고 있는 점도 닮았다. 오바마의 최대 우려 사항도 이란과 북한이다.

 이란은 우리나라와도 가까운데, 이란은 우리에게 중동 최대 시장이다. 교역규모가 100억 달러를 넘는다. 정보기술(IT), 가전, 자동차 등 한국 상품 판매가 급증하면서 이 부문에서 부동의 시장점유율 1위를 달리고 있다. 또 이란에 한류 열풍이 몰아치며 〈대장금〉 시청률이 무려 90%

에 이르렀다. 연이어 〈해신〉, 〈상도〉, 〈주몽〉 같은 드라마가 최고 인기를 누리고 있다. 이란 국민 전체가 'KOREA' 브랜드에 열광하고 한국 문화를 배우려는 열기로 가득하다. 우리 입장에서 보면 이렇게 고마울 수밖에 없는 나라다.

이스라엘이 이란의
핵시설을 폭격할 수 있다

이스라엘 생존과 직결된 이란 핵 문제가 그리 쉽게 끝날 것 같지 않다. 양측의 골이 너무 깊다. 오히려 미국이 아닌 이스라엘이 강공을 택해 이란을 기습공격할 수 있다. 이란이 실험에 성공한 장거리 미사일 '샤하브3'은 사정거리가 1,300킬로미터나 된다. 이란에서 이스라엘까지 거리가 965킬로미터다. 이란이 핵을 보유할 경우 이스라엘이 핵 사정거리 안에 들어간다. 이스라엘이 이를 결코 좌시하지 않을 것이다.

　이란은 이미 2005년 10월 첫 인공위성 '시나 1'을 러시아 로켓에 실어 지구 궤도에 진입시켰고, 2008년 2월에는 사정거리 약 4천 킬로미터로 추정되는 '카보슈가르(개척자) 1' 로켓 발사 실험을 마쳤다. 게다가 이란 정부가 2008년 8월 17일 "인공위성 운반용 로켓인 '사피르'를 자체 개발해 발사하는 데 성공했다"고 발표했다. 인공위성 운반용 로켓 기술은 탄도미사일 발사체에 전용될 수 있어, 핵 위기로 이미 악화된 이란과 서방 사이의 긴장이 더욱 높아졌다. 이란은 2009년 2월 자국 기술로 제조한 첫 인공위성 오미드호를 발사한 이후 2011년 6월에도 자체 제작한 인공위성 라사드-1 발사에 성공했다. 또 2012년 2월 나비드호 발사에도 성공했다.

이스라엘은 예전에도 이라크 원자로를 전투기로 기습공격해 폭파한 적이 있다. 1981년 4월 프랑스가 지원해 거의 완성단계에 있던 원자로를 폭격한 것이다. 이스라엘은 이란의 핵 개발을 유대인 말살에 대한 공포의 시나리오와 연결시켜 파괴할 것임에 틀림없다.

이 경우 세계 유가는 순식간에 폭등하고 세계 증시는 대폭락할 것이다. 세계 에너지 시장과 자본시장의 붕괴가 우려되는 매우 중대한 일이다. 이런 시나리오에도 대비하는 우리 정부의 정책적 준비가 요청된다.

에너지 판도 바꾸는 미국 셰일가스

석유 대체를 위해 원자력과 대체에너지 산업에 심혈을 기울이던 미국이 새로운 에너지원의 등장으로 방향을 급선회했다. 금세기 들어 최대의 천연가스 혁명이 미국에서 일어나고 있다. 천연가스의 일종인 셰일가스Shale Gas가 폭풍의 핵으로 혜성같이 등장한 것이다.

세계 1위의 글로벌 에너지 기업 엑슨모빌은 2009년 360억 달러(약 40조 원)를 투입해 셰일가스 시추 기술을 지닌 XTO를 인수한 이후 셰일가스 사업에 회사의 미래를 걸었다. 미국의 셰일가스 생산은 급증하는 추세다.

셰일가스는 진흙과 모래가 단단하게 굳어진 암석층, 즉 셰일층에서 뽑아낸 천연가스다. 지표면에서 그리 깊지 않은 지하에 모여 있는 일반 천연가스와는 달리, 셰일가스는 지하 2킬로미터 아래 깊은 셰일층에 흩어져 있다. 셰일가스 생산이 붐을 이루면서 미국이 단번에 세계 최대의 석유 생산국이 되었다.

농촌 지역 셰일가스
백만장자들 속출

요즘 미국의 농촌 곳곳에선 셰일가스와 셰일석유를 뽑아내면서 일약 부자가 되는 농민들이 많다고 한다. 석유 개발시대를 연상시키는 대목이다. 2007년부터 일기 시작한 셰일가스 채취 열풍은 미국 농촌 지역 곳곳의 풍경을 바꿔놓았다. 셰일가스 채취가 가능한 지역의 땅 주인들은 돈 방석 위에 올랐다. 미국 언론들은 땅 주인들이 가스 업체에 땅을 빌려주고 하루아침에 백만장자가 됐다며, '셰일리어네어', 즉 '가스 백만장자'라는 신조어까지 만들어냈다.

지하 2~4킬로미터 속에 파묻힌 셰일가스가 상업적 이용이 가능하게 된 배경은 수평시추법과 수압파쇄법 등 경제성 있는 채굴 기술이 등장했기 때문이다. 수직으로 땅을 파내려간 드릴이 셰일층에 도착하면, 그때부터는 셰일층을 따라 옆으로 파고 들어간다. 그리고 물과 모래, 화학물질을 섞은 용액을 엄청난 압력으로 분사해 셰일층을 파쇄하고 그곳에 스며든 천연가스를 지상으로 뽑아내는 것이다. 미 대륙 전역에 분포되어 있는 셰일가스는 만성적 에너지 수입국인 미국에 '가뭄 속 단비'가 됐다.

세계가 주목하는 셰일가스

무엇보다 셰일가스의 매력은 엄청난 매장량이다. 세계가 주목하고 있는 이유다. 현재 화석연료의 확인 매장량은 석유가 1888억 티오이^{TOE}, 석탄이 4196억 티오이 수준이다. 여기에 전통가스가 1684억 티오이인 데 비해 셰일가스가 1687억 티오이로 더 많다.

셰일가스는 에너지 소비량이 많은 미국과 중국에 주로 매장돼 있다. 다만 중국의 경우 사막지대에 대부분 매장돼 있어 시추공 하나에 물 1만 톤을 소비해야 하는 수압파쇄법을 사용하기 힘들다. 셰일가스 덕분에 미국은 러시아를 제치고 최대 천연가스 생산국으로 떠올랐다. 결국 셰일가스 생산 확대로 세계 최대의 가스 생산국이 된 미국은 조만간 가스 수입국에서 가스 수출국으로 전환이 예상된다.

셰일가스 붐은 국내 산업에도 큰 영향을 미칠 전망이다. 현재 미국 내 천연가스 가격은 2달러 아래로 떨어졌다. 10년만의 최저치다. 채굴 기술 발달로 공급이 크게 늘었기 때문이다. 2011년 여름 28.3세제곱미터당 4.85달러까지 치솟은 뒤 59%가량 추락한 가격이다.

이는 무엇보다 셰일가스 생산비용이 싸기 때문이다. 생산비용은 0.2520킬로칼로리^{kacl}당 6달러 이하로 원유로 환산하면 배럴당 35달러에 해당한다. 또 셰일가스 개발은 탐광이 비교적 용이하고 생산까지 리드타임도 LNG 생산 등에 비해 길지 않은 편이다. 여기에 가스 개발 관련 인프라가 완비되어 있는 점도 한몫하고 있다. 미국에는 천연가스 수송 파이프라인이 구축이 잘 되어 있다.

셰일가스 개발로 미국은 제조업 경쟁력 증대뿐만 아니라 석유 정제 제품 순수출국으로 전환도 가능할 것으로 보인다. 채굴 기술이 발전하고 있고 초대형 기업들의 셰일가스 개발 참여가 늘어나고 있어 앞으로도 미국의 셰일가스 생산이 계속 확대될 것이다. 셰일가스 생산은 미국에 이어 캐나다로 확산되고 있으며 이외 국가에서도 개발에 대한 관심도가 커지고 있다.

전 세계 에너지기업들
미국으로 몰려

미국 셰일가스 개발에 가장 적극적인 것은 전 세계 에너지 업체들이다. 유럽과 아시아 지역 석유 메이저들이 셰일가스 개발을 위해 미국 셰일가스 개발업체와 인수합병 및 제휴를 강화하고 있다. 프랑스 최대 원유 업체인 토틸은 오하이오 지역의 셰일가스 개발을 위해 체사피크 에너지와 에너베스트로부터 오하이오 우티카 셰일 지역 지분을 23억 2천 만 달러에 인수했다. 또한 중국의 2대 정유회사인 시노펙은 미국 데본에너지가 보유한 다섯 개 셰일가스전 지분의 33.3%를 22억 달러에 인수했다.

이러한 셰일가스의 개발에 따라 생산량이 늘어나면서 천연가스 가격이 하락하고 있고 이를 원료나 연료로 사용하는 제조업 투자가 크게 증가할 예정이다. 실제 천연가스 가격은 6년 전 100만 비티유[BTU]당 15달러에서 최근 2달러 아래로 떨어졌다.

다국적 석유회사 로열더치쉘은 셰일가스 생산지 근처에 에틸렌 공장을 건설할 계획을 발표했고 미국의 최대 화학업체인 다우케미컬은 향후 6년간 40억 달러를 투자해 미국 멕시코 만 지역에 두 개의 석유화학 공장을 추가로 짓기로 결정했다.

한 조사기관에 따르면 셰일가스 관련 산업에 대한 기업의 적극적인 투자로 2015년 미국의 셰일가스 비즈니스는 1182억 달러 규모에 이를 것이고, 향후 15년간 약 100만 개 이상의 일자리가 창출될 것으로 전망된다.

요동치는 세계 외환시장

세계 외환시장이 요동치고 있다. 2015년 5월 현재 우리 원-달러 환율이 1,100원선에서 공방을 계속하고 있다. 지난해에 비해 10% 가까이 평가절하된 것이다.

엔-달러 환율도 2015년 5월 기준 121엔까지 떨어져 125엔대를 향해 낙하 중이다. 2014년 8월만 해도 달러-엔 환율이 102엔 수준이었다는 점을 감안하면 1년도 안되어 17% 넘게 상승한 셈이다. 미국이 양적완화의 종료를 선언하자 반대로 일본은 새로운 양적완화 계획을 발표했다. 엔화가 급락세를 타고 있는 이유다. 이 통에 일본과 경쟁하고 있는 우리 수출기업들이 된서리를 맞고 있다. 엔저가 본격화하고 있는 것이다. 엔화 대비 원화 가치는 2014년 8.5%나 올랐다.

유로 달러 환율도 1.1까지 떨어져 9년 만의 최저치다. 양적완화 시행 때문이다. 그리스의 EU 탈퇴 이야기마저 나오고 있어 앞으로 유로화는 더 떨어질 기세다.

세계 외환시장에서 가장 크게 요동치고 있는 것이 러시아 루블화다. 2014년 말 한때 달러당 80루블까지 떨어져 붕괴 조짐을 보였다. 단기간에 거의 60% 가까이 폭락했다. 러시아 중앙은행이 루블화 예금 이탈 현상과 사재기가 본격화되자 결단을 내렸다. 기준금리를 6.5% 대폭 인상해 17%로 끌어올려 하락세를 가까스로 진정시켰다. 이 모든 게 달러가 홀로 강세로 맹위를 떨치기 때문이다. 그 뒤 러시아는 금리를 일시에 너무 많이 올렸다고 생각했는지 2015년 1월 30일 금리를 2% 내려 15%로 했다. 그러자 루블화는 연초 60루블에서 다시 흔들려 2월 6일 기준 달러당 67.3루블 수준으로 떨어졌다. 2015년 5월 현재 달러당 50루블 내외에서 안정되고 있다.

배럴당 100달러였던 유가가 40달러 선으로 떨어지자 각국 경제는 희비가 극도로 엇갈려 외환시장이 요동쳤던 것이다. 이 통에 미국 경제가 살아나 달러가 급격한 강세 행진을 지속했다. 80 근처에서 수렴하곤 했던 달러 인덱스가 불과 8개월 만인 2015년 3월에 100을 돌파해 달러 가치가 세계 6대 통화에 대해 무려 25%가 올랐다. 2015년 5월 현재 국제 유가는 60달러 내외에서 형성되고 있다.

국제 정세를 흔드는 셰일가스

외환시장 요동의 배경에는 미국의 셰일가스가 있다. 셰일가스와 셰일 석유 생산은 미국뿐 아니라 세계를 뒤흔들어 놓고 있다.

미국은 세계 석유와 가스의 사분의 일을 쓰고 있다. 하루에 무려 2100만 배럴을 소비하고 있는 것이다. 그 가운데 800만 배럴은 자체 생산하고 있으나 나머지 1300만 배럴은 수입해야 했다. 이는 OPEC의

| 미국의 셰일가스 생산 지역의 모습.

일일 생산량 3천 만 배럴의 43%에 달하는 양이다.

미국은 이를 확보하기 위해 그간 전쟁도 마다하지 않았다. 석유는 미국으로선 양보할 수 없는 국가 전략상품이다. 아프가니스탄 침략과 이라크 전쟁도 사실 석유 때문에 벌어진 일이었다. 중국과 첨예하게 대립했던 이유도 석유가 그 한 원인이었다. 경제적으로도 부담이 컸다. 중동에 항공모함을 두 척씩이나 상주시키고 석유 항로를 지키는 데 드는 군사유지비가 미국 재정적자 곧 부채 증가액의 거의 절반에 해당했다.

그런데 미국의 한 벤처기업이 1990년대 일명 프래킹 기술이라 불리는 셰일가스 추출 기술을 발명했다. 이 기술이 세계 역사를 바꾼 셈이다. 셰일가스는 고운 진흙이 쌓여 만들어진 퇴적암(셰일) 속에 넓게 녹아 있다. 이 때문에 수직으로 구멍을 뚫는 기존 방식으로는 뽑아낼 수 없다. 그래서 관을 수평으로 넣고, 물과 모래, 화학약품을 고압으로 뿜어 셰일을 부순 뒤 가스와 오일을 추출하는 수압파쇄법을 사용해야 한다.

미국은 2007년부터 본격적으로 이 기술을 활용해 셰일가스와 셰일석유를 생산하기 시작했다. 마침내 2014년 사우디아라비아를 제치고 일일 1200만 배럴의 세계 최대 산유국이 되었다. 국제에너지기구IEA가 집계한 산유량에는 석유와 천연가스가 포함된다.

미국의 일일 원유 생산량은 2008년 500만 배럴에서 2015년 2월 초 910만 배럴까지 급증했다. 특히 지난 2년간 미국의 산유량은 350만 배럴 이상 늘었다. 이로 인해 미국은 일일 석유 수입량을 400만 배럴이나 줄일 수 있었다. 이 400만 배럴이 세계 석유 시장을 발칵 뒤집어놓았다.

OPEC이 그간의 고유가 정책을 그대로 유지하려면 시장에서 남아도는 400만 배럴을 감축해야 하는데 어느 누구도 이를 떠안기 힘든 상황이었다. 왜냐하면 OPEC의 일일 생산량이 3천 만 배럴 수준인데 그 가운데 사우디아라비아의 생산량이 일 1100만 배럴로 OPEC 생산량의 삼분의 일 이상이었다. OPEC이 고유가 정책 유지를 위해 일일 생산량을 400만 배럴 이상 줄이려면 다른 군소 산유국들 대신 사우디아라비아가 생산량을 대폭 줄여야 하는데 이는 거의 불가능한 시나리오다. 결국 OPEC의 단합은 붕괴되고 이전투구식의 덤핑수출이 자행되었다.

그 결과 국제 유가가 2014년 7월까지만 해도 배럴당 100달러대였던 것이 6개월도 채 안 되어 50달러 내외로 반 토막이 되었다. 이는 세계 정세와 경제에 엄청난 후폭풍을 불러일으키고 있다.

미국 경제가 살아나다

유가 하락으로 미국 경제에 골칫거리였던 쌍둥이 적자 곧 무역적자와 재정적자가 대폭 줄어들고 있다. 우선 원유 수입이 줄어 무역적자 폭을 크게 감소시키고 있고, 원유 수송로의 안전한 확보를 위해 그간 중동 지역에 공들였던 군사유지비를 크게 낮출 수 있어 재정적자 폭도 줄일 수 있다.

　게다가 미국 내 셰일가스 가격은 기존 수입 가스 가격의 오분의 일에 불과해 미국의 제조업 경쟁력이 살아나고 있다. 제조업이 살아나자 고용이 늘어나 실업률 또한 눈에 띄게 줄어들고 있다. 2015년 4월 기준 실업률이 5.4%다. 거의 완전고용 단계인 4%에 육박해가고 있다. 휘발유 가격의 하락으로 민간소비도 살아나고 있다. 선진국 가운데 유일하게 경제가 살아나고 있는 곳이 미국이다. 달러가 강세로 가는 이유다.

　또 다른 중요한 사실은 석유 쟁탈전으로 인한 대립적이었던 국제 정세가 이제는 안정을 찾을 것이란 점이다. 더 이상 석유 때문에 미국이 중동이나 아프리카 정세에 관여하지 않아도 될 뿐 아니라 석유 확보 문제로 중국과 싸울 일도 없어졌다.

곤혹을 치루고 있는
러시아와 베네수엘라

한편 유가 급락은 석유수출국기구에 치명타를 안겨주었다. 그동안 셀러 마켓이었던 에너지 시장이 바이어 마켓으로 변했다. 세계 원유 수요 전망치는 줄어드는 반면 원유 공급은 늘어나기 때문이다.

유가 하락으로 인해 중동과 러시아, 남미 산유국들이 곤혹을 치루고 있다. 특히 러시아는 외환시장이 흔들리고 있다. 원유와 가스 수출로 큰돈을 벌어들이고 있는 러시아 경제가 치명타를 입어 루블화가 추락하고 있다. 러시아는 석유와 석유제품 수출이 전체 수출의 약 60%로 큰 타격이 아닐 수 없다.

사우디아라비아는 과거 1986년에도 산유량을 200만 배럴에서 1천만 배럴로 늘리며 저유가전쟁을 유도한 바 있다. 이로써 1998년까지 12년간이나 기록적인 저유가시대가 계속되었다. 당시 최대 패전국은 소련이었다. 석유 판매 대금의 급감이 소련 붕괴의 한 원인이었다. 이는 사실 미국의 연출로 당시 레이건 대통령은 소련을 압박하기 위해 사우디와 협력해 저유가시대를 지속시켰다.

이제 막을 올린 석유가 인하전쟁도 그때와 유사하다는 것이다. 미국과 대립하는 러시아·이란·베네수엘라가 가장 큰 고통을 받고 있기 때문이다. 이번 유가 인하도 미국이 사우디와 협력해 우크라이나 사태를 일으킨 러시아를 응징하기 위한 것이라는 이야기가 나오고 있다.

미국에 부메랑으로 작용할 수도

하지만 유가 급락은 미국에도 부메랑으로 작용할 수 있다. 셰일가스는 유가가 배럴당 100달러를 넘어서자 개발되었는데 이제 유가가 이렇게 떨어지면 문제가 발생한다. 현재 미국의 셰일가스 생산단가는 37~80 달러 사이에 퍼져 있다고 한다. 평균 60달러 정도인 것이다. 원유의 가격이 급락하자 생산단가가 높은 광구는 오래 버티기 힘들다. 사우디아라비아가 이것을 노리고 있다는 것이다. 또 다른 음모론이다.

하지만 다른 변수도 있다. 지금의 셰일가스 추출 기술로는 부존량의 약 20% 수준만 채굴되고 있다. 하지만 얼마 안 있어 이를 80%까지 끌어올리는 기술이 개발될 수도 있다는 것이다. 이 기술이 실현된다면 생산단가가 훨씬 싸질 뿐 아니라 미국은 얼마 안 있어 에너지 수입국에서 수출국으로 탈바꿈할 것이다. 세계 최대의 에너지 수입국이었던 미국이 수출국이 되는 것이다.

저유가, 세계 경제에 긍정적

유가가 하락하면 이에 동반된 광물, 곡물 등 국제 원자재가격도 떨어진다. 이들의 채취와 재배에 기름이 많이 쓰이기 때문이다. 일례로 북한의 식량난은 체르노빌 원전 사고로 러시아가 유류 공급을 중단한 이후 발생한 것이다.

원자재와 곡물 가격의 하락은 자원의 수출 의존도가 높은 신흥국인 러시아, 브라질, 아르헨티나, 인도네시아 등에는 치명타이나 소비국에는 희소식일 수밖에 없다.

저유가는 세계 경제에 긍정적으로 작용한다. 저유가로 가장 덕을 보는 나라는 중국이다. 중국은 연일 원유를 사들여 비축량을 늘리고 있

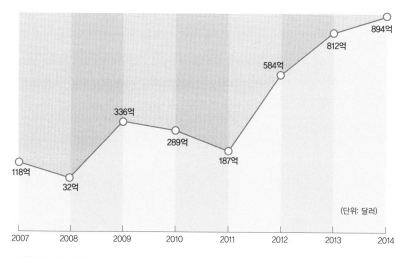

| 우리나라 연간 경상수지 흑자 규모.

다. 이제 중국은 에너지가격 인하와 안정적인 확보로 경제성장의 안정
성이 담보되었다. 일본 또한 한숨 돌릴 수 있다. 후쿠시마 원전사고 이
후 원전의 올 스톱으로 인한 에너지 수입 증가로 힘든 상황에서 여건이
조금 나아질 듯하다.

우리나라에도 저유가는 큰 호재로 작용하고 있다. 달러의 강세는 상
대적으로 원화의 약세를 뜻한다. 이는 수출 경쟁력이 높아져 엔저 공격
을 어느 정도 막아줄 것이다. 2014년 10월 15일 한국은행은 기준 금리
를 2%로, 그리고 2015년 3월 12일에는 1.75%로 인하했다. 4년여 만에
최저치다. 유가 하락세 덕분에 인플레이션이 억제되면서 중앙은행이
금리를 인하하기가 한결 수월해졌다. 덕분에 내수 경기가 힘을 받을 것
이다.

그리고 석유가격 인하로 수입 총액이 줄어들어 무역흑자가 더 늘어

날 것이다. 이는 경상수지 흑자로 이어져 사상 최대의 흑자 갱신이 지속될 것으로 보인다. GDP의 8%에 가까운 경상수지 흑자는 우리 경제의 든든한 보호막이지만 미국 등 경상수지 적자인 나라로부터 원화 가치의 절상 압력에 시달리게 될 것이다. 하지만 저유가는 휘발유 값 인하 등 제반 물가 안정에 긍정적으로 작용해 우리 경제에 플러스 요인이다.

상품 이야기는 사실 끝이 없다. 이 책에 언급된 다섯 가지 상품 이외에도 중요한 상품이 많기 때문이다. 역사를 쫓아가 보면 정말 중요한 물건이 많았다. 기원전 3만 년 전에 인류의 가장 오래된 발명품인 활이 단박에 인류를 만물의 영장 자리로 높여주었다.

구석기시대 말미에 발명된 토기는 인류로 하여금 최초로 정착 생활을 가능케 했다. 1만 3천 년 전 인류 최초의 토기가 동북아 일대와 일본 열도에서 발견되었다. 이때부터 토기에 물을 담아 먹고 식량을 토기에 저장할 수 있었다. 인류가 점토를 700도 전후의 고온에서 구워내는 데 성공한 것이다. 토기를 만들면서 인류는 진보하기 시작했다. 8천 년 전 한반도에서 만들어진 빗살무늬토기는 초원길을 따라 저 멀리 핀란드까지 전파되었다.

신석기시대 발명품 바퀴는 물레를 거쳐 마차를 만들어냈다. 이것이 기원전 2600년경 이륜전차로 진화하면서 이를 만들어낸 아카드 왕국이 수메르 지역을 통일했다. 기원전 2300년경에는 활이 나무로 만든 단궁에서 물소 뿔과 결합된 복합궁으로 발전했다. 기원전 11세기 다윗 왕이 히브리 왕국을 지금 이스라엘의 다섯 배 정도의 대국으로 키울 수 있었던 것도 돌팔매 부대를 복합궁을 함께 쓰는 부대로 훈련시켰기 때문에 가능했다.

한편 수레와 복합궁은 초원길로 유목민족과 고조선에 전파되었다. 고조선이 강했던 이유다. 당시만 해도 중국 중원에는 제대로 된 활이 없었다. 훗날 진시황이 기계식 활 쇠뇌를 대량 생산해 짧은 기간에 중국을 통일했다.

펌프의 발명은 기원전 7세기 '세계 7대 불가사의'였던 바빌로니아 공중정원에 물을 끌어올리는 데 쓰였으며 고지대에서도 인간이 살 수 있는 터전을 만들어주었다. 한편 기원전 3세기 아르키메데스^{Archimedes}가 발명한 나선형 펌프는 원형관을 이용해 물을 위로 끌어올렸으며 오늘날에도 양수기로 쓰이고 있다.

동양의 도자기와 비단도 정말 역사에서 중요한 일들을 해냈다. 근대 초까지만 해도 이 두 상품을 세계에 공급할 수 있는 나라는 조선과 중국뿐이었다.

여기에 중세 동양의 4대 발명품 '화약, 나침판, 종이, 인쇄술' 또한 세계의 운명을 뒤흔들어 놓았다. 이슬람은 중국에서 이것들을 전파 받아 그 위력으로 오랜 기간 서양을 옥죌 수 있었다. 1967년 파리국립도서관 사서로 근무하던 박병선 박사는 이 도서관에서 불경 《백운화상초록불조직지심체요절》하권을 발견했다. 이 책은 세계에서 가장 오래된 금속활자로 1337년 인쇄됐다. 우리의 금속활자본이 구텐베르크^{Johannes} ^{Gutenberg}의 금속활자본보다도 78년이나 빨랐다.

근대 들어 비로소 서양이 동양을 추월하면서 많은 상품들이 탄생했다. 설탕은 삼각무역을 발전시켰으며 커피는 석유에 이어 세계 2대 상품이 되었다. 이외에도 세상을 바꾼 상품은 많다. 시계, 안경, 총, 다이너마이트, 대포, 망원경, 전구, 라디오, 카메라, 기차, 증기선, 자동차, 비행기, 엘리베이터, 콘돔, 전화기, 냉장고, TV, 인공위성, 신용카드, GPS 등등. 비록 처참한 전쟁의 무기로 쓰인 것도 있었지만 이런 상품들로 인해 인류의 삶은 윤택해졌다.

　현대에는 컴퓨터가 세상을 바꾸고 있다. 이제는 스마트폰이 그 역할을 대신하고 있다. 이를 통해 하드웨어 상품이 아닌 소프트웨어 상품의 시대가 오고 있다. 인터넷이 세상을 진화시키고 있고 여기에 페이스북으로 대표되는 SNS가 인류를 새로운 감성의 세계로 이끌고 있다. 앞으로 어떤 상품이 새로 나와 세상을 변화시킬까? 상상하는 것만으로도 짜릿한 기대가 이어진다.

참고문헌

단행본

《갤브레이스가 들려 주는 경제학의 역사》, 존 케네스 갤브레이스, 장상환 옮김,
　　책벌레, 2002.

《경제 강대국 흥망사 1500 – 1990》, 찰스 킨들버거, 주경철 옮김, 까치, 2004.

《경제사 오디세이》, 최영순, 부키, 2002.

《경제의 역사》, 비토리오 주디치, 최영순 옮김, 사계절, 2005.

《달러의 경제학》, 애디슨 위긴, 이수정 옮김, 비지니스북스, 2006.

《돈, 뜨겁게 사랑하고 차갑게 다루어라》, 앙드레 코스톨라니, 김재경 옮김, 미
　　래의창, 2005.

《돈 버는 경제학》, 최용식 지음, 랜덤하우스코리아, 2008.

《미국 경제의 유태인 파워》, 사토 다다유키, 여용준 옮김, 가야넷, 2002.

《미래의 물결》, 자크 아탈리, 양영란 옮김, 위즈덤하우스, 2007.

《부의 역사》, 권홍우, 인물과사상사, 2008.

《상식 밖의 동양사》, 박윤명, 새길, 1994.

《상식 밖의 세계사》, 안효상, 새길, 1993.

《석유지정학이 파헤친 20세기 세계사의 진실》, 윌리엄 엥달, 서미석 옮김, 길,
　　2007.

《성서 이후의 유대인》, 최영순, 매일경제신문사, 2005.

《세 종교 이야기》, 홍익희, 행성B, 2014.

《세계 경제의 그림자, 미국》, 홍성국, 해냄, 2005.

《세계경제를 뒤흔든 월스트리트 사람들》, 우태희, 새로운제안, 2005.

《세계를 움직이는 유대인의 모든 것》, 김욱, 지훈, 2005.

《세계사 속 경제사》, 김동욱, 글항아리, 2015.

《세계사 100장면》, 박은봉, 실천문학사, 1996.

《세계사의 주역, 유태인》, 박재선, 모아드림, 2001.

《세계 최강성공집단 유대인》, 맥스 디몬트, 이희영 옮김, 동서문화사, 2002.

《소금과 문명》, 새뮤얼 애드셰드, 박영준 옮김, 지호, 2001.

《新 환율전쟁》, 최용식, 새빛에듀넷, 2013.

《옛날이야기처럼 재미있는 곰브리치 세계사 1, 2》, 에른스트 곰브리치, 이내금
　　옮김, 자작나무, 2008.

《유대인 이야기》, 우광호, 여백, 2010.

《유대인 이야기》, 홍익희, 행성B, 2013.

《지도 밖으로 행군하라》, 한비야, 푸른숲, 2005.

《하룻밤에 읽는 세계사 2》, 미야자키 마사카츠, 오근영 옮김, 랜덤하우스코리
　　아, 2011.

《하룻밤에 읽는 유럽사》, 윤승준, 알에이치코리아, 2012.

《한국 고대복식》, 박선희, 지식산업사, 2002.

《해양강국 백제 해상 실크로드를 지배하다》, 홍익희, 유페이퍼, 2012.

《향신료의 역사》, 장 마리 펠트, 김중현 옮김, 좋은책만들기, 2005.

《화폐전쟁 1,2》, 쑹훙빈, 차혜정 옮김, 랜덤하우스코리아, 2008.

인터넷
〈모피와 한국사〉, 김용만, 네이버캐스트, 2012.

그 외 각종 논문, 신문, 잡지 및 인터넷 사이트 참조.

찾아보기

세상을 바꾼 다섯 가지 상품 이야기

초판 1쇄 발행　　2015년 6월 18일
초판 6쇄 발행　　2017년 7월 25일

지은이　　　　　홍익희

펴낸곳　　　　　(주)행성비
펴낸이　　　　　임태주

출판등록번호　　제313-2010-208호
주소　　　　　　서울시 마포구 토정로 222 한국출판콘텐츠센터 318호
대표전화　　　　02-326-5913
팩스　　　　　　02-326-5917
이메일　　　　　hangseongb@naver.com
홈페이지　　　　www.planetb.co.kr

ISBN 978-89-97132-72-0 03900

행성B는 독자 여러분의 참신한 기획 아이디어와 독창적인 원고를 기다리고 있습니다.
hangseongb@naver.com으로 보내 주시면 소중하게 검토하겠습니다.

행성B잎새는 (주)행성비의 픽션 · 논픽션 브랜드입니다.